国家社科基金艺术学重大项目
（18ZD23）

消费文化与
文化创意产业研究

Research on the Intersection of
Consumer Culture and Creative Industries

刘乃歌　张建琴　张　颖　**著**

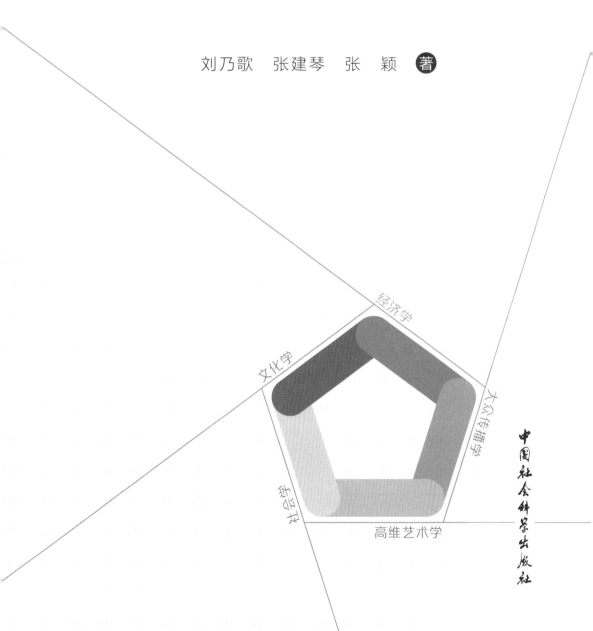

中国社会科学出版社

图书在版编目(CIP)数据

消费文化与文化创意产业研究/刘乃歌,张建琴,张颖著. —北京:中国社会科学出版社,2024.3
ISBN 978－7－5227－3067－7

Ⅰ.①消… Ⅱ.①刘…②张…③张… Ⅲ.①文化产业—产业发展—研究—中国 Ⅳ.①G124

中国国家版本馆 CIP 数据核字(2024)第 037590 号

出 版 人　赵剑英
责任编辑　杨　康
责任校对　季　静
责任印制　戴　宽

出　　　版　中国社会科学出版社
社　　　址　北京鼓楼西大街甲 158 号
邮　　　编　100720
网　　　址　http://www.csspw.cn
发 行 部　010－84083685
门 市 部　010－84029450
经　　　销　新华书店及其他书店

印刷装订　三河市华骏印务包装有限公司
版　　　次　2024 年 3 月第 1 版
印　　　次　2024 年 3 月第 1 次印刷

开　　　本　710×1000　1/16
印　　　张　16.75
插　　　页　2
字　　　数　243 千字
定　　　价　89.00 元

目　　录

绪论 …………………………………………………………………（1）

第一章　消费文化理论发展历程简述 ………………………（5）

　　第一节　消费文化的历史变迁 …………………………（6）

　　第二节　法兰克福学派的消费文化异化理论 …………（11）

　　第三节　伯明翰学派的大众文化消费理论 ……………（18）

　　第四节　居伊·德波的"景观社会" ……………………（24）

第二章　后现代主义消费文化的符号狂欢 …………………（35）

　　第一节　鲍德里亚消费社会理论 ………………………（36）

　　第二节　迈克·费瑟斯通后现代主义消费文化 …………（44）

　　第三节　震惊于世的日常生活审美化 …………………（52）

　　第四节　日常生活审美化的身体符号构建 ……………（57）

第三章　消费社会大众传媒与广告业的合谋 ………………（67）

　　第一节　大众传媒对消费意向的控制 …………………（68）

　　第二节　广告符码引燃消费激情 ………………………（74）

　　第三节　消费文化认知升级 ……………………………（84）

第四章　消费文化与文化创意产业之关系辨析 ……………… （91）

　第一节　再论供给与需求之辩证关系 ……………… （91）

　第二节　需求视角下的消费文化 ……………… （97）

　第三节　供给视角下的文化创意产业 ……………… （101）

　第四节　"三位一体"之关系解读 ……………… （116）

第五章　消费文化演变与中国文化创意产业发展 ……………… （123）

　第一节　中国消费文化发展演变及其趋势 ……………… （123）

　第二节　中国文化创意产业发展演变 ……………… （133）

　第三节　中国消费文化与文化创意产业发展中

　　　　　存在的问题 ……………… （144）

第六章　跨界融合:文化创意产业未来发展趋势 ……………… （149）

　第一节　文化创意产业跨界融合的理论认知 ……………… （149）

　第二节　中国文化创意产业的跨界融合 ……………… （156）

　第三节　典型案例:中国创意农业的发展 ……………… （160）

第七章　广播影视产业发展实践 ……………… （172）

　第一节　广播产业发展实践 ……………… （172）

　第二节　电影产业发展实践 ……………… （179）

　第三节　电视产业发展实践 ……………… （190）

第八章　动漫游戏产业发展实践 ……………… （198）

　第一节　动漫产业发展实践 ……………… （198）

　第二节　游戏产业发展实践 ……………… （206）

第九章　艺术产业发展实践 ……………… （220）

　第一节　演出产业发展实践 ……………… （220）

　第二节　艺术品经营产业发展实践 ……………… （230）

第十章　旅游休闲产业发展实践 …………………………………（238）

第一节　旅游产业发展实践 …………………………………（238）

第二节　休闲产业发展实践 …………………………………（250）

参考文献 ……………………………………………………………（259）

绪　论

在 19 世纪中后期，西方社会开启第二次工业革命，正式告别蒸汽时代，进入科技更为发达的电气时代。迅猛发展的科技推动了工业的勃兴，促进了社会资本的积累和生产的集中。在消费层面上，西方社会通过提振消费来促进经济发展，消费观念从原来的节制消费转为鼓励消费，奢侈消费也由此走进了大众生活。

自 20 世纪 20 年代起，大众的消费观念与消费方式发生了较为明显的变化。商品供应方的目的就是要将具有传统节俭消费观念的大众培养成为现代意义上的消费者。这一时期，"福特主义"在美国盛行，炫耀性消费、享乐主义消费已深入人心，大众逐渐形成了以享乐主义为核心的消费文化观念。在此期间，人们热衷于进行各种享乐式的消费，并由此产生消费主义。① 此后，"福特主义"继续带动消费节奏不断加快，推进消费范围日益扩大。与此同时，消费形式呈多样化态势，并为符号消费的问世及发展创造了条件。

进入 20 世纪 50 年代，发端于美国的享乐主义大众消费观念已经波及欧洲国家，在英国更是到处充斥着这种消费理念。源自美国的休

---

① 在英文中，"consumerism"一词有三种含义，一是指保护消费者权益的运动，即要求在包装和广告上诚实无欺，保证产品质量，保护消费者知情权的运动；二是指一种认为逐步增长的商品消费有利于经济增长的理论；三是指对物质主义的价值观念和财富的迷恋，崇拜并热衷于奢华消费的生活方式。详见《美国传统英汉双解学习词典》之"consumerism"词条。本书所涉及的主要是第三种含义上的消费主义。

闲文化在饮食、服装、文化等领域日益凸显。这种大众消费模式的盛行，使得西方社会逐渐从生产型主导社会转向为消费型主导社会。

20世纪60年代，伴随第三次科技革命的到来，后现代主义把现代主义的逻辑推向极端，西方正式进入了后现代时期。后现代主义思潮在这一时期发挥了主导作用，其消解神圣、提倡个性、反对理性、反对传统的价值主张，进一步培养了大众超前消费和消费至上的价值理念。因此，消费文化呈现出了新的状貌，从现代时期的大众消费转向充满审美和文化意义的新大众消费。这种文化形态是文化思潮、文化基因和政治经济条件合力的产物。在后现代主义消费文化观影响下，各种各样的消费形式不断生成，这也是符号消费兴起的重要推动因素。

鲍德里亚将后现代意义上的消费定义为"一种操纵符号的系统性行为"[1]。大众进行消费的目的发生变化，开始追逐商品背后所携带的符号意义或者象征意义，而不再是追求商品本身所具有的使用价值。该消费模式着重强调休闲娱乐及精神消费的满足，能凸显消费者的消费个性以及消费者对品质的追求，但同时会引发过度消费的乱象。

消费文化市场众声喧哗，裹挟着不可回避的社会负面效应。在市场经济日益走向深化的今天，资本将媒介和大众都当成盈利的工具，利用各种各样的传播媒介向大众传播低俗文化，尽其所能"满足"人们的欲望。这些貌似"亲和"的符号不为人知地改变和控制了人们的思维方式和生活习惯。另外，随着消费社会与消费主义文化的入场，大众流行文化消费功能逐渐凸显。从传统艺术和文化压抑下解放出来的大众，日益崇尚高消费、享乐主义、个体中心主义。这种价值观念在大众心中越来越稳固，导致社会道德败坏，民族传统文化传承断裂，最终将大众与民族文化引向歧途。

因此，消费文化认知升级以及改变只有消费没有文化的传播生态

---

[1] [法]让·鲍德里亚：《消费社会》，刘成富、全志钢译，南京大学出版社2000年版，第20页。

是当务之急。过去，我们一直认为"商品选择越丰富越好"，但是在2020年，很多人开始明白"原来一套睡衣就可以过春节"。选择越多，人越容易感到迷茫，"有限选择"比"海量选择"更能让人获得幸福感，对于消费文化的选择亦如此。

在文化传播升级的过程中，千万不要小看人们认知的升级，认知决定了人的行为，是社会运行的最底层逻辑。一旦这个逻辑发生改变，媒介传播的生态将被重构和再造。我们刚刚进入工业化发展阶段，同时，一条腿已经迈入后工业的信息社会中，但国人的文化思维还没有跟上。因此，目前文化工作的主题应是通过优质文化产品提升大众文化认知水平，在消费文化的娱乐性功能之外，更要关注人类灵魂，弘扬爱与善，做文化的守望者与看护者，给未来世界送去福音，改变一味追求消费而忽视文化的现状。

以技术变革为核心的工业革命改变了社会生产方式与经济发展方式，同时也给人们的生活方式与消费方式带来颠覆性影响。伴随西方工业化社会的发展，劳动者工作时间增加，带来消费文化的勃兴和艺术观念的变迁。人们更加注重符号化、个性化和高端化消费。同时，西方社会也普遍流行着消费至上、享乐主义等消费主义观念，消费社会进入后现代主义时期。

文化创意产业在工业革命、科技进步、社会文化运动与新自由主义竞争等影响下应运而生。从经济学角度来看，消费文化主要通过塑造文化氛围影响消费主体的消费意愿、消费观念、消费心理和消费评价，进而对消费需求产生影响。文化创意产业则主要通过提供高附加值、高知识性、高渗透性和融合性的创意产品来影响市场的供给端。因此，消费文化作为需求力量而存在，文化创意产业作为供给力量而存在。二者在"互为互动""相互适应"的过程中推动创意经济的发展，并在无形中塑造着全新的创意性消费文化。那么，消费文化是如何对文化创意产业产生影响的？文化创意产业又是怎样重新塑造了全新的消费文化的？关于这些理论问题的回答直接影响着创意经济时代的发展脉搏与前进方向。

随着经济发展，消费文化的兴起是历史之必然。它是人们需求层次提高之后的结果，符合社会发展的规律。文化创意产业既要适应消费文化的需求，同时还要发挥引领消费文化潮流和方向的重要作用。当今社会，消费主义文化已经借着全球化的东风席卷全球，中国也深受影响。然而，不同国度之间的文化差异带来了消费主义在中国的水土不服，也带来对中国优秀传统文化的冲击。文化创意产业应该何去何从？中国政府该如何发挥宏观调控作用？这成为摆在中国人民面前的大事。

在文化经济时代，随着制造技术的飞速发展和迅速普及，产品本身的价值和利润被限制在一定的范围之内。而依附于产品上的创意和文化却成为新的价值所在。技术的积累和社会的需求促使了文化创意产业的诞生，也使文化创意产业与社会、经济、政治、科技之间出现了全面的互动。文化创意产业也成为国家重要的经济部门。

我国文化创意产业起步虽然较晚，但发展迅速。已经成为经济发展的重要动力和可持续发展的重要支柱。如今，我国文化创意产业市场规模持续扩大，制度建设趋于完善，经营模式不断升级，国际战略逐步推进。互联网＋、电子信息技术、自动化技术、人工智能、物联网、云计算、大数据技术、VR/AR等新兴科技不断推动着文化创意产业的效率提升和组织变革，成为我国文化创意产业未来发展的新引擎。此外，文化创意产业呈现出了融合发展的态势，促进了经济增长方式的转变。它不仅实现了产业内部的融合，而且实现了与第一产业、第二产业的融合。产业融合是经济增长的新动力，它促进了产业的创新，形成了新产业、新产品和新的经济增长点，加快了产业结构的革新，促进了产业链的发展完善。

然而，我国文化创意产业中的问题和短板也日渐凸显。在结构上，存在供求不平衡、地域不平衡、城乡不平衡、人群不平衡等"软肋"。在创意方面，创造力缺乏、创新性不足、品质有待提升、可持续性不足等问题成为顽疾。同时，市场乱象如抄袭盗版、制假售假、恶性竞争等问题在产业化的大潮中浮出水面，亟待解决。

第一章 消费文化理论发展历程简述

　　消费社会的形成在美国始于战后繁荣时期，即 20 世纪 40 年代后期至 50 年代初期，在法国则是以 1958 年第五共和国的建立为开端。20 世纪 60 年代是全球大部分国家的重要过渡时期，新的国际秩序、新殖民主义、绿色革命以及计算机和电子资讯在社会生活中的重要地位已初步建立。"这种新型社会生活及经济秩序通常被誉为现代化、媒体及景观社会（The Society of Spectacle）、后工业或消费社会"①。消费社会具有极大影响力，不论在西方还是在中国，对它的文化理论探究之火一直燃烧不息。西方理论界对消费文化的关注，贯穿于社会学、经济学、美学、传播学的发展历程。

　　综观 100 多年来关于消费文化的研究，可发现其源头最早可追溯到马克思那里。马克思在《资本论》和《1844 年政治经济学哲学手稿》中，提出了"异化劳动"（Alienated Labor）和"商品拜物教"（Commodity fetishism）的概念。这可以说是最早关于消费文化的研究，只是那时还没有消费文化这个概念。法兰克福学派继承并发展了马克思的"异化"理论，在马克思理论基础上形成全新的异化理论——"总体异化"。"总体异化"表现为消费异化、科学技术异化、大众文化异化、个人心理异化等，认为异化使人彻底成为"商品拜物教"的

---

　　① ［美］詹明信：《晚期资本主义的文化逻辑》，陈清侨等译，生活·读书·新知三联书店 2013 年版，第 412 页。

奴隶。① 之后，伯明翰学派大众文化消费理论隆重登场。该学派是西方马克思主义最主要的分支之一，其研究内容主要包括工人阶级文化、青年亚文化和大众文化。在消费文化研究方面，伯明翰学派继承并进一步发扬了法兰克福学派的思想。法国思想家居伊·德波受到马克思、马尔库塞、卢卡奇社会批判理论的影响，特别是受列斐伏尔官僚社会控制消费大众理论的启发，形成了"景观社会"批判理论。德波的景观社会理论描述了一个资本主义社会现实的"双重异化"，这是在马克思异化理论的基础上进一步发展而来的。

第一节　消费文化的历史变迁

随着时代的变迁，"消费"这一概念不断更新，已经从传统的单一物质消耗发展到多元复杂的含义设定。与之相适应，消费文化也在不断地向多元和复杂方向发展。

一　人类社会早期自给自足式的单纯物质消耗

从广义角度来讲，消费文化是伴随消费行为而生的文化。人类社会自产生以来就一直存在消费行为，因此消费文化具有悠久的历史。在人类社会发展的早期阶段，人们依靠狩猎与农耕为生，社会生产力水平极其低下，通过劳作所生产的物质产品数量十分稀少，种类非常匮乏，人们通过消耗有限的猎物或农作物满足自己在吃、穿、住、用等方面最基本的生存需要。

人类社会早期阶段的消费行为具有自给自足的特点，具体表现在以下几方面：首先，从物品消费内容上来看，早期社会物质生产相对短缺，人们进行的主要是以维持生计为目的的物质性消耗，消费观念

---

① 衣俊卿等：《20 世纪的文化批判——西方马克思主义的深层解读》，中央编译出版社 2003 年版，第 56 页。

理性且有节制，消费对象仅为食物、布匹、简单的用具等生活必需品，人们不会也不能觊觎更多的物品。其次，从消费形式上来看，早期社会的人们展开自给自足式生产，决定了消费的形式也是简单的自给自足式。虽然在货币产生以前，社会中也出现了以物易物形式的交易过程，但此时的交易只在个别人之间离散、零星地出现，没有形成经常性交易的形式。与这一时期的农耕文化相对应，消费文化是崇尚储蓄与积累的，消费过程即是使用自己所生产的物品，不以交易为媒介。再次，从消费性质上来讲，早期社会的消费还不能算作真正的"消费"，或许用"消耗"一词更为贴切，人们消耗物品是出于生存本能，就像吃饭睡觉一样，物质消费也是自发的存在，是再平常不过的事情。最后，从消费规模上来讲，早期社会人们消费是个别人或个别家庭的事情，所消耗的物品无标准化可言，且无规模之说，亦无法产生集群效应。

因此，在人类社会早期，消费行为是一种单纯的物质消耗，并未形成一种可以称之为"文化"的消费现象。学者们通常认为此时的消费还没有产生真正意义上的消费文化。

二　工业化初期以物质消费为主的消费文化生成

随着工业革命科技的进步和社会的发展，人们的物质生活日益丰富多彩，人们对于物质消费的需求和占有的欲望也与日俱增。这导致了一种被称为"消费主义文化"现象的产生。学者们普遍认为，这是真正意义上的消费文化的形成时期，因为工业革命以后，技术变革的力量进入了物质生产领域，机器化大生产代替了手工业工场，从而带来了专业化与社会分工。劳动者专注于做自己更擅长的工作，个别劳动生产率提高，进而带动社会总体劳动生产率的提高。生产潜力被极大地激发出来，生产力不断提升，生产规模持续扩大，规模消费也成为可能。同时，人们彼此之间形成了分工协作关系，共同完成社会产品的生产与消费，衍生出多个细分化的生产部门，亦形成了多样化和大规模消费的局面。

工业化初期，随着人们消费需求的扩大与消费观念的强化，消费在经济社会中的重要作用逐渐受到重视。消费主义文化逐渐成为一种文化潮流，对人们的消费产生进一步的推动力量，进而作用于社会文化，在人们的思维、观念、情绪、意识中形成日益深刻的影响。这一时期的消费文化已大大不同于单纯的物质消耗，它虽仍然以物质消费为主，但却表现出如下几方面明显的转变。

首先，从消费物品内容来看，工业革命之后人们的消费逐渐由生存型向发展型转变。消费物品种类不断增多，形态出现差别，功能渐趋细化。人们通过大规模消费不仅解决了生存问题，还向追求高质量生活转变，为劳动力再生产服务，为人类自身的发展服务。这些变化使得人们从纯粹的物质消耗观念中解放出来，逐渐成为消费的主宰者。

其次，从消费规模来看，工业化初期的消费实现了个别消费向规模化消费的转变。工业技术应用到生产过程中，分工与专业化形成，产品被规模化、标准化地生产出来，这就使规模化消费成为可能。人们的消费行为出现集中化趋势，"跟风消费"与"盲目消费"等现象逐渐衍生，集群效应明显，消费主义文化在这一过程中得以生根发芽。

第三，从消费形式来看，这一时期的消费不再是自给自足式，而是以交易为媒介。货币作为一般等价物已经出现，分工与专业化将劳动者紧密地联系在一起，彼此之间形成直接或间接的交易关系。消费在购买他人物品的基础上不断被丰富起来，由此便形成了市场经济条件下的消费主义文化。

最后，从消费性质来看，工业化初期的消费实现了本能消费向有意识性消费的转变。与人类社会早期强调为生存服务的本能消费不同，工业化初期的消费是建立在人类的生存问题已经解决的基础之上，人们追求的是生活水平的提高与高层次需求的满足。此时的消费者开始具有"挑剔的眼光"，购买商品时需要货比三家。他们对产品的功能、性质、外观、包装、质量、价格、生产工序与使用规则等方面进行详细揣摩与斟酌，最后做出的购买决定是几经考察之后的理性选择。因此，这一时期人们对于消费具有了理性的认知，并且能够站在自身全面发展的角度形成特有的消费观念，对社会文化产生了影响。

可见，在工业革命之后，人类社会的消费文化随着科技进步和生产力水平的提高表现出与人类社会早期不同的特征。人们的消费逐渐以一种"文化"现象的形态出现，并对社会产生深远影响。

三　工业化社会以后消费文化的形成与发展

在工业化社会早期阶段，劳动者参与社会分工，与生产资料相结合展开物质生产过程。然而，其所生产的物质产品被资本家无偿占有，自己只能获得用于劳动力再生产的生存工资，而资本家却能获得价值增值。资本主义的收入分配差距不断加大，这便导致劳资矛盾不断加剧。19世纪中后期到20世纪前半叶，西方国家经常出现的工人运动就是上述过程的真实写照。随着工业化社会的发展，资本家为了安抚劳动者，逐步做出妥协与让步。劳动者在和资本所有者的谈判中争取到了工资与工时方面的好处，劳资矛盾逐步得以缓和。这一过程中，人们休闲时间增加，收入水平提高，对精神与文化产品需求也不断增加。这些因素在不同程度上促进了消费文化的形成。人们开始追求更高层次的需求满足，休闲消费文化开始流行，音乐、影视、旅游、动漫等文化产品逐步受到消费者青睐。消费文化逐步演变到文化消费阶段，从而走向后现代主义。

首先，在工时方面，随着劳动生产力水平的显著提高，工人们可以在较短的时间内完成约定的工作任务。这为劳动者在与资本家的谈判中争取缩短制度性工时提供了可能。于是资本主义生产关系中逐步出现制度性休闲时间增加的趋势。例如，国际劳工组织在1921年颁布了《工业企业中实行每周休息公约》，并于1957年对休息公约做了新的调整与规定。同时，颁布施行了《带薪休假公约》。这些公约与规定在缩短制度性工时方面扮演了重要的角色。因此，单个工人休闲时间逐步增加，全社会的休闲时间也普遍增加，这直接促使了休闲消费文化的流行。

其次，在工资方面，随着社会劳动生产率水平的不断提高和生活消费成本的不断上涨，劳动者在争取工资增加的谈判中既具有了有力的基础，又具有了不得不上涨的理由。尽管劳资之间的收入分配差距依然存在且有加剧趋势，但是劳动者所能获得的工资水平总体上是上升的。这为人们追求更高层次的消费提供了必不可少的经济条件。

最后，根据"马斯洛需要层次理论"和"奥德弗ERG理论"①，人类社会需要层次总是要经历低层次需求逐步向高层次需求转变的过程。消费需求递进或上升规律是经济社会生产力发展的自然历史过程。当人们的基本需要得到满足后，必然追求身心健康、精神充实、自我完善等高层次的精神需要。因此，在生产力水平迅速提高、经济发展速度加快、产品日益丰富的工业化社会后期，人们的消费已经超出了满足基本生存需要的层面，进入满足精神消费、享受和发展消费的高层面。文化消费正是这样一种消费形式。当人们休息休假时间延长、工资收入水平提高之后，对更高一级消费的追求就显得更为迫切。

在工业化社会后期，资本主义国家劳资矛盾逐步缓和，劳动者争取到了一定的休闲时间并获得了更高的工资收入。这使这一时期的消费文化逐步从以物质消费为主向以精神、文化产品消费为主转变，休闲消费文化得以流行起来。在这种消费文化主导下，人们利用休闲时间进行消费，不仅仅是为了劳动力的再生产，而且是为了促进人的全面发展。

---

① 继马斯洛之后，美国行为激励学派心理学家奥德弗尔（C. P. Alderfer）于1969年在《人类需求新理论的经验测试》一文中，对需要层次进行了补充。把人的需求按照其性质压缩为三种，即生存需要（existence wants）、相互关系的需要（relatedness wants）和成长发展的需要（growth wants），简称ERG论。

第二节 法兰克福学派的消费文化异化理论

消费文化领域的研究可追溯至 19 世纪末 20 世纪初。在那个时期，美国学者托斯丹·邦德·凡勃伦就已经开始探究该领域问题，并于 1899 年出版研究成果《有闲阶级论：关于制度的经济研究》。该著作主要是针对当时美国上流社会新兴的消费至上的观念进行了研究，着重分析了"暴发户"和"新兴富豪"这些特定社会群体的消费模式所形成的消费文化机制。凡勃伦在其研究中指出，有闲阶级在炫耀自身拥有的财富方面，一般采取两种方式：一种方式就是开展休闲活动，另一种方式则是进行消费。在财富没有被消费掉之前，其价值无法体现。凡勃伦通过对浪费、奢侈、虚荣、代理有闲、代理消费等概念的阐释，分析了有闲阶级炫耀性行为的根本动机，为西方消费文化理论奠定了基础。

同时期，德国著名学者格奥尔格·西美尔也针对该领域问题进行了研究，并在两部著作中阐述了自己的观点。这两本著作分别是《时尚的哲学》和深受认可的《都市与心理生活》。西美尔深入探究了 20 世纪初所流行的消费模式和城市化问题，同时还探究了消费和时尚之间的关系。他在研究中指出："随着政治及工业的发展，城市以政治及工业作为中心建立起来，包括满足城市阶级社会各种需求等在内的因素，均是促使资本主义消费时尚得以形成的因素，消费时尚会随着城市的发展而逐渐加剧化。"① 通过对凡勃伦与西美尔的研究成果进行分析，可以发现他们探究了消费和生活方式等问题，并阐述了阶级分层等相应问题。他们在该领域的研究成果被认为是消费文化研究领域最初成果之一。

继二人之后，越来越多的学者加入了消费文化理论的研究。相比而言，西方马克思主义学者在该领域研究取得的成果最为显著，影响

① 莫少群：《20 世纪西方消费社会理论研究》，社会科学文献出版社 2006 年版，第 15 页。

力最大，而法兰克福学派在其中发挥了关键作用。法兰克福学派是一个学术社群，包括哲学家、文艺批评家和社会学者，他们都来自德国法兰克福大学的"社会研究中心"，代表人物较多，包括哈贝马斯、霍克海默、阿多诺、弗罗姆、马尔库塞、本雅明等。法兰克福学派的消费文化思想既继承了马克思主义理论的研究思想和批判立场，又吸收了现代西方哲学的方法，对西方消费文化进行了系统地研究和反思。他们对大众文化意识形态、科学技术以及现代性的解释与批判中，蕴含了大量的消费文化理论。可以说，法兰克福学派开创了西方马克思主义消费文化理论批判的先河。同时，消费文化思想也是法兰克福学派大众文化批判理论的中心。

一 从大众文化到消费文化

国际学者们对消费文化内涵的界定不尽相同。鲍德里亚在其研究中指出，所谓消费文化是指消费者在消费过程中所体现出来的文化。迈克·费瑟斯通则认为："消费文化是指消费社会中的文化，是人们消费理念、消费方式、消费行为和消费环境的总和。消费文化在今后的趋势就是将文化推至社会生活的中心，不过它是片段的、不断重复再生产的文化，难以凝聚为占主导地位的意识形态。"① 也就是说，消费文化是在大众文化这个背景下形成的一种文化与消费的现象。

法兰克福学派认为，所谓大众文化，尤其是资本社会下的现代大众文化，是指依托于现代科技与媒介并在大众之中得以流行的世俗文化。换句话来说，大众文化不是属于某个阶层（如贵族阶层）的文化，而是属于大众的文化。大众文化具有自身的特征，归结起来主要体现在信息性、娱乐性、商业性等方面。马尔库塞在其研究成果《单向度的人——发达工业社会意识形态研究》中指出，大众文化体现为

---

① ［英］迈克·费瑟斯通：《消费文化与后现代主义》，刘精明译，译林出版社 2000 年版，第 165—166 页。

压抑性的俗化趋势，在该趋势下形成的消费文化无法保留人的真正个性是在所难免的。在这种消费文化背景下，个人所追求的内容也发生了相应变化，追求的不再是个性，而是与社会大众完全一致。

20世纪中叶，随着大众文化的兴起，西方资本主义的统治者们意识到，除了在政治、经济上维护好国家统治和社会稳定之外，还需要充分利用大众文化的作用。尤其是在进入了大众消费时代之后，如何在这种消费环境下充分发挥文化的积极作用，并将之作为一种统治的手段，成了西方资本主义社会认真考虑的问题。法兰克福学派的理论家们认为，西方社会积极宣传大众文化，通过这种方式来营造虚假需要现象，诱导消费者进行消费，并在此过程中对外输出资本主义意识形态，达到对工人阶级思想意识进行控制这个目的，使得他们被同化之后逐渐淡化了自身的革命意识。

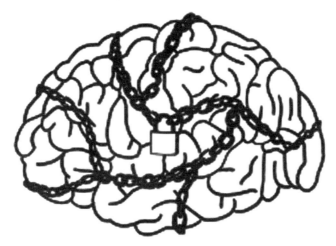

图1-1　《浇灌》　袁舒格　作①

法兰克福学派认为消费异化是对人们精神层面的极度控制。

法兰克福学派认为，人在消费中也被物化了。从法兰克福学派所持的相应观点可得知，其对消费文化持批判态度。原因是，在发达资本主义社会背景下，消费行为使得大众除了面临极大的生存困

---

①　本书有关袁舒格所绘图片，均已得到其授权。

境问题，还遭遇了不容忽视的文化危机问题。法兰克福学派指出，商品经济发展速度的不断加快，确实使得资本主义社会的物质财富越发丰腴。然而，文化发展方向却未与经济发展方向相一致，而是出现背离现象。在人们看来，除了金钱财富还是金钱财富，对艺术以及精神价值则未给予相应的重视。受消费主义影响，人们对消费品的追求变得无止境，进而引发消费异化现象。大众文化的主要特征是消费，在该文化背景下，人们已经不知自己内心真正想要的是什么，已被该文化环境所控制。因此，法兰克福学派认为大众文化与消费文化均存在问题，并对此进行反思与评判，指出了其对人们精神层面的控制等问题。无论是法兰克福学派的大众文化理论，还是消费文化思想观念，均注重学习和吸收马克思的异化劳动理论观以及卢卡奇所提出的物化理论，并在消费文化领域中引入大众文化批判的思想。

二 消费异化之批判

法兰克福学派对消费文化进行了批判。早在 20 世纪中叶，他们就敏锐地觉察到商品化已渗透至精神文化领域，人们受资本主义社会的控制越发明显。发达资本主义社会生产力呈高度发展态势，人们生活水平提高幅度较大，过着富裕的生活。面对表面欣欣向荣的资本主义社会，法兰克福学派的理论家洞察到，社会消费领域出现了明显的变化。资本主义通过消费来逐步控制社会，在消费领域里已呈现出资本主义的异化现象，同时消费者本身也被异化。资本主义最大限度地满足大众的消费需求，以此转移其不满情绪，缓解社会矛盾，从而加强了大众对资本主义社会的认同感。

法兰克福学派的理论家阿多诺在大众文化研究中重点表示："大众文化在使人们得到精神满足的同时，也掩盖了他们在社会中的异化状态。这种掩盖通过两种方式得以实现，一是在对大众文化的消费过程中，人们对现实异化的暂时遗忘，二是大众文化的齐一化功能将人整合入现行的社会体系之中，从而使人们在心理上产生对现行社会的直接认同。"①

弗罗姆和马尔库塞对资本主义异化现象进行了更加深层次的批判，其中消费异化是一个重要的方面。他们认为在资本主义社会中，大众的消费已经和他们的真实需求失去了关联，消费已经背离了其本质意义，出现了明显异化现象。"人们在商品中识别出自身，他们在他们的汽车、高保真音响设备、错层式房屋、厨房设备中找到自己的灵魂。"② 在这种社会现象之下，大众逐渐迷失了自我，丧失了个性，只是一味地疯狂的享受和占有。这些生活富足、不愁吃穿的消费者实际上过着物质富裕但精神痛楚的生活。因为人与被消费的物之间的关系被颠倒了，消费的行为是被动的、不自主的，甚至是无理性的，大众消费行为缺乏活力，甚至毫无情感。

图1-2 《占有还是生存》 袁舒格 作

大众一味地疯狂占有，逐渐迷失了自我，消费的行为是被动的、不自主的甚至是无理性的。

面对资本主义社会消费文化的现状，弗罗姆在他的著作《占有

---

① 夏莹：《消费社会理论及其方法论导论——基于早期鲍德里亚的一种批判理论建构》，中国社会科学出版社 2007 年版，第175—176 页。

② ［美］赫伯特·马尔库塞：《单向度的人——发达工业社会意识形态研究》，刘继译，上海译文出版社 2006 年版，第10 页。

还是生存》中提出，消除消费异化的社会现实，就是要采用变革精神的方法，培育大众的消费精神，以"重存在"的价值取向替代"重占有"的价值取向，发展爱的理论，抵制膨胀消费，遏制消费异化。在弗罗姆的理论中，"占有"意味着消费的一种极端状态。"在非常发达的工业国家，普通的社会大众如何来满足他们渴望积累、保持和增值自己财产的欲望呢？最佳的措施就是将占有的范围不断扩张，针对朋友、艺术品、情人等，都能够无情地占有，哪怕是上帝与自我也不例外。"① 大众通过对物的占有虚获满足，而这种满足是无止境的，正所谓欲壑难填。这种类型消费模式，在弗罗姆看来，实际上就是异化的消费模式。通过什么措施来有效地控制事态的发展呢？他给出的意见为："当前核心的任务是帮助健康的群体构建健康的经济。为了实现该目标，最主要的就是将生产放在健康的消费前提下。"②

马尔库塞从"单向度"视角来阐释消费异化。根据其核心理论可知，资本主义社会是典型的消费社会，也是一个"单向度的社会"。在资本主义社会中，商品会利用虚假的幸福承诺来达到安慰消费者，以维护当前制度的目的。消费社会为了赚取更多的经济利益并达到操纵消费者的目的，为消费者准备了大量的"虚假需求"。受其控制，消费者转化为"单向度的人"。为了帮助社会大众摆脱这种束缚，马尔库塞提出了拯救的办法，即通过社会革命的方式建立一个新的"理想社会"，使人摆脱"单向度"的命运。人类要想彻底的解放，就要积极主动地放弃当前相对舒适的生活。实际上，"放弃并不是说转化为单纯、质朴的状态，更多的是放弃生产奢侈品或者有害物品，坚决抵制过度消费，也就是说从根本上来杜绝资本主义的消费异化。在这种情况下，能够有效地避免生产模式影响到人们的身心健康。简单来

---

① ［美］弗罗姆：《占有还是生存：一个新社会的精神基础》，关山译，生活·读书·新知三联书店1988年版，第77页。

② ［美］弗罗姆：《占有还是生存：一个新社会的精神基础》，关山译，生活·读书·新知三联书店1989年版，第77页。

图 1 - 3　《上帝的革命》　袁舒格　作

在非常发达的工业国家，普通的社会大众如何来满足保持财产的欲望，最佳的措施就是将占有的范围不断扩张，针对朋友、艺术品、情人等，都能够无情地占有。

讲，积极提倡人类主动打造环境与改造自然，将是解放了的而不是压抑着的生命本能"①。然而，理想是美好的，现实是残酷的，由于人性基因里的弱点——自私与贪婪，很少有人真正做到主动、自觉地放弃对物的占有，因此马尔库塞的救赎与革命就不免要流于失败。救赎的道路在现实中行不通，马尔库塞最终走上了以"爱欲"为武器，达到解放人类的唯心主义道路。

阿多诺的大众文化批判、弗罗姆的消费异化占有、马尔库塞的单向度消费社会与单向度消费者，这些理论构成了法兰克福学派消费文化理论思想的基本内核。其中蕴含着较为明显的倾向，即对消费文化的批判。法兰克福学派理论家的一系列精髓思想都是围绕这一倾向铺陈而来的。例如阿多诺的文化工业论、本雅明的机械复制时代的消费文化思想、洛文塔尔的消费偶像观等均如此。

---

① ［美］赫伯特·马尔库塞：《爱欲与文明：对弗洛伊德思想的哲学探讨》，黄勇、薛民译，上海译文出版社 2005 年版，第 6 页。

第三节　伯明翰学派的大众文化消费理论

伯明翰学派是西方马克思主义最主要的一个分支。它由在英国伯明翰大学"当代文化研究中心"一起工作、学习、研究的学者们共同组成，其中最典型的代表学者包括理查德·霍加特（Richard Hoggart）、雷蒙德·威廉姆斯（Raymond Williams）、斯图亚特·霍尔（Stuart Hall）、约翰·菲斯克（John Fiske）等人。该学派诞生于美国大众文化对当时英国大众文化也就是青年工人阶级文化产生了巨大影响的大环境之下。学者们非常忧虑，聚集在一起成立了该学派。在20世纪60年代、70年代和80年代，伯明翰学派关注的内容分别为工人阶级文化、青年亚文化以及大众文化。

伯明翰学派和法兰克福学派的共同点主要集中在消费对人类的异化上。在他们看来，文化和意义的关系是应关注的重点。文化具有一定的能动功能，因此，在实际大众文化消费过程中，大众并非简单的消费产品，而是通过文化产品，结合自身理解，创造全新意义。从这个角度来讲，我们不能只是单纯地将文化商品看作大众消费和被迫接受的对象，而是应该认为大众正是通过这样的资源，积极发挥其能动作用，来创造新的资源。因此，我们可以认为针对消费文化的研究，伯明翰学派其实是在继承并进一步发扬法兰克福学派的思想。

一　大众文化研究的核心之一是消费文化思想

伯明翰学派指出，大众文化自身的意义是在不断地消费实践当中展示出来的。在法兰克福学派看来，消费实践其实就是资本主义市场为了获得高额的利润，不惜对大众文化进行操纵，从而改变大众消费的行为。相比较，伯明翰学派指出，大众文化并非源自文本制作者，由于文本自身有着固定的含义，因此，统治阶级利用大众文化操控消费者行为是不切实际的，他们认为这其实属于动态演变过程，大众是相对自由的，消费者有权利根据自身意愿进行取舍。

第二次世界大战结束之后，英国取消了对报纸和广播电视的战时管制，这为越来越多大众媒介的推广和发展构筑了良好的社会环境。在这种环境下，消费文化成为大众文化非常重要的组成部分，这样就使得对大众文化的研究其实就相当于对消费文化的研究，大众文化的受众实际上就等于大众文化的消费者。消费社会当中，消费文化扮演着润滑和催化的角色，特别是作为大众文化的面目展现在世人面前。因此，在当今社会以及市场当中，消费文化已经演变成为社会经济非常重要的组成部分，其所对应的就是文化经济。

二　理查德·霍加特的"识字的用途"

理查德·霍加特和雷蒙德·威廉姆斯是伯明翰学派非常杰出的代表。英国文学批评家利维斯在他的著作《大众文明和少数人文化》中提出的精英主义观点，以及法兰克福学派对待大众文化的看法或多或少地影响了他们的观点。在他们看来，大众文化如同麻醉剂，是造成文化堕落、工人麻木的主要工具。霍加特的代表作品《识字的用途》重点就青年工人阶级亚文化展开研究与解读，其理论大多数是建立在这一人群消费现状基础之上展开的。该书详细阐述了工人阶级在50年代的大众消费方式，由于美国文化的影响，工人阶级大众消费文化在堕落的同时，又给人以欣喜之感。

霍加特认为，新大众文化失去了原本的道德属性，这是社会现状。他提到："很多的大众娱乐节目的存在会腐蚀人们原本的快乐，或者给人一种不恰当的诱惑，抑或让人在道德上做出逃避。"[1] 比如，进步其实就是要不断地占有物质，这是大众眼中的世界观。强调当前的大众文化并不能够给广大青少年工人阶级正确的启示，纷杂、多样化的

---

[1]　Richard Hoggart, *The Uses of Literacy*, New Brunswick: Transaction Publishers, 1998, p. 106.

杂志等只会让青少年被辐射。从他的话语中可以看出，工人阶级未来前途一片渺茫。但即便如此，他却不曾彻底失望，这主要是因为霍加特在对工人阶级俱乐部、他们玩的飞镖和多米诺骨牌游戏以及婚姻生活当中，真真切切地感受到有一股抵抗的力量存在，而且这种力量是自下而上产生的。

三　斯图亚特·霍尔的"编码解码"

自霍加特以后，斯图亚特·霍尔作为当代文化研究中心主任，带领伯明翰学派继续向前发展。该时期阿尔都塞意识形态理论和葛兰西文化霸权理论或多或少对学派产生了影响。霍尔充分地肯定了大众媒介的重要性。针对法兰克福学派的"消极受众观"和"媒介工具论"，他指出传播中真实的状况并非如此，这一学派在分析中完全混淆了接收者与接受者的差别，忽视了接收者自身的立场和观点对于发送者意图的消解甚至排斥。接收者有一定的自主理解能力，这已经成为民主社会的重要特征。此后，他在"编码解码"理论中深入阐释了不同受众对文本的不同解读，大众文化是被统治群体反抗社会统治集团的竞技场，显然，大众不是麻木不仁的。霍尔的"编码解码"理论把原来的文本研究重心转移到对大众文化消费主体的研究上。

霍尔于1973年发表的《编码/解码》，主要阐述了电视话语"意义"的生成以及传播。在他看来，对电视节目的编码，往往会受到制作者自身世界观、知识架构以及意识形态的影响，而且这种影响是比较显著的。当电视节目具有一定意识形态后，将通过文本术语的方式展现出来。因此，可以将电视节目视为具有开放性的话语系统，其最主要的含义就是让广大受众消费。霍尔通过分析指出，消费者观看电视这一行为其实就是消费者的思想在和文本的意义进行对话的过程，双方在进行协商。

"通常情况下，面对电视资讯，广大受众持有的立场主要有三种，分别是主导型、反对型以及协商型。持有立场的不同，决定了解读取向不同，分别对应着偏好、对立和协商阅读。"[①] 偏好阅读主要指的是接受主导意识形态的消费者，立足意识形态视角展开对文本的解读；对立阅读，顾名思义是指消费者自身所处情境和经历完全不同于主导意识形态，因此在解读时完全持有对立态度；协商阅读从原则角度来讲，其实是可以接受主导意识形态的，但消费者内心会认为这和常规的社会经验是不相吻合的，因此会进行协商，当双方解释达成一致后，将停止协商。

霍尔坚持了历史唯物主义的阶级分析范式，自始至终贯彻这一研究原则。从霍尔提出的发送者和接收者二者不存在必然对等性这一观点，我们就可以看出，他认为传播者之所以遭遇传播中的失败，其根本原因在于"意义的流动遭遇障碍"。从更深层次来解读，其实就是编码和解码二者由于所处地位不同，最终导致认知符码存在差异，观众的解码立场差异其实就是他们社会位置的差异。基于此，在判断传播是否有效时，不能仅仅只看民众是否知晓传播信息，更应该看解码者所持的立场以及他们所提的要求是否能获得及时反馈，并通过对话方式形成"共识"，提升民众对处于主导地位的社会文化秩序的认同度。霍尔深入分析解码者所持的三种不同观点，并在此基础上揭示其内在根源以及对于阶级分析范式的采纳。这些探究，使霍尔对于受众消费文化研究更加深入。

四　约翰·菲斯克的"理解大众"

20 世纪 80 年代，国际社会掀起了电视受众问题研究的热潮。戴维·莫利和约翰·菲斯克的受众研究是英国这一领域的主要代表理论。菲斯克在其研究成果《理解大众文化》中指出，对于受众而言，他们在解读过程中可选择规避主流意识形态。他们具有把文化商品改造成

---

① 杨魁、董雅丽：《消费文化理论研究——基于全球化的视野和历史的维度》，人民出版社2013 年版，第 89 页。

自身愿意接受形式的能力。1987 年，菲斯克在其著作《电视文化》中深入阐述了大众在符号消费中体现出来的两方面特点，即创造性和艺术性，积极探寻了大众消费所具有的重大意义。

菲斯克的消费文化观念阐释了在消费社会中一切可以为受众制造快感、表达某种意义的内容都是具备文化经济价值的文化商品。该观念的提出让人们进一步关注到受众作为再次生产者的角色以及受众在文化经济中发挥的作用和产生的价值。大众消费者在再次利用资源、重构资源的过程中，创造性被激发，创造能力得到逐步提高。通常来说，将大众文化视为文本，人们就会认定是文本制作者赋予文本一定的意义。但菲斯克提出，大众文化并未被赋予固定的意义，也并不体现固定的文本表现形式。大众文化的形成并非一成不变，相反，它是一个不断变化的过程。文化消费者结合自身的意愿调整需求，其消费行为皆是再生产过程。该过程为文化赋予一定的意义，体现出大众的创新性。菲斯克的理论对于法兰克福学派对大众文化的鄙视持批判态度。他的理论彰显出对大众的审美感知力、创新意识以及艺术性的充分肯定。

五　安吉拉·默克罗比的综合性消费文化观

20 世纪 80 年代中期，由于社会结构的变化，传统的马克思主义对于社会结构变化难以做出有效解释。在这种情况下，对文化霸权、意识形态理论的文化研究逐步转移至对后现代理论的研究。安吉拉·默克罗比（Angela Mcrobbie）就是后现代主义的忠实拥趸，在大众群体、青年群体的政治历程、消费方式以及生活习惯等方面展开了深入探究，其研究结果拓宽了伯明翰学派文化研究的理论维度。

默克罗比提出，后现代主义去区分化的特点消解了精英文化与大众文化之间的边界。后现代社会的特点是享受、娱乐、消费，大众文化利用其覆盖面广泛的优势，主动迎合后现代社会的需求，逐渐代替了精英主义文化成为社会主流文化。伴随文化产业化的发展，消费社会中大众消费的文化形式得到人们的认同。这是亚文化反抗后得到的结果，亚文化的地位逐渐提升。

然而，默克罗比对后现代主义并非采取毫不怀疑的支持态度。她认为，大多数消费活动的产生并不完全是由于享乐所致，再生产才是产生消费活动的根本原因，如果缺乏再生产，消费将处于真空状态。因此，她希望学者们关注再生产，结合宏观社会背景和政治背景来全面理解消费现象。她对于购物为消费者制造放松感、愉悦感给予肯定，认为生活中消费行为以满足日常生活所需为主要目的。大多数消费者的消费行为为再生产提供了前提，如购买食物的目的是维持人们的生存，并为人们参与生产劳动提供能量。通过消费行为达到娱乐的目的仅仅存在于一小部分人群中，所以不能以偏概全。默克罗比充分肯定了苏珊·桑塔格提出的"消费的自由代表自由本身"的观点，她通过研究发现一种综合性消费模式。她认为在对文化生产过程中产生的意义进行检查的同时，还要对产生意义的过程进行关注。只有在对文化产生的过程给予充分了解的情况下，才能廓清文化生产和消费二者之间的关系。

伯明翰学派和法兰克福学派两大学派均属于西方马克思主义，但二者建立的时间并不相同，伯明翰学派成立较晚一些。此外，这两大学派在研究方法和研究对象方面的差异是比较明显的。法兰克福学派擅长从哲学领域研究文化理论，而伯明翰学派理论的形成则受到英国经验主义传统的影响。法兰克福学派的成员大多具备高等教育经历，许多人出生于犹太家庭，过着较为富裕的生活，主要从事精英化的学术研究。他们的家庭背景、学历背景决定了他们对大众消费文化的厌恶。而伯明翰学派的成员大多数没有接受过高等教育，出生于工人阶级贫困家庭中，生活经历影响了他们的阶级立场。尽管英国在第二次世界大战后进行了教育制度改革，为广大民众提供大学教育福利，然而，多数人大学毕业后仍然选择从事工人阶级的继续教育工作，他们和工人阶级朝夕相处，对工人阶级更加了解。因此，尽管这两个学派研究对象一致，但最终的学术观点却不同。伯明翰学派站在平民的立场上，借助于经验主义对大众文化、媒体文化、大众消费现象引发的社会变化情况进行深入研究，学者们更加关注人们利用文化资源抵抗后工业社会的目的。

随着历史发展，伯明翰学派由民族的学术思潮逐渐发展成为世界性的学术思潮，其国际化特点更加明显。在这个发展过程中，伯明翰学派依然注重对社会现实、社会中下层阶级的研究，这一学术初衷从未改变。学者以包容的心态看待大众文化商品，并对大众消费文化给予肯定，同时又能客观、准确、冷静地剖析大众消费文化存在的弊端。

进入互联网时代后，我国互联网发展迅猛，进入了大众文化狂欢的时代。无论是从舆论导向还是网络语言等方面，都证实了伯明翰学派在研究大众消费文化方面存在的优势。虽然由互联网兴起带来的新兴消费文化显然不同于伯明翰学派遇到的社会状况，但伯明翰学派科学的研究方法、研究理论和研究视野为研究中国遭遇的各种消费景观研究提供了可供参考的范式。

第四节　居伊·德波的"景观社会"

20 世纪，世界哲学思想中心从北美洲转移到欧洲。当代法国视觉传播思想家居伊·德波的"景观社会"理论成为 20 世纪中期对消费社会批判的一支重要力量，被西方学者誉为"当代资本论"。德波"景观社会"批判理论的形成，受到马克思、马尔库塞、卢卡奇等社会批判理论的影响，特别是受到列斐伏尔官僚社会控制消费大众理论的直接影响。德波的《景观社会》依据马克思主义的商品分析逻辑，在消费文化语境中，针对空间景观化幻象、消费异化现象、景观拜物意识、景象意识形态等问题展开了社会批判，并为革命实践提出具体策略。

"景观社会"理论阐述了工业社会、商品社会、市场社会中的西方资本主义市场与消费现象的演化、生产力与生产关系的变革以及大众消费异化等理论，其理论思想是鲍德里亚《消费社会》形成的理论基础。"景观社会"的广义概念是指在现实存在的，人与人、人与物的各种关系，通过景观表象和意识形态展现出来的可视化活动，是整个工业社会呈现的生产活动总和。德波指出，在景观社会中，没有暴力政治的强迫，但是大众"沉醉"在统治者设计好的市场情景中追求视觉盛宴、娱乐自我、极度消费，偏离自己本真的需求和创造性，被景观所支配。景观产生欲望，欲望支配生产，也就是说生产是客观现实存在的，但是在景观所创造出来的伪存在下进行生产。

德波的"景观社会"理论描述了一个双重异化的资本主义社会现实，即在马克思的异化理论基础上的再次异化。在景观社会中，社会存在呈现表象化、景观化以及符号化的状态。在商品社会中，物化关系明显呈现出颠倒的现象，而景观社会将已经颠倒的物化关系再次进行颠倒。德波认为资本主义社会发展速度不断加快，目前已经步入新的历史阶段，即进入了意象和幻觉占据统治地位的景观社会。景观社会已经转变为景观拜物教，而不再是原来的商品拜物教。

一 "景观社会"中的变迁

第二次世界大战后的资本主义世界，伴随着科学技术革命，进行了社会政策和经济体制的改革，与之前相比，不但在社会经济上得到发展，并且在政治控制和经济结构上也发生了巨大变化。例如，在整个工业文明生产的进程中，阶级结构重新调整，工人文化素质改变，"白领"增加和"蓝领"减少，工人队伍扩大并出现多层次的现象，特别是由工业社会时代进入以消费为主导的景观社会时代。

消费主义已成为时代的主流，消费优先取代了生产优先的基础结构，物质生产在社会生活中逐渐退居于次要地位，商品社会逐渐被景观社会所取代。对此，德波就曾进行了相应的阐述，在其看来："景观将是普照于现代被动性帝国的永远不落的太阳。它覆盖着世界的整个表面，永无止境地沐浴在自身的荣耀中。"① 资本主义社会通过"完

---

① ［法］居伊·德波：《景观社会》，王昭风译，南京大学出版社2006年版，第5页。

美"的景观，维持着自身的统治秩序。

尽管资本主义社会外部一派繁荣，但内部却潜藏着极大的社会危机。当资本积累到一定程度后，将促使社会进入一种新的形态——景观社会，一种被异化的社会形态。在景观社会中，作为表象存在的资本主义社会百态组成了景观社会的景物。统治阶级控制着这些景物，人们欣赏追逐着景物并牢牢地被景观表象所控制，在景观的迷雾中无意识地遵循景观的规则。各种景观表象操控着大众的欲望、语言和行动，大众被奴役在景观中，心甘情愿地沉醉在表象中的人数远远大于独立思考的那一部分。

景观处于商品和消费者之间，并且决定二者的关系。商业资本导致了社会的异化，而景观再次强化了这种异化。通过景观生产，景观图像控制了人们的生活和意识形态。景观规划和个人的主动放弃使大众的个性不断地消失，景观蒙蔽着现实，演绎着不存在的表象，或者移花接木地歪曲着事实。景观让事实远离大众，让人们的"知情权"不断丧失，真相和大众被景观分离。景观社会中，一只看不见的手在控制着人们的时间和欲望。

在景观生活中的悲剧并不源于物质的匮乏，而是源于人们在精神上的贫穷。人们的每一次社会活动都在景观的掌控之中，即使生活水平提高，也只是镀金的贫穷、镀金的剥削。大众的闲暇时间已经被景观安排好活动，大众心甘情愿和积极主动地去做的事情，实质上也是由景观控制的，最终导致人们失去选择和创造性。景观制造伪欲望，这些伪欲望进一步导致消费异化。大众挣扎在资本家布置的这种恶性循环中，追逐景观、浪费生命、忘却真我，最终自我消失在异化的消费中。正确认识资本主义社会现实，摆脱景观表象的迷惑，揭示社会的原本面目和现实，回归真实生活，是新时代大众面临的任务。德波从现实存在的景观图像出发，细致分析了商品社会进入景观社会后的社会状态，深入研究了社会意识形态并对其进行解码，在这基础上提出社会批判理论，使得马克思主义理论在发展空间上获得进一步拓宽。

图1-4 《买买买》 袁舒格 作

景观制造伪欲望，伪欲望进一步导致消费异化。

二 "景观社会"中的消费行为

随着全球化时代的到来以及媒体文化的繁荣发展，世界逐渐变成了由信息、娱乐和消费组成的符号世界。景观社会被认为是"意象统治一切的社会"。在德波所提出的景观社会中，除了人与产品分离开来之外，人与劳动时间也呈分离状态。在这个分离的社会中，"使用价值走向了没落"①，商品被分离成意象和现实，而不再有自身的属性。景观的表象作为各种社会关系的中介，遥控着人们的意识和行动。

在景观社会里，广告与媒体相结合，它们把产品转换为符号，并在广告不间断的宣传下形成景观消费图像。于是，符号商品进入人们的视野，激发和诱导着大众的消费。这种常见的消费形式正是景观社会中的消费模式。人们追逐产品的表象，表象成为统治者的工具，物

① ［法］居伊·德波：《景观社会》，张新木译，南京大学出版社2017年版，第47页。

的使用价值不再重要，物因被赋予的象征符号意义而存在。消费社会兴起的标志也就是物向符号的转变。物的理论核心部分包括物的功能化、物的抽象化、物的符号化。物只有成为彻底的符号才能参与社会的消费活动。

德波揭示了景观社会的本质，认为"景观是商品实现了对社会生活全面统治的时刻"①。在德波看来，景观是一切的代表，"'符号在物体之上、副本在原本之上，幻想在现实之上'，这个事实在景观社会被充分证实"②。在这种社会气候中，人们沉迷于景观图像中无法自拔，即使是简单的吃、穿、住这些日常生活也在景观的控制之中，大众的日常行为被景观所控制。在琳琅满目的商品前，人们无法找到真实的自我需要。这些商品实质就是资本家精心安排好的景观秩序，景观图像变成了大众的本真需求。因而，德波认为"景观的在场是对社会本真存在的遮蔽"③。德波进一步指出，在景观社会下的消费行为中，大众没有选择的权利，只能顺从和接受。所以他说，景观社会就是少数人的精彩表演，多数人的默默欣赏。视觉感官的至高无上性锻造出一批丧失行动力的"看客"，景观意识形态也被一并悄无声息地塞给这些欣赏的"看客"。这一切的运作机制在于资本家通过媒介制造和传播虚幻性的图景，构建景观式的生活方式，依靠侵占劳动时间以外的闲暇时间，侵蚀日常生活的每一寸领域，利用无意识的趋同心理，实现大众的自我殖民。在这里，暗含着人本主义价值悬置的逻辑。商品使用价值和价值的二分已经被现实和意象的区分代替，使用价值已经走向没落。

景观社会理论对当代资本主义社会进行了深刻的剖析，揭示了现实生活中的社会景观化现象。在景观社会的表象包装下，消费行为都被资本家强化为景观媒体消费行为。伪需要和被动性充斥着人们的日

---

① 田龙过：《后现代文学提问方式及问题域转换研究》，中国社会科学出版社 2012 年版，第 56 页。

② ［法］居伊·德波：《景观社会》，王昭风译，南京大学出版社 2006 年版，第 130 页。

③ ［法］居伊·德波：《景观社会》，王昭风译，南京大学出版社 2006 年版，第 11 页。

常生活，人们的收入和支出都可能早已算入资本家的景观图像预算中，这些预算通过人们的日常行为消费在景观布置好的图像中得以实现。媒体成为统治者隐形的统治工具，应接不暇的媒体图像和个体的伪需要被激活，个体意识形态被景观的表象所控制。意识形态的控制具有隐蔽性，个性和自我价值被内部殖民化，整个大众成为景观的观众。德波通过对景观社会意识领域的分析，进一步揭露了在景观消费时代资本主义统治者剥削的秘密。他认为在人和物被分离的媒体消费时代，需要去寻求人类的自我解放。

三　"景观社会"的"景观拜物教"

德波认为，随着资本主义社会的发展，物资匮乏的时代已经过去，商品经济繁荣发展满足了大众的日常需要，社会进入了以"消费"为主导的景观社会，或者称为"媒体消费社会"。在这个社会中，消费摆脱传统意义上的价值，成为统治者控制意识形态的手段，变成了意象化的消费形式。意象不再单独存在，而是被景观作为相互关联的一部分。景观社会是一个由资本建构的消费社会，宣告了"抽象统治一切"的商品拜物教被"意象统治一切"的景观拜物教替代，物质生产领域的异化已经向消费领域的泛化转化。

在景观社会中，各种景观现象层出不穷，蕴含着巨大的景观能量，景观控制力量逐渐展现在社会生活的各个方面。在社会进程中，社会、自然、人、自我意识等都在逐渐弱化，而符号追求、表象追求、异化追求等扭曲的价值取向却甚嚣尘上。形式各样的景观操控着人们的意识，人只能单向度地默从。景观社会理论精辟地阐述了资本主义社会各种关系结构的新型变迁，消费关系与媒体时代的到来促进了社会存在与社会生产为主要特征的社会变化，也是资本主义商业社会景观表象与意境变化的进程。

景观装饰了世界，主宰了人们的生活方式，统治了经济的秩序。它的内容和形式是统治者目的在现实生活中的反映。在意象控制了社

图1-5　《商业本质》　袁舒格　作

　　为了赚取更多的经济利益，达到操纵的目的，资本家为消费者准备了大量
的"虚假需求"，受其控制，消费者转化为"单向度的人"。景观社会理论丰
富的逻辑内涵，揭示了资本主义社会的商业化本质。

会之后，景观代表的就是一切。在这方面，德波曾指出："一旦真实
的世界转变为纯粹的影像，那么，纯粹影像就会被认为是真实存
在。"① 因而，景观具有欺骗性，其华丽的外衣使大众无法认识到景观
在控制着自身的需求，甚至无法改变这种需求。媒体文化不再是简单
的技术装备，而是景观社会的一种消费方式。大众沉溺在虚无的景观
仙境中，失去自我，无法自拔。不言而喻，在景观社会中，统治阶
级在社会结构中占据优势地位，具有更多的选择权利，成为景观社
会中最大的受益者。景观图像在存在的环境中对社会进行修饰和装
潢，从而构建有利于景观社会权力运行的价值体系，而大众则沉默
在社会表象中。

　　在景观社会中，消费充斥在社会存在和各种社会活动中，景观对
被统治者的视觉控制无处不在。景观的异化比商品的异化更加让人们

① ［法］居伊·德波：《景观社会》，王昭风译，南京大学出版社2006年版，第6页。

难以辨别，人们的视觉始终受到景观图像的控制，景观图像成为资本主义社会新的统治工具。在景观社会中，文化意识形态的控制取代了传统粗暴的政治、经济统治形式，伪真实的景观建构了人们眼中的伪世界。因此，新时期大众的革命目的就是摧毁日常生活景观，揭露景观的本质——双重异化，使生活回归本真，解放人的真实欲望，实现新的生活情境和真正的日常生活。

马克思在他的著作《资本论》中，将劳动者的劳动时间区分为"被奴役的工作时间"和"自由发展的闲暇时间"。他指出劳动异化对工人的迫害，也承认劳动之余的闲暇时间是属于工人自己的自由支配领域。德波认为，景观拜物教的统治范围不再仅局限于对工人阶级在生产时间中的压榨，而更倾向于对他们闲暇时间的剥夺。这种剥夺是非暴力性的，是一种无意识渗透，具体表现为景观渗透。德波在探究该问题时还指出："在景观社会背景下，景观占据着大众生活的每一刻，包括非劳动时间。景观统治的实现不再主要以生产劳动时间为限，相反，它最擅长的，恰恰是对劳动时间之外的闲暇时间的支配和控制。"① 最终，景观拜物教将人们最后一寸自由领土也侵占了，将专属于劳动者的闲暇时间变为被操控的景观时间。大众自知或不自知，都无法逃离被操控的命运。大众不得不在景观的呈现下选择生活，但这种选择是在统治阶级既定方案之中的选择，没有超出被操控的疆域，自主性不复存在，唯有机械趋同。

对于机械趋同，弗罗姆有过精辟的分析。从社会的角度来看，人类从原始社会到现代社会的发展过程，是个体化逐渐增强的过程。尽管个人力量增强了，但在相互竞争中，个体的孤独感与怀疑感也增加了。此外，资本成为社会运转的中轴，个体的价值变得无足轻重。因此，个体急需从外界寻找共同感与归属感。从个体的角度来看，人与人之间需要在相互交往与合作中才能够生存和发展。当人们认识到自己是孤立的，就会感到自身的微不足道，此时他们会主动地寻找合适

① ［法］居伊·德波：《景观社会》，张新木译，南京大学出版社 2017 年版，第 31 页。

的束缚体。所以，人们为了内心的安全，普遍典当了"自由"。

受景观拜物教影响，人们出现机械相似的社会性格，即"个人不再具有自身的个性，而是在同一文化模式塑造下变得与其他人同质化"①。生活于景观社会中的人们是一群戴着趋同面具的机器人。他们自知或不自知地成为被催眠的个体。外界力量对个体的无意识奴役是权力得以运行的最有效方式。人们一边欣赏琳琅满目的景观，一边无意识地走进被趋同的圈套。景观社会给人们提供了逃避自由、走向趋同的土壤。日常生活受无处不在的景观引导，趋同变得顺理成章。因此，景观社会对趋同心理的建构是出于人们对自由的主动逃避，在人们寻求安全庇佑的过程中实现统治的同一化和标准化。景观拜物教就是如此这般依靠"意象"对人内心欲望进行拓殖，实现其隐形统治的目的。

四　"景观拜物教"的祛魅与解蔽

德波就景观社会这一背景提出了日常生活艺术化的道路。德波认为，打破景观牢固支座的力量不是政治经济阶级斗争，而是实现日常生活的文化变革。他主张用艺术创造一种新的日常生活情境，引领真实世界的方向，打破惯常思维与行动范式，实现对景观社会生活的祛魅与解蔽，进而实现自我解放与真实自由。

德波认为，消解景观化桎梏的革命策略主要有三大战术，分别是"漂移""异轨"和"构境"。其中，"漂移"是对城市凝滞的空间布展进行解构，对模式化的城市生活的否定，并把主体性想象力激发出来。"异轨"则是指借助揭露暗藏的操纵等来解构资产阶级社会的影像，反抗景观化标准，跳脱常规，摆脱日常生活中的套路和束缚。"构境"则是在前两种策略基础上，主体根据自己的意愿来重建自由和真实的人类文化图案。德波希冀在这三种策略运用过程中瓦解景观

---

① ［美］埃里希·弗罗姆：《逃避自由》，刘林海译，国际文化出版公司2007年版，第126页。

霸权，重建自由和真实的文化，进一步解构景观拜物教的影响。

德波基于资本主义发展的时代特征，从"景观"出发所开辟的批判救赎路径，丰富了西方社会批判理论。他认为，在这场文化变革中，主要以艺术作为实现手段，这是由于"艺术能独自阐释生活中的各种秘密问题，尽管所采取的方式具有隐蔽性，且部分还存在幻象现象"①。他试图通过日常生活与艺术领域实验性的变革找到革命的突破口，因而具有实践意义上的积极性，超越了法兰克福学派浓厚的理论批判色彩及悲观心态，表现出强大的革命勇气。这种将批判理论与革命实践相结合的救赎路径是德波对景观拜物教的深入否定。他提出的"三大战术"革命策略意在打破景观式生活常规、颠覆消费、颠覆媒体强加的文化霸权以及重建城市精神。

德波的总体性革命理论成为法国"五月风暴"的精神标志，也奠定了德波"景观拜物教"理论在西方批判理论中的代表性地位。他打破常规的情景构建，摆脱日常思考和行为习惯，认为任何个体都应追求自己想要的生活状态并参与社会活动。景观图像构成的一系列社会表象，改变着众人的日常社会生活，因此，警惕景观图像带来的危害性，追求自我的真实需求，有助于平衡社会物质消费和精神消费的关系，促进公民理性消费观的形成。德波深刻揭露了意象的存在方式，虽然他并没有像鲍德里亚那样对消费社会进行深刻的分析，但是他的思想在影响现代的媒体文化和消费观等众多社会思潮，对法国哲学产生重大影响的同时，也对后马克思主义的发展具有深远影响。德波将高度发达的资本主义物质文明社会表征为一个景观拜物教盛行的图像承载体，这不仅反映出他对社会现实的质疑与解剖，而且在理论旨趣上开启了诸多后现代话题领域，他的"景观拜物教"理论直接影响到鲍德里亚、凯尔纳、哈维等后现代理论家。

然而，从社会现实层面来看，德波诗性化的政治革命较马克思的阶级斗争革命学说，缺乏行动上的自觉性、可行性、持久性、彻底性。

---

① ［法］居伊·德波：《景观社会》，王昭风译，南京大学出版社 2006 年版，第 183 页。

德波要求摆脱"景观拜物教"隐匿统治、重构日常生活的目标尚未触及资本主义社会本质和根本矛盾，难以推翻固有的社会经济制度，实现最深刻的社会变革。因此，德波的理论具有局限性，需要与其他理论结合使用，才能更好地指导社会变革实践。

第二章　后现代主义消费文化的符号狂欢

　　当历史的脚步跨入 20 世纪 60 年代之后，后现代主义一词引发的思潮所涉及的领域和范围之广达到令人惊异的程度，其中包括音乐、美术、小说、戏剧、摄影、建筑、人类学、社会学等领域。这表明后现代主义拥有足够的感染力，成为一个家喻户晓的表达。在后现代的社会中，工业在飞速发展，科技改变着生活，由此而产生的是以往任何一个时代都不曾出现的物质财富极大丰盈的状态。物质财富膨胀给整个社会带来前所未有的刺激。人们开始使用消费主义的目光看待社会变迁，并逐渐习以为常。

　　"后现代主义"（post-modernity）这个词在西方大约从 20 世纪五六十年代开始被一些学者使用，但这一概念真正被确立是在 70 年代中期。那时，在不同文化领域、不同学科内部的跨学科层次上，在哲学、艺术、建筑研究及文学主题中，开始认可这一形式多样的社会文化现象。到了八九十年代，后现代主义一词在欧美变得极为流行，其要点是摒弃现代主义艺术形式的意识形态和基本前提。这种摒弃的本质意在彰显后现代主义艺术是一种知性的反理性主义和感性的快乐主义，是对现代主义艺术的拒绝，是作为一个分化领域自主价值的表现。

　　"后现代主义"一词与"现代"相比，主要区别在于"后"字。"后"字表达的主要是对原有的"现代"的否定，将现代所具有的一些特性进行消解，而这些特性往往是"现代"社会中约定俗成的。后现代主义倡导人们过无真理、无理想以及无真实的生活，以此为基础重新塑造自我。后现代主义不急于寻找一个新的标准代替原先的标准，也不用新的真理改变原有的真理，它善于在一切发生之前否定一切，这种预先产生的否定同样不需要有任何代替物存在。因此，后现代主义应当被视为一种观念形式，它产生于各种社会条件发生巨大变革的西方社会，同时也凭借其强大的感染力改变着西方的政治、经济和文化。

在后现代主义消费社会发展过程中，人们的需求逐渐从生产环节转向消费环节，在这一转换过程中，原先没有商品化的领域开始成为消费资本运作的范畴，消费因此成为大众推崇的生活范式。人们甚至并不为真实的、有实在意义的商品去消费，而是为追求一种享乐和体验，或者只是为某种虚拟的符号、象征而进行消费。在消费过程中，商品的使用价值被忽视了。平庸的消费品可以承担广泛的文化联系和幻觉的功能，这正是后现代主义的符号消费文化审美维度的特征。

第一节　鲍德里亚消费社会理论

鲍德里亚（Jean Baudrillard）是法国著名的哲学家、社会学家。他因对当代社会文化现象的分析和对当代资本主义社会的批判成为享誉世界的著名学者。鲍德里亚一生著述丰富，涉及社会理论、符号学、文学理论、恐怖主义以及摄影技术等领域，被人称为"无法归类"的思想家。他的著作《物体系》（*The System of Objects*，1968）、《消费社会》（*Consumer Society*，1970）、《符号政治经济学批判》（*For a Critique of the Political Economy of the Sign*，1972）、《生产之境》（*The Mirror of Produc-tion*，1973）、《象征交换与死亡》（*Symbolic Exchange and Death*，1976）等被公认为消费文化理论研究的经典。他被誉为"后现代的牧师"。鲍德里亚思想的形成与当时西方社会由大众消费时代进入符号消费时代的背景密不可分。同时，他的消费社会理论体系的形成也曾受到许多思想家的影响，马克思、卢卡奇、阿尔都塞、葛兰西、索绪尔、罗兰·巴特、列斐伏尔等人的思想理论，都是其思想的重要来源。

一　消费社会理论的形成

作为西方马克思主义的开山之祖，乔治·卢卡奇在他最为重要的成果《历史与阶级意识》中提出了"物化"这个概念，作为对西方发达工业社会批判的重要工具。卢卡奇的物化理论在本质上与马克思的异化理论是一致的。他对"物化"这一概念做出了如下的描述："人自身的活动，他自己的劳动变成了客观的、不以自己的意志为转移的某种东西，变成了依靠背离人的自律力而控制了人的某种东西。"[①] 人们生产的商品以及人的劳动使人丧失了自主性，并且成为统治人的力量，这正是马克思在批判商品拜物教时所要说明的。卢卡奇对于"物化"理论做出的重大贡献在于，他详细地分析了"物化"的表现形式，把人在文化和生活方面的"物化"展示出来，这是马克思所没有充分论述的，也是卢卡奇留给后人的重要思想。

鲍德里亚在对马克思异化理论做出研究后，汲取了卢卡奇的"物化"及"物化意识"理论，将目光转向了消费领域的异化，把"物化"理论作为批判消费社会不合理的利器。在《物体系》《消费社会》等著作中，我们可以看到"物化"理论的影子。鲍德里亚将消费社会描绘为完全为商品崇拜所左右的社会、物的体系所包围的社会、个体在物的满足中忘却了自身的不幸的社会、社会现实为"物的丰盛"及其神秘化所取消了的"神话"社会，这些描述都深受卢卡奇思想的影响。

随着人的主体地位的提高，意识形态理论也逐渐成为人们关注的热点问题。在对意识形态的众多论述中，法兰克福学派的表述最为系

---

① ［匈］卢卡奇：《历史和阶级意识：马克思主义辩证法研究》，张西平译，重庆出版社1989年版，第96页。

统。在鲍德里亚的思想中，我们可以看出他深受法兰克福学派意识形态理论的影响。意识形态是一种异化的文化力量，与之相对立的是主体意识和人本精神。它最为严重的危害在于认同社会现状，为社会现实辩护，使人的主体性和个体性消解，使社会成为"单向度"的社会。法兰克福学派对意识形态的讨论是对技术理性的批判，他们认为，在现代工业社会中，科学技术成为一种意识形态，一种新的统治力量，成为制约和扼杀人主体精神的异化力量。根据意识形态理论，鲍德里亚在《消费社会》一书中对控制消费社会的意识形态做出了分析，提出了消费的意识形态就是盲目拜物的逻辑。

图 2-1 《"景观社会"中的盲目拜物》 袁舒格 作

法兰克福学派的又一代表人物，早期的西方马克思主义者安东尼奥·葛兰西，尽管身陷囹圄，他却创作了对后世产生深远影响的《狱中札记》。在这本著作中，他提出了著名的"文化霸权"理论。在葛兰西看来，文化霸权的本质是为统治阶级规划出广泛的社会和群众基础及"合法性"因素，被统治者自发的同意和拥护是文化霸权的中心环节，对社会实行文化、精神、政治的领导是文化霸权的主要手段。鲍德里亚接受了葛兰西文化霸权这一思想，看清了资本主义用以麻痹人民的手段，将消费看作一种文化霸权。他指出，人们的头脑被消费的观念所占据，毫不察觉消费是统治者的一种新的剥削形式，而统治者们正是通过这种消费领域的文化霸权来欺骗人们，维护他们的统治。

鲍德里亚运用索绪尔的符号语言学理论提出了一个著名的等式，即符号价值与象征交换之比等于交换价值与使用价值之比。这是他符号政治经济学理论中的重要内容，也是他符号消费理论的支撑点。

罗兰·巴特（Roland Barthes）是法国著名的文学批评家和美学家，他既是结构主义的代表人物，又是后结构主义的创始人。巴特将符号学结构主义的方法直接运用于文化批判，在理论上获得奇效。这曾经受到了鲍德里亚老师列斐伏尔的青睐，也对鲍德里亚大众文化理论的构建产生巨大影响。巴特在《流行体系》一书中，对三种服装进行了区分：具有实用功能的真实服装、保留形体特性的意象服装和作为符号只表示流行的书写服装。在他看来，当代资本主义社会中的资产阶级通过流行体系已经控制了这种社会编码，进而达到了销售商品目的。他在《流行体系》中构建出书写服装这一虚拟符号并加以研究，这为鲍德里亚《物体系》的写作提供了很大的借鉴作用。巴特为众人所阐释的也正是在消费时代"符号—物"这种封闭回路是如何吸引一切的。巴特对鲍德里亚的启迪在于，首先是物成为符号，物的结构体系发生了根本性的变化，而这种变化是社会生活的历史性反映；其次是政治经济学批判上的，在鲍德里亚那里，传统的政治经济学走向了符号政治经济学批判。以上这些分析后来都成为鲍德里亚消费社会思想的基本内容。

作为鲍德里亚的导师，亨利·列斐伏尔（Henri Lefebvre）直接影响到鲍德里亚的学术研究。列斐伏尔提出对"消费受控制的官僚社会"的批判，进而走向符号拜物教批判。他开启了符号学研究的视角，"实际上指认了当代资本主义社会统治和奴役结构从物质生产—经济域向消费—符码域的转换……他的观点直接影响或促生了鲍德里亚的后马克思转向"①。鲍德里亚对消费社会进行了全新的诠释，他指出，20世纪60年代以来，符号在消费社会中取得了一定的社会地位。消费社会主要的逻辑是符号的区别和差异，它将所有东西、对象都纳入了消费，铸成了消费社会的神话。

二 物体系中的符号拜物教

鲍德里亚在《消费社会》中描述："大商店里琳琅满目的食品、服装和烹饪材料，可视为丰盛的基本风景和几何区。在所有的街道上，堆积着商品的橱窗光芒四射，还有肉店的货架以及食品与服装的节日，无不令人垂涎欲滴。在堆积之中，还有产品总和之外的东西：显而易见的过剩……在我们的萨那昂山谷，霓虹灯的灯光像牛奶和蜜一样在番茄沙司和塑料上流淌……"② 物的丰盛使人们被日常生活包围，从出生到死亡，从早晨起床到夜晚，人们都没法离开"物"而生活，这种物充斥并吞噬着人们的生活。物的丰盛满足了人们的幸福感，然而，人们并没有意识到这种利益关系背后隐藏着一种新的交换价值统治方式。

鲍德里亚在《物体系》一书中，主要从三个方面描述了物的作用。第一个方面主要是客观描述，阐述了物体系的功能系统；第二个方面由客观描述转变成主观描述，主要涉及物体系的功能结构阐述；第三个方面涉及了物品和消费体系，通过物的关系揭示了消费社会的意识形态企图。

物体系是指"符号—物"的体系，这种物体系规定着个体产品的意义与功能，即是说物品只有处于一定物体系当中才能作为消费的对象，才能获得意义，因而在消费社会，物品被消费不是由于它具有物质性的特征，而是由于其处于"符号—物"体系当中作为消费的对象而存在。鲍德里亚指出物具有功能性和商业性，并借助莫斯的理论将

---

① ［法］居伊·德波：《景观社会》，王昭风译，南京大学出版社2006年版，第35页。
② ［法］让·鲍德里亚：《消费社会》，刘成富、全志钢译，南京大学出版社2006年版，第2页。

物阐释为一种象征的存在，作为一种个体与个体以及个体与集体的象征交换的纽带。

鲍德里亚还借助语言学理论，将物编入语言系统，使物本身具有了能指和所指的意义。要想使物抽象成纽带和传达各种信息，就必须先将物抽象成一种符号，物只有转化为符号才能展现自己的延伸意义，并被人所消费。消费将物推向无限的符号化过程。

在鲍德里亚看来，进入消费社会之后，物的交换价值已经超出物的使用价值，人们在购买商品时更多的是关注它的意义，即它的符号价值，使用价值已经作为消费的次要考虑因素。交换价值成为人们消费的目标，因此对物的崇拜已经让位于对符号的崇拜，拜物教成为符号的拜物教。鲍德里亚将消费社会定义为被符号操纵的社会，他认为，真相已经被符号所掩饰，人们在空洞地、大量地了解符号的基础上否定了真相。在这种真相被掩盖的社会中，人们非但没有感觉到恐惧，反而更加满足和享受，这种社会无形中变相给人们心灵的宽慰，让人们觉得安全，符号的消费和积累也成为一种"幸福"的积累。因此，人们开始麻痹自己，沉溺于符号之中并崇拜符号。鲍德里亚将这种盲目拜物的逻辑视为消费的意识形态。

鲍德里亚从符号的角度来分析消费社会的意识形态，形成了他从体系和符号的角度构建的拜物教理论。他指出"拜物教所表达的并不是对于实体（物或者主体）的迷恋，而是对符码的迷恋，它统治了物和主体，使它们都屈从于符码的编排，并沦落为抽象化的操作。这就是意识形态运作的基本关系，不是在由各种各样的上层建筑反映出来的异化了的意识中，而是在各个层面的结构性符码的普遍化中"①。

三　意识形态控制社会编码

在需要和满足理论的背后，消费社会把资本主义的社会意识形态

---

① Jean Baudrillard, *For a Critique of the Political Economy of the Sign*, New York: Telos Press, 1981, p. 92.

隐藏了起来。资本主义找到了意识形态的替代品，而消费社会也找到"对所有人都适用的普遍价值体系，因为它建立在个人需要的满足这一基础上"①。由于阶级的差别，同样的消费品并不是每个人都有能力消费，但是其有用性却是一样的，也就是说人们获得需求满足的可能性是相同的。在这种情况下，平等和民主似乎通过需求被制造出来，社会的差异和分离也在平等和民主中得到了和解。然而，鲍德里亚指出，这实际上是一种变相的、隐藏的操控方式，必须超越消费意识形态的表面现象才能理解消费。在需求面前，消费是人的自然冲动产生的行为，可事实上并非如此，消费的问题在需求中并不能得到说明。只有把消费放在符号和意义当中，才能对其实现更好、更准确的理解。

鲍德里亚认为，要理解消费社会的需求概念，必须从意识形态的角度出发。他认为人们并没有直面自己的需求，反而认为主体和需求都是社会逻辑的产物。在资本主义生产体系中，需求和劳动是被等同看待的，二者缺一不可，共同促进生产力的增长。人们的欲望就通过符号、物品等手段得以满足，从而增加了消费力。所以，需求是一种对生产秩序产生影响的资本，与劳动力投资没有任何区别。

鲍德里亚认为，现代资本主义控制的手段变成了消费。消费正作为一种新型的意识形态执行着操控的功能。在消费社会中，个体、物和需要都被编织进符码体系中。大众的消费过程正是资产阶级意识形态的符号编码过程。符号价值已经成为社会编码的一部分，通过社会编码，人们可以找到自己的地位，完成身份地位的确定。所以，现如今人们越来越重视符号价值。

消费已经不是在物质层面上对需要的满足，而是转向了符号层面，即对符号获得的满足。这种符号在人们心中演变成地位和名望的象征，消费不仅是对物的占有和消耗，更是展现自己与众不同的方式，人们通过符号价值来获取对自己身份的认同。这迫使人狂热地追求符号，

---

① Jean Baudrillard, *For a Critique of the Political Economy of the Sign*, New York: Telos Press, 1981, p. 62.

不断地进行"符号积累"。

鲍德里亚认为，在消费社会中，消费正以意识形态的姿态维护着资本主义制度的合法性。透过虚假的大众传媒，消费意识形态通过符号编码的方式渗透到人的潜意识之中，对人需求和欲望进行操控。实质上，消费意识形态操控的本质在于其背后潜藏的政治秩序和权力系统。"消费不仅要在结构的意义上被界定为交换体系和符号体系，同时还要在策略的意义上被界定为一种权力机制。"① 因此，消费意识形态的符号编码，实际上正是资本主义社会权力的重新编织，其实质还是一种维护其体制运行的权力机制。

鲍德里亚认为，消费通过某种编码及某种与此编码相适应的竞争性合作的无意识纪律来驯化个体，"这不是通过取消便利，而是相反让个体进入游戏规则"。这样消费才能只身替代一切意识形态，并同时只身负担起整个社会的一体化，就像原始社会的等级或宗教礼仪所做到的那样。换言之，通过这种无意识的一体化调节机制，个体被整合到差异的体系中，消费成为资本主义社会的黏合剂。这是鲍德里亚消费意识形态理论的重要表述，也是他深刻的社会批判性表达。今天的消费作为一种游戏规则承担起了社会一体化的意识形态功能，以一种"无意识的纪律"的形式实现着自己的统治。不仅人的意识处在资本主义意识形态的掌控之中，而且人的无意识也被符号编码了。这是鲍德里亚符号学理论的内在逻辑，也导致他必然走向虚无主义的理论结局。

鲍德里亚的符号消费理论不仅从全新的"符号控制"视角对消费社会不合理性之处进行了批判，而且对整个西方消费理论研究进行了更新和拓展，加深了人们对现代消费主义的理解。因此，它不仅是对消费理论研究视角的转变，也是对当代西方资本主义社会基本逻辑认识的转变。

---

① ［法］让·鲍德里亚：《符号政治经济学批判》，夏莹译，南京大学出版社 2009 年版，第70 页。

第二节　迈克·费瑟斯通后现代主义消费文化

英国著名文化学、社会学和美学学者迈克·费瑟斯通被认为是后现代主义和文化全球化论争中最有影响的参与者之一。费瑟斯通的论著涉及的领域极其广泛，"包括消费文化和消费社会、全球化、后现代主义、身体美容、新兴信息科技和社会变迁等诸多文化领域问题"①。他的研究成果有《消费文化与后现代主义》（*Consumer Culture and Postmodernism*，1991）、《消解文化——全球化、后现代主义与认同》（*Undoing Culture-globalization and postmodernism Identify*，1995）、《全球性文化》（*Global Culture*，1990）、《身体：社会进程和文化理论》（*The Body：Social Process and Cultural Theory*，1991）等。他关于消费文化的论述多有精彩独到之处，构建了独特的能动阐释性消费文化理论。他的著作在世界各国广泛传播，在文化研究领域、后现代主义研究领域，特别是消费文化研究领域产生了重大影响。其中，《消费文化与后现代主义》的中文版于 2000 年由译林出版社出版，迅即受到国内学者的高度重视。书中论述了消费文化与后现代主义之间的关系，并指出现代社会在二者的影响下不断地发生着改变。

在后工业社会，大众对"消费文化"一词的兴趣逐渐增加，对这一词汇的使用频率也与日俱增。因此，费瑟斯通认为，像霍克海默、阿多诺等关于虚假个体和真实个体的区分等理论不再被视为很有意义了。因为他们的方法取向是"对大众文化进行精英主义式的批判。普遍的看法是，他们瞧不起下里巴人式的大众文化，并对大众阶级乐趣中的直率与真诚缺乏同情"②。

费瑟斯通提出这样的疑问——难道社会已经步入一个消费及其文化在社会组织中起着关键作用的新阶段了吗？因此，我们探讨这些概

---

① 罗凯文、李玉荣：《当代消费文化研究述评》，《文化研究》2015 年第 4 期。
② ［英］迈克·费瑟斯通：《消费文化与后现代主义》，刘精明译，译林出版社 2000 年版，第 2 页。

念形成和消解过程变得很有必要。这不仅对于理解为什么人们对流行的、大众的、消费的文化做出积极或消极的评价很重要，也对于理解后现代主义艺术变迁至关重要。如果说，我们生活在一个从现代向后现代跨越的时代，生活在一个新旧历史时期交替的边界上，那么，当今时代的标志究竟是什么？当今时代的文化又会如何发展？只有当人们已经跨越了界限，才能感到这种界限，只有跨越了一个时代的顶峰并见证了它的完成时，这个时代的格局才会被认识。

阿多诺、哈贝马斯和詹明信等法兰克福学派学者从不同的维度对这一问题进行了分析研究。但在费瑟斯通看来，大众在消费时并不是法兰克福学派界定的文化白痴，而是具有主动抵制性的理性主体，消费并不是完全被控制的文化工业的产物。费瑟斯通在他的代表著作《消费文化与后现代主义》中阐明了与法兰克福学派理论不同的观点，他认为消费者在其所处的消费系统中并非完全被动，他们在被生产者牵制的同时，具有自身的能动性以及反抗精神。

在后工业消费社会中，人们被"物"包围着，在影像和媒体的裹挟之下，人们疯狂追逐消费。如何理解这种文化现象？费瑟斯通指出，这是后现代主义视域中人们普遍遵循的生活方式。他总结"后现代主义"就是"现代性"为要实现自身而进行的自我批判与超越，具体表现为对传统的"主体性"概念、理性至上主义的批判，最终走向人的自由生活和审美生活的实现。这种生活方式携带着后现代主义文化的骚乱和无序的同时，也蕴含着一种"无序中的有序"。它允许一种较为容易的控制机制。由此，费瑟斯通确定了自己的消费文化研究思路：消费就是实现欲望和快感的实践活动，消费文化关注的焦点主要是消费实践所体现的快感及审美价值，以及个体的审美差异性。这是费瑟斯通阐释后现代主义消费社会的独特视角。想了解后现代主义消费文化，就必须将消费文化的产生、发展研究透彻，只有将消费文化中的符号产品和涉及的媒介变化了解得细致一些，才能够更加深刻地全面掌握后现代主义消费文化的审美特征。

一　功能性、自律性的机弦符码

后现代主义不可避免地改变了社会图景，解构了原有的现代性社会价值体系。消费文化在后现代主义中愈演愈烈，自然带有鲜明的后现代主义特征。后现代主义的工业社会生产了大量可供人们选择的产品，以强烈的感召力震动着消费社会。以典型的后现代主义消费社会——美国社会为例，国民在后现代主义思潮的影响下，逐步适应了这种思潮背景下的消费文化，并成为消费的主力。"后现代主义的消费社会推崇符号文化，使市场中的艺术品走下神坛，为一些之前的普通民众所消费，附着上了日常生活的色彩，使艺术品生活化，而生活品又被包装出艺术感。"①

消费文化是西方世界中物质文化的主要表现形式，物质的丰盛也是后现代主义社会的一大显著特征。消费社会中的传媒与商业为人们营造出物质丰盈的文化奇观，各种对品质生活的细节描写吸引了更多的人加入消费大军之中。品牌赋予了消费文化超出本身价值的功能性，是后现代主义社会能指的社会征象在社会中的体现。

后现代主义的消费模式是人与物的互动，这种模式为消费者的购买行为提供了更为丰富的选择。人们为了实现与不同对象的社会互动，达到不同的交往目的，往往会采取不同的消费模式。在后现代主义的影响下，人们对自我认同的渴望前所未有的高涨，更多地关注自我与他人身份与社会地位之间的差别，希望通过消费能够彰显自身的与众不同之处。

在后现代主义社会中，消费成为人们日常生活中重要的社会实践。随着人们闲暇时间的增多与娱乐方式的创新，人们的消费行为导致了资本和物质的大量积累甚至浪费。在消费过程中，人们不再集中关注产品本身的使用性能，而是将更多的情感掺杂其中。后现

---

① 史斌、吴欣欣：《后现代主义的理论特征》，《当代社科视野》2008 年第 5 期。

代主义的消费社会为人类自由与平等的实现提供了可能性。在通常情况下，后现代主义消费社会中，人们对自己所获得的消费成果的态度取决于消费对象能否满足自我的消费欲望，而非满足基本需求。人们希望能够通过商业或财富的交易与交换，寻求社会地位，或在高亢奋状态下，让身体进入能够产生刺激性快感的公共场所，以独特的形式、专有的特权，勾勒出个人的形象，突出个人的价值。这种消费形式超越了传统经济行为，是新马克思主义在经济领域的集中体现。

消费是人们进入符号系统的唯一渠道，因为消费本身就是在符号系统中产生的。消费者的消费对象往往不再是物品本身的用途，而是代表其意义的符号。消费的重大意义在于符号系统中存在巨大的差异性，核心是人们为构建自我的社会身份或社会区别，会采取与众不同的方式进行商品消费。"人们通过对社会差距的彰显和维护来实现个体对商品的占有并取得某种特殊的社会地位。"① 通过对地位商品（Positional goods）的占有，建立一种"社会距离"（Social distance），奠定其在上层社会的地位。换言之，消费促使世界产生一系列关系，包括物品与符号之间的关系以及个体与个体之间的关系。有了这些关系，人们才能进行目的交流或买卖。

在消费的符号系统中，商品已不再是单纯劳动生产的产品，而是带有自律性的机弦符码。在各种符码的转码过程中，消费变得不再纯粹。在文化消费中，如果人们把商品当作物品，则无法对其完全掌控，只有认识到它的能指意义，甚至超越其本身形态将商品当作唯一的符号，才能彻底了解这种物品的本质。因此，我们对商品的认识要有一个认识论上的转换。即便是日常物品，人们也不仅要将其视为物品来消费，而且要将其视为符号来消费。换句话说，人们不但消费物品，而且消费物品所代表的能指含义。

① Mike Featherstone, *Consumer Culture and Postmodernism*, 2nd Edition, London：Sage publications，2007，p. 26.

从能指意义上来讲，产品的品牌至关重要。同样一种产品，如果生产者与经营者能够意识到符号系统价值，并充分发挥品牌效应，就能获得更大的经济效应。在平常生活中，消费者更加倾向于选择名牌产品。在消费者心目中，价格高昂的名牌产品更能够代表高尚的社会地位或优质的生活品质。而非品牌产品则往往代表着较低的社会地位，或者至少是与昂贵相对的廉价。品牌的差异会显现出非常不同的文化意义。因此，符号统领整个消费社会，符号的意义改变了人们对商品本身以及社会与文化价值的认知。如何运用适当的手段获得与使用机弦符码，变得越发关键。

大众传媒为知识的传播带来了福音。大众传媒的普及打破了原来只有上层阶级或领导阶层才能掌握信息的原则。杂志、报纸、图书、广播、电视的不断更新发展促进了人们的世界观与价值观的形成。在大众传媒中，人们会受到许多影响自己、形成自我品格、进行自我发展的启发，进而建立良好的社会关系网络和社交群体氛围，促成人格的形成与发展。通过消费行为，消费者能够在自己的身上产生一系列合法且具有标志性的标签，成为独立而特别的个体。在消费的过程中，消费者可以通过购买高档昂贵的商品，利用其符号意义，如社会地位高、家境优越等，来获得自己的身份认同。

消费文化带来的是一种整体的文化变迁，而不是以往某种文化带来的社会小范围的局部改变。后现代主义视域中的消费文化被认为代表着西方先进文明或先进的科技，能够改变全世界人们的生活，逐渐成为一种能够占主导、支配地位的文化再生产方式。在许多欠发达的地区，这种令人羡慕的文化就在大众传媒的传播下进入人们的生活。即使是最为偏僻的地方，也能够通过那里相对较为高级的媒介而获得相对新鲜的消息与资讯。

在这种环境下，大众的需求变得越发多样化。与传统的祖辈相比，消费文化下的人们更具有目的性，对生活也充满了更多希望和愿景。人们希望通过获得不同的符号满足不同的生理及心理的需求。因此，人们的世界观、价值观和人生观也在不断发生变化。最后作为结果，

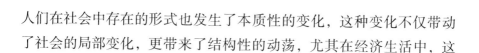

人们在社会中存在的形式也发生了本质性的变化，这种变化不仅带动了社会的局部变化，更带来了结构性的动荡，尤其在经济生活中，这就是一次彻底的变革。

二 个性化、风格化的消费追求

与现代消费文化相比，后现代主义消费文化最突出的特点是追求和展示个性自由，并将其视为核心目标。在后现代主义消费文化下成长和生活的人们，往往能更主动地去展示自己。他们乐于表达，并将自己所向往和追求的目标抽象成符号或者虚拟形象进行追逐，自由放纵，不受拘束。"他们大多不再寻求长久的、理性的、单一的目标，而是用短暂的、感性的、多元化的感觉充斥生活。"① 理性反思越来越少，感性决定越来越多。

高科技的出现使后现代主义消费社会呈现越来越多元化的趋势，科技是万花筒，能够让商品单一而匮乏的局面发生扭转。以高科技为主导，商品的文化趋势更为明显。高消费常常带动某种文化的发展，如精英文化会带动一系列产业进行规模化生产，这具有一定的偶然性，但也是社会条件转变下的必然结果。

除了实质性的商品，精神或文化产品往往更能够成为热衷于高消费的人们心目中的宠儿。将艺术包装成具有符号意义的商品，就能够在审美角度上对人进行催眠。如影视剧作品强大的号召力，深刻地影响着社会的变迁。文化的传播功能在后现代主义消费文化中得到了扩充与丰富，人们不仅仅满足于获得一定的信息，还需要在这些信息中收获满足与自豪感。

在后现代主义消费文化影响下，消费者在消费过程中重视商品的内在价值和象征意义，并追求个体的享受和满足。"后现代消费文化理念是个体按照自身需求自由自在地进行商品的获取，不再沦为媒介

---

① 俞海山：《中国消费主义解析》，《社会》2003 年第 2 期。

的被动营销对象。"① 消费者的日常消费意在追求与他者的差异性，大众可以看到隐藏在实际消费中深层的"象征性消费"。

其一，在消费社会中，伴随着消费文化的发展，消费主体的个性发生了质的变化，由先前对美德的推崇转变为对自我个性的张扬。"后现代主义消费文化本质是个体化的消费文化。消费个体的需求成为被研究的历史主体，现实价值评估体系以是否有利个体的发展为核心。因此，从某种意义上说，后现代主义消费文化是个体的消费习惯、文化意识意图与精神追求互相交织的一种消费态度。"② 在消费文化占主导地位的后现代主义社会中，到处都弥漫着个性化的消费理念。

其二，科技的飞速跃进使得商品的研发和生产层出不穷，花样翻新，同时社会分配方式也发生改变，诸多因素促使消费需求更加个性化和多元化。消费者具有自己的个性和风格品位指向性，他们的个性需求在后现代的消费过程中得到充分的满足。在"没有规则只有选择"③ 的后现代主义消费社会，瞬息万变的生活造就了瞬息万变的感性体验和文化品位，永恒性符号信息和影像仿佛已不复存在。

其三，后现代主义消费社会媒介高度繁荣，大众传播的广泛性和互动性，使人与人之间、人与媒体之间的互动成为可能，成为现实生活的常态。个体不再是大众媒介平均状态下的一个分母，每个人都可能成为信息传播的主体，并自由获取信息，而不是被动接受信息。在高度发达的消费社会里，科技的迅猛发展为主体的个性化需求提供了强有力的保障，消费主体厌烦消费市场的大众化及商品的千篇一律化，他们需要彰显个性，需要参与传播的活动。

---

① 马友平：《文化势差：同质到多元——当代大众文化到消费文化的流变》，《重庆师范大学学报》（社会科学版）2008 年第 1 期。

② 杨亦斌：《后现代主义消费文化批评研究》，《当代传媒研究》2009 年第 3 期。

③ ［英］迈克·费瑟斯通：《消费文化与后现代主义》，刘精明译，译林出版社 2000 年版，第 122 页。

三　象征性、符号性的生活范式

后现代主义消费文化中存在象征性和符号性的生活范式。生活范式是指蕴含着个体个性、品位、风格及自我意识的表达。在后现代视域下的消费社会里，人们创造、实践和传播一种新的生活范式。"一个人的身体、衣着、谈吐、闲暇时间的安排、饮食的偏好、汽车的选择等，都是他自己或者说消费者的品味个性与风格的认知指向。"① 人们通过培养和传播个性的、表意性的生活模式，凸显个体的消费理念。从这个意义上看，后现代消费文化的审美维度改变了人们的行为方式和价值观念，从而改变人们的生活范式。

首先，在现实生活中，伴随着消费意识的变化，消费者开始追逐极富魅力和现代感的、对自己身份认同的、以消费文化为核心的后现代生活方式，并在此追逐过程中自觉地遵循消费文化内在的价值观念，以此规划和设计自我生活。消费主体把相当多时间用在时尚设计、自我呈现和品位培养。所以说，后现代主义消费文化培养了个体的个性及与他人的差异性。正如费瑟斯通所说，人们创造了一种全新的生活风格，创造了最为肤浅也最易接受的知识分子的生活范式。

其次，科技高度发达的后现代主义消费社会使人们摆脱了艰辛的体力劳动，获得了更多的闲暇时光。于是，人们对语言符号、影像作品等感性视听的娱乐需求与日俱增，从而建构了一种新的生活范式。"在这个娱乐为本的消遣性接受方式中，大众以自我为中心接受影像、音频和文字有机结合于一体的视觉文化所带来的冲击。此时，作为一种文化消费商品，交换和流通的不再是财富，而是意义、快感及身份认同。"② 消费社会通过各种令人耳目一新的广告影像和宣传符码反复刺激大众的消费欲求，不知不觉中引导着大众认可、接受符号消费的

---

① 王亚南：《中国语境下的消费主义研究》，博士学位论文，华东师范大学，2009 年，第 56 页。

② 胡振震、李瑞华：《视觉文化的本质、特征与影响》，《传媒研究》2016 年第 10 期。

生活习惯。以往大众追求的精英文化被媚俗、调侃、肤浅、个性的快餐文化所取代。

最后，在消费社会中，科技和媒介取得了巨大发展。媒介借助科技提供令大众炫目的影像及超负荷的信息，将人们推向一个超现实的仿真世界。仿真轻易地消解了真实生活和艺术生活的边界。在后现代主义消费社会里，人们只要打开电视和电脑，就会看到由符号、影像充斥的各种商业文化和促销艺术形式。各种漂浮的能指符号循环往复以致无穷，大量的消费符号和影像以润物细无声的渗透方式浸润到大众的日常生活之中。大众在这种梦幻般的仿真世界中，不知不觉地接受着新的生活方式，沉溺于一个实在与影像之边界消弭的仿真的消费洪流之中。我们不得不说，仿真在社会与文化、物质文化与精神文化中的解构与重建中，充当了重要的角色。因此可以说，后现代主义社会在科技与大众媒介地毯式信息轰炸之下，符号消费主义盛行，人们的消费行为趋于象征性和符号化，人们的生活方式也发生巨变，直至形成一种全新的消费社会新格局。

第三节　震惊于世的日常生活审美化

日常生活审美化理论（Aestheticization of Everyday Life）既是费瑟斯通在文化研究、社会学和哲学研究领域的重要贡献，也是其消费文化理论的核心。早在 1988 年，在新奥尔良"大众文化协会大会"上，费瑟斯通发表了以"日常生活审美化"为题的演讲。他提出日常生活审美化的观点，使人类社会中日常生活与艺术之间的界限从此不再泾渭分明。"经济的发展促发了消费社会的产生，日常生活审美化在全球化的进程中不断被推广到世界各地，是渗透在人们日常生活中的一种现象。"① 各国学者对日常生活审美化进行了探究，得出了不尽相

---

① 陶东风等：《日常生活审美化：一个讨论——兼及当前文艺学的变革与出路》，《文艺争鸣》2003 年第 6 期。

同的研究结果。费瑟斯通认为，在后现代主义视域中，日常生活审美化表达了消费社会的文化图谱，它和当前的文化论争具有千丝万缕的关联。

一　日常生活审美化现象的特征

费瑟斯通提出日常生活审美化这一概念，并在前人理论基础上对之做了系统的理论构建，引发了 20 世纪末的日常美学论争。大多数学者认为日常生活审美化是一个美学命题。然而，费瑟斯通认为该理论不是纯美学问题，更准确地说，它是一个社会学层面上的理论。

费瑟斯通概括了后工业社会日常生活审美化现象的三个主要特征。第一个特征是亚文化（特别是 popular art）的勃兴，比如以人体雕塑为主的行为艺术、观念艺术的蓬勃发展。在流行艺术兴起的过程中，出现一个悖论——先锋派的艺术家否认艺术是天才的流溢，他们宣称人人都具有艺术的天赋。但是，消费者却把他们当作天才看待。这种文化现象在前现代社会是不存在的，像莎士比亚这样的艺术家在当时与普通人的待遇别无二致。艺术家从事艺术的目的是养家糊口。在当时，伟大的艺术家饿死街头的事例屡有发生。

第二个特征是将生活转化为艺术作品的谋划。在世纪之交的布鲁姆斯伯里文化圈中就可以发现这样的谋划。比如，亚尔伯特·摩尔认为，生活中最伟大的商品是由个人的情感与审美享受构成的。19 世纪的浪漫主义运动，特别是王尔德和波德莱尔的文化实践，也是典型的例子。身体的艺术化，如文身、穿鼻等就是把生活伦理当作艺术作品。在这些日常生活审美实践中引领时尚的人被费瑟斯通称为"消费文化英雄"，"这些英雄把自己的身体，把他们的行为，把他们的感觉和激情，他们的不折不扣的存在，都变成艺术作品"①。

---

① ［英］迈克·费瑟斯通：《消费文化与后现代主义》，刘精明译，译林出版社 2000 年版，第 97 页。

第三个特征是商品的符号化。消费社会里，人们的消费转向了商品的符号价值，比如"高尔夫"与有闲阶级和高雅的生活方式相关联。"劳斯莱斯"超越代步工具的基本含义，成为权力、地位、成功的代名词。沃尔夫冈·弗里茨·豪格说："消费社会不仅仅是占主导地位的物欲主义的释放，因为它还使人们面对无数梦幻般的、使现实审美幻化和非现实的影像。"① 在这个仿真的世界中，真实和影像之间的差别消失了。日常生活以审美的方式呈现，鲍德里亚和詹明信就是继承了这个方面。鲍德里亚在《拟像与仿真》一书中论断指出："在这样的超现实中，实在和影像被混淆了，艺术不再是孤单的、孤立的现实，它进入了生产和再生产过程，因而一切事物，都可归于艺术之记号下，从而美学的神奇诱惑到处存在。"②

费瑟斯通从认识论的角度重新解释了后工业社会的日常生活审美化现象。他认为，尽管日常生活的审美化必然会推翻艺术、审美感觉和日常生活之间的藩篱，但我们不能将生活的审美看作一个人类知觉品格中给定的事物，也不是一旦被发现就可以用来复述所有以前人类存在的状况的事物。相反，我们要研究的是它的形成过程。

二 日常生活审美化是生活的写照

通过对诸多理论的分析，费瑟斯通推断出，日常生活审美化并没有从根本意义上颠覆康德的美学定义和思想。康德的美学是对一切事物进行系统化和理论化的描述。同时，费瑟斯通强调，在自由的消费主义生活和原则下，审美主义已经渐渐产生，其中包含了日常生活审美化的全部原则。从文化和思想上看，我们要追溯其本身的文化渊源而非本身的命题。它和实用主义美学之间很难分清因果。一些理论家认为，日常生活审美化仿佛是古典美学框架中的一个含混不清的局部

① Haug, Wolfang Fritz, *Critique of Commodity Aesthetics*, Oxford: Polity Press, 1986, p. 52.
② Jean Baudrillard, *Simulations*, New York: Semiotext (e), 1983, p. 151.

性浅层次问题。它并没有完整的理论体系，而是一种有着思想失忆症、残缺不全的美学知识。然而，它为80年代启蒙思维——感性与理性的对立提供了依据。

费瑟斯通提出的日常生活审美化不是终极意义上的审美。它是一种对日常生活本身的写照，是一种对审美的现实特性和文化特性的表征，是对于社会文化变迁的内涵性描述。用费瑟斯通的观点来说，审美如果脱离了现实的规定性与文化价值内涵，就会流于纯粹的形式化和空洞化的东西。日常生活审美化是一种震惊于世界的审美化。费瑟斯通提出一系列概念如新兴文化媒介人、审美呈现、新社会空间、全球消费文化、共同文化等。这些概念有利于我们理解文化变迁和文化意义。费瑟斯通的日常生活审美化理论从方法论上提供了研究历史新阶段文化现象的崭新视角。他指出，文化变迁不仅由经济决定，同时，消费者的社会身体本身、文化媒介、时尚潮流都会对文化变迁施加影响。费瑟斯通的日常生活审美化理论可以让我们积极地去对待消费文化的种种现象，对消费文化采取一种更加包容的态度。这点有别于列斐伏尔、德波和鲍德里亚，他们总是试图找到消费文化中的异化现象并对之进行毁灭性的抨击。正如学者谭好哲所说："在法兰克福学派的理论家中，霍克海默、阿多诺、马尔库塞等人对于大众文化和大众文艺，连同构成此种文化和文艺的大众传媒和传媒技术，持有较为负面的认识和评价。"①

费瑟斯通提出，就像我们不能简单地理解《圣经》一样，也不能隐喻地理解哲学意义上的政治，乃至敌人都是实际生活的投影。因此，"施特劳斯认为，政治哲学像摩西律法和柏拉图哲学中的'理念'一样，具有很高的地位。这就要求要像柏拉图理解他自己的思想那样理解柏拉图的思想也就更趋近于真实"②。

---

① 谭好哲：《当代传媒技术条件下的艺术生产——反思法兰克福学派两种不同理论取向》，《中国人民大学学报》2013年第2期。
② ［德］马克斯·韦伯：《政治社会学研究》，张国庆译，生活·读书·新知三联书店2009年版，第221页。

无论是有多种观念的生活方式，或只有一种，甚至"末人"式的生活观念，它们都是生活方式的一种表达，在根本上没有任何的区别。它们都是建立在自我同一性和统一性上的表达方式，没有绝对性质的意义。从根本上来说，人类只能带着这种同一和统一生活。"如果不能完整地表征生活，哲学也就失去了它原本的意义。"①

因此，最重要的不是选择什么观念，而是怎样更好地在选择的观念下生活。如果我们一直考虑什么样的政体或社会最好，就解决不了现实存在的种种问题。在问题中纠结，并不能解决问题本身。人类本身有局限性，并非生下来就是完美的，这是生活的本质。就像我们不知道什么样的社会和政体是最好的，但我们应该保留怀疑的意识，有着自己的观念。归根结底，我们只能选择一种适合自己的价值观和生活方式，多样的观念只是一种梦想。转变观念是一件非常困难的事情，即使进行改变，也不一定有自己希望的结果。所以说，多元化的价值观带给我们的不是多样化的生活方式，而只是一种生活方式罢了。

社会的观念不是把生活理论化或者哲学化，也不需要过分的理智，它只是一种规范和程序。可是在现实生活中，很多人并不承认这一点。大部分人只能活在固有的观念中，且依赖这种观念而存活。他们不理解什么是真正的生活，偏偏去设想许多的观念，然后逼迫自己去实现这些观念。他们以为别人眼中的世界和心中的观念与自己的一样。可现实世界里，真正相同的观念并不存在。当然，人们对于自己所认可的观念的追崇并非空穴来风，而是根据自己的生活而确立的。我们的观念不能被现实生活的形式所限定。用理解物质的方式去理解观念，这完全是自欺欺人的做法。

费瑟斯通提出，"我们不能否认这样的事实，大部分的人都在既定的观念中生存，他们依附于既定的观念，把其当成一切活动的

---

① 石敦国：《马克思的政治哲学：对现代性的政治批判与政治现代性批判》，《思想战线》2009 年第 1 期。

蓝本"①。人们认为在精神世界可以有不同的观念,自己去设想观念,去实现价值。然而,在现实生活中,并没有那么多的价值观念。人们对于自我价值观念的追求和价值理念上的自我实现,是在自己的更为宏大观念和价值体系之上产生的。现代人的观念是一种形式,或者说是一种仪式,也可以说是一种自我欺骗。它是一种形式上的自欺,不能简单地用物质来衡量。这个世界在观念的引导下有着简单或复杂的内容,是与物质世界完全不同的规则和秩序。

就像镜子碎了也就不再是镜子,观念也是如此。一旦发生改变,就会产生多元的领域,改变了观念领域与现实世界的关系。理念中的世界抛去精神已经越来越物质化了。"当人们没有办法分辨巨大的超越性的内容时,物质主义的观念就应运而生了。"② 在当下,价值观念的世界越来越物质化,有着物质的力量。这既是一种比喻,但也并非完全如此。在今天这样的物质世界里,我们随时随地都有可能接收到不良的生活观念和价值观念,物质般的坚固性使价值观念的世界充满物质的诱惑,观念领域已被物质领域所覆盖。

第四节　日常生活审美化的身体符号构建

随着后现代主义社会的到来,身体美学逐渐浮现到大众的视野之中,使其在思想以及意识层面中的地位日渐上升。在费瑟斯通看来,身体是消费主义的一个重要承载者,身体的表现张力使消费主义在后现代主义社会中变得更加夸张和丰富。结合费瑟斯通、鲍德里亚等人的有关消费主义和日常审美化的理论,身体美学可以成为身体文化领域的一个重要分支。

---

① Mike Featherstone, *Consumer Culture and Postmodernism*, 2nd Edition, London: Sage publications, 2007, p. 172.

② Schaefer, A. D., Hermans, C. M., Parker, R. S. A., Cross-cultural Exploration of Materialism in Adolenscents, *International Journal of Consumer Studies*, 2004, p. 116.

一 全新的身体审美格局

身体美学概念最先是美国实用主义美学家理查德·舒斯特曼于1999年在美国著名杂志《美学与艺术批评》上发表的长篇论文《身体美学：一个学科提议》中正式提出。但身体美学的理论研究由来已久，很多理论学家如著名思想家、哲学家苏格拉底和实用主义代表人物杜威都对身体美学颇感兴趣，并十分注重身体审美的地位。但他们的理论与研究远不及舒斯特曼的丰富且富有条理，也没有像舒斯特曼一样将身体美学作为一个独立的学科进行研究。舒斯特曼也因此被称为"身体之美"正名的人。① 他将身体美学划分为分析层面、实用层面和实践层面，从身体的自然知觉感应到身体参与社会行为的实践意义，深入地剖析其起源和在后现代主义影响下的变迁。在对舒斯特曼的《身体美学与身体意识》进行研究的学术论文中，有学者曾经提出，舒斯特曼的身体美学理论与费瑟斯通在消费主义社会语境下的身体美学的根源都是身体自身的表演。

费瑟斯通认为，身体美学是自然赋予的，也是受社会经济文化影响形成的，因此身体美学就拥有了更为丰富的内涵。它不仅关乎身体本身，也关乎从身体内部发出的有关身体领域的符号化表达。在保有身体最初形态的基础上，融入了社会经济、政治、文化的影响，身体美学变得越来越具有争议，也越来越具有研究价值。因此，形成了一种全新的身体审美格局，即消费语境下的身体文化建构。日常生活中的身体之美是无处不在的。虽然对不同的时间、地点、行为主体和行为对象来说是以不同表现形式呈现的，但身体之美是不可否认的。有学者认为，"所谓身体的美就是欲望、技术和大道的游戏的体现"②，身体之美存在感知与被感知、主观与客观

---

① ［美］理查德·舒斯特曼、刘检：《身体美学与乌托邦式身体》，《世界哲学》2011年第5期。

② 彭富春：《身体与身体美学》，《哲学研究》2004年第4期。

的区别。在原有宗教教义对身体之美的神圣性约束下，身体之美更多地呈现出一种主流文化的艺术特色。女子姣好的容颜和男人绅士的行为都是身体之美的外在表现，美好的诚信、善良等心灵品质也搭建起身体之美的结构。然而这些主流身体之美的概念在后现代主义社会到来和消费主义盛行时受到了强烈的冲击，非主流的身体之美文化随之兴起。

二　身体符号化

费瑟斯通指出，在消费社会的语境下，身体不再单单局限于器官和肢体，而是承载了更多、更绚丽的符号含义，这些含义来自消费社会中人们思想与行为的转变。鲍德里亚认为，"身体是后现代主义社会中消费主义的一套最为强大的装备"①，这个装备使人们将身体视为一种救赎，甚至将灵魂也一并代替，在心理与生理两方面同时占据最为重要的地位。特别是在后现代主义社会中，广告、大众媒体和时尚等因素将文化打上全新的、刺激的烙印。身体成为冲锋陷阵的承载者，身体被冠以的一切形容词，使身体变得复杂起来。这种由简单到复杂的变化也让生活在后现代主义与消费社会中的人们更加关注，甚至过分地关注自己和他人的身体，由此而产生的新兴行业与新鲜事物不胜枚举。

在费瑟斯通的著作中，保健与护理、健康与医学、美容与美体、饮食与营养等行业不断涌现。它们依靠身体地位的不断攀升而成为主力消费行业。行业的经营者们获得了巨大的收益，享受着消费主义带给他们的财富与机遇的馈赠，这些无一不验证着身体的重要性，而这重要性正是消费社会的巨大而丰腴的产物。

身体顺其自然地将两性区别对待，但也有共同的理论基础和可以流通的可能。费瑟斯通认为，在全新的身体关系伦理范式下，身体对

---

① 陶东风：《日常生活的审美化与文化研究的兴起——兼论文艺学的学科反思》，《浙江社会科学》2002 年第 1 期。

图 2－2　《身体——全新的艺术品》　袁舒格　作

身体在消费社会的语境下不再单单局限于器官与肢
体，而被赋予了更多更绚丽的符号含义。

于女性而言更具独特意义。美丽对于女人来说十分重要，成为其可以
终生奉行和追求的目标和成功的资本。为此，女性在有意无意中遵循
着一种美丽的逻辑去塑造身体，而由此塑造出的美丽身体也成为时尚
与商业的宠儿。将美丽身体符号化是后现代主义社会与消费主义社会
广告主最为青睐的策略。这种由女性美丽身体带来的商业价值不可小
觑，它们对应的是一种充满快感和满足感的强大消费力，促进了各种
行业的勃发。香水、服装、皮包、化妆品，无一不是塑造美丽身体的
必需品。女性强大的消费能力在后现代主义消费社会中被彻底激发，
并将此热情与冲动赋予对美丽身体的塑造诉求中。由此来看，关于身
体的消费文化在经济领域发挥了重要作用。

费瑟斯通认为，在消费文化中，身体是"完美"的代名词，人们建构出一种全新的"完美"身体观。当然，实现这份"完美"也需要不断地投入，金钱和心态是"完美"身体生长的沃土。在不断重视"完美"身体的意识下，身体俨然成为消费社会的主题。我们的社会正由个人的身体与社会及个人对身体的关注和理解组成。"一个社会的主要政治与个人问题都集中在身体上并通过身体得以表现"①，日常生活审美化的享乐主义在身体问题上显露无遗。

"当身体成为社会方方面面的承载物，一场属于消费社会中的身体狂欢也便开始了。"② 人们开始热衷于享乐主义，并在这种享乐主义的推动下改变了自我的追求。大众传媒让消费主义社会将身体的符号化价值发挥到了极致，造星时代的到来让人们为之疯狂。

影视剧、音乐剧、舞台剧、音乐和广告等领域充斥着以身体为载体的文化符号。身体成为日常生活中不可缺少的元素，为商人和消费者分别带来了利益与使用价值，也使人们更加乐于关照自己的身体并为其付出。对身体的足够重视促成了全新的身体审美观。在消费主义语境下，身体越来越被视为与艺术等价的元素，并有艺术家和商人将身体的附加意义附着在艺术品之上，使之与原有部分融为一体，成为全新的艺术品，并产生全新的艺术价值。这种文化现象普遍出现在中产阶级的群体社会生活中。费瑟斯通认为，中产阶级的审美观与文化观在身体文化的建构中做出了重要贡献。他们以自身的感受对身体文化进行着体验，并将这种体验得来的实践成果再次投入身体文化的建构之中，从而使身体文化得到了持续发展。

费瑟斯通认为，被符号化的身体更加无孔不入地深入人们的日常生活，影响着人们的审美标准。大众媒介的迅速发展又为此提供了催化剂，媒体中光怪陆离的世界，充斥着丰富多彩、五光十色甚至声色犬马的生活，身体在其中扮演着至关重要的角色。当然，这种影响并

---

① 闫旭蕾：《教育中的"肉"与"灵"——身体社会学视角》，博士学位论文，南京师范大学，2006 年，第 37 页。

② 李菊霞、王埃亮：《法兰克福学派对过度消费的文化反思》，《兰州学刊》2013 年第 2 期。

图 2 - 3　《消费社会的主题——身体》　袁舒格　作

女性在有意无意中遵循着一种美丽的逻辑去塑造身体，并
由此成为时尚与商业的宠儿。

不仅仅局限于身体本身，与之关联的消费文化也相继呈现。饮食、娱
乐、休闲等各行各业都与身体进行碰撞，形成了强大的产业链条，构
建出一种全新的消费与文化理念。

三　身体围观

费瑟斯通尤为关注对身体的控制。在消费社会中，这种控制体现
为对自我身体的再次塑造，如减肥、文身、美容等。大众似乎更加愿
意将自己的身体更多地展示出来，当然，这其中很大部分是在不断完

善之后的展示。大众冲破了古老的对于身体的遮拦禁忌，更为大胆地、自由地在消费社会的巨大穹庐下展示身体，享受着消费社会带给他们的巨大改变。外在身体更多地成为个人体现自我社会地位和自我认同的一种形式，甚至成为衡量个人魅力、成功与失败的标准。人们乐此不疲，将不断更新的外在身体展示或者说是暴露在公共领域，等待他人的"围观"与评说。正是消费文化给予人们这样的勇气，而消费社会对视觉与感官的注重也让身体的表现更为大胆而富有冲击力。

图 2 - 4　《身体围观》　袁舒格　作

在消费社会中，大众冲破了古老的身体遮拦禁忌，更愿意在社会的巨大穹
庐下展示身体，并在自己的外在身体上投入更多的精力，以此吸引他人。

费瑟斯通曾强调，在消费社会中，外在身体和内在身体是交织在一起的，但归根结底，内在身体的种种特质需要外在身体的帮助与体现。消费主义语境下，社会的审美嬗变使视觉作用逐渐突出，不断更新的大众传媒技术以及社会观念的开放，催生了一个轰轰烈烈的读图时代。在读图时代的背景下，身体的形象化表现也开创了新的审美范畴，产生了新的审美对象，身体文化也在时代变化过程中发生了转变。外在身体的表现张力来自内在身体的推动。内在的品质固然重要，但衡量一个人品性等特质的标准却往往是通过外在表现来判断的。在社会交往的过程中，大众无法直观地观察和体会对方的内在因素，外在身体的作用就凸显出来了。为了确保交往的安全与舒适感，大众可以从对方的衣着、谈吐、从事的活动等外在因素来审视对方的社会地位、家庭背景、性格品质等不易察觉的内在因素。因此，消费社会中的大众会在自己的外在身体上投入更多的精力，以此武装自己和吸引他人。这就是消费社会中身体意识苏醒在日常生活审美中深层次的表现。

费瑟斯通在著作《消费文化中的身体》中提到，战后长居畅销书榜首的公开出版物，并不是传统概念中理应排名靠前的学术科学类、名著、传记文学类的书籍，而是与身体自我表演有关的书籍，比如《如何成为理财达人》《365 天富豪养成记》《完美变身时尚达人》《女性妆容一百问》《健康问题你问我答》《学会管理自己的身体》等与理财、健康、美容等和身体自我表演息息相关的作品。这些书籍的语言文字最为基本与简单，质量参差不齐，甚至是在短时间内批量制作而成的，但却依然有趋之若鹜的读者蜂拥而至，在书店将这些自认为能够帮助他们重塑身体或帮助他们进行更为有效的身体自我表演的书籍包揽囊中。在这样的制度性变革下，中产阶级逐渐产生并崛起，成为身体自我表演的主力。成功的概念也在这个阶级中不断深化甚至变异。尤其是中产阶级中最为突出的职场中人，他们更加倾向将成功的标准统一量化，自我表演就是这个标准中最为重要的一个因素。于是，在中产阶级的职场中，人不断地强化和提高自己的自我表演能力，力求成为一个与成功更为靠近的人。费瑟斯通认为："位居高层或享用社会中绝大部分资源的中产阶级及管理层的人们，拥有更多的金钱和时间来协调与管理自己的生活方式。他们对成功的追逐更加功利性，也更具目的性、针对性，成功的概率也要高过其他阶级的普通人。当然，这种对成功的追逐中，中产阶级的身体表演也就更加容易靠近自恋型、协商型的自我表达。"①

　　西方的身体文化总是笼罩着宗教教义的神性，仿佛对于身体的尊敬与崇拜都是人们与生俱来的、由神赐予的。这样一来，对身体文化的追随更加名正言顺，对身体的描写也更加大胆和新锐。展示身体文化成为大众媒介与文学作品中不可或缺的主题并在经济利益和消费主义的导向下，产生了不同程度的扭曲与变形。受众的需求给身体文化的变化带来刺激性的诱因，高科技的迅速发展不断加快了身体文化的传播，而由此产生的高额收益使信息生产者兴奋高昂，不停地制造新鲜血液注入身体文化传播中。消费文化带来了一场关于身体文化塑造的盛宴，这场盛宴的欢腾彰显了身体美学与经济发展的紧密联结。人们越来越关注他人的身体，注重自己的身体并产生了十分明显的自恋情结。

四　身体消费主义泛滥

　　外在身体的重要不言而喻，人们越来越倾向于对自我身体的维护和改造，日常生活审美化的身体变革正伴随着时代的更迭疯狂来袭。当然，这种狂欢也带来了许多不可避免的症候，成为"非审美化的身体运动"，也就是身体文化转变带来的负功能。在穷尽各种办法仍然不能吸引人们的注意力时，这种"非审美化的身体运动"也就亮出了它的底牌。这底牌逼近了伦理道德的底线，冲破了西方的宗教教义以及东方的传统道德观念，无下限地扩充。大众媒体为其推波助澜——带有色情内容的文字、图片、视频等可以用来传播的因子立即活跃起来，刺激着此前受限于西方宗教教义和东方传统道德观念的审美观。身体被强调，肉体的意义重新成为身体最为基本的意义，这本身并无可厚非，但是，越过某一限度后，便会对社会尤其是对情色文化毫无

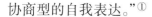

① Mike Featherstone, Mike Hepworth, Bryan S. Turner, *The Body: Social Process and Cultural Theory*, London: Sage Publications, 1991, p. 51.

抵抗能力的未成年人造成荼毒。

我们并不否认纯粹的人体具有登峰造极的美感。我国著名舞蹈表演艺术家杨丽萍曾说过："无论在哪里，我都能翩翩起舞，即使是在心中张开双臂，也能感受到灵魂从身体轻飘分离，再没有比这更能够安抚我的纯净的感受，我愿意随时随地跳起舞。"[①] 艺术家为自己的身体赋予了最为华美的描述，所有优美的人体也的确可以成为艺术品，但这艺术品如同瓷器般易碎，一旦用力过猛就会碎落一地。人体不能作为无节制的展示物品，不能不分场合、对象进行展示。消费社会主义派生了关于身体的新主义宣言，对身体消费主义的过分强调不可避免地带来了极大的弊端。这种在消费主义的高强度催化下产生的低俗的身体文化，不得不说在一定程度上体现着消费主义的复杂内涵。消费主义对身体文化的影响，切不可一概而论，而应该从各种角度进行论证，从正反两方进行探究分析。

---

① 罗敏：《从〈云南映象〉论原生态舞蹈的传承》，《文艺争鸣》2010 年第 16 期。

第三章 消费社会大众传媒与广告业的合谋

后现代主义大众传媒深度地影响着大众的日常生活，甚至改变了人们的思维方式与价值观念。伴随着媒介技术的不断革新，各种新媒体层出不穷，它们一次次更新着社会的理念，创造出纷繁复杂的符号意义。大众深陷消费文化之中，消费欲望不断膨胀，消费产品市场迅速扩大。法兰克福学派的理论家指出，这种扩大是在社会文化权力的控制下产生的。大众传媒事实上是文化权力的一个承载者，消费者在这样的权力控制下，几乎无法自我把控，最终完成了消费行为。与此同时，广告作为一种特殊形式的呈现，也对消费社会产生了巨大影响。"在此过程中，消费与文化权力相互渗透、相互影响，又有大众媒体与广告的嫁接，消费主义时代的狂欢自然愈演愈烈。"[1] 然而，费瑟斯通却有着不同于法兰克福学派的思考，他指出："今天的大众传媒时代既不表明某种控制的失控，也不表明它就是更严厉的控制，它允许一种较为容易的控制机制，在有序和无序、地位意识与戏谑性幻想、渴望、情感控制与控制消解（de-control）、理性计算与享乐主义之间摇摆。"[2]

---

[1] 刘乃歌：《费瑟斯通后现代主义消费文化理论研究》，博士学位论文，山东大学，2016年，第64页。

[2] ［英］迈克·费瑟斯通：《消费文化与后现代主义》，刘精明译，译林出版社2000年版，第29页。

第一节　大众传媒对消费意向的控制

费瑟斯通曾提及，文化权力在现代社会的影响力不言而喻，它能够在很大程度上左右人们的看法和选择。大众传媒作为一种有效工具，不断渗透到消费活动中，改变着人们的消费态度和消费行为。

一　大众传媒的文化权利：诗意化的话语叙述

文化权力是一种强大的社会力量，通过影响人们的文化价值观来左右人们对事物的选择和态度。大众传媒是一种隐匿的文化权力。文化权力往往会实现某种特殊的社会预期，大众传媒是其最有效的工具和载体。正如美国文化分析专家道格拉斯·凯尔纳（Douglas Kellner）所言："媒体已经拓殖了文化，表明媒体是文化的发行和散播的基本载体，揭示了大众传媒已经排挤掉了诸如书籍或者口语等这样旧的文化模式，证明我们是生活在一个由媒体主宰了休闲和文化的世界里。因而媒体文化是当代社会中的文化的主导性形式与场所。"[①]

大众传媒的渲染刺激了大众对符号消费的强烈欲望，二者共同挖掘商品的符号意义，构建符号的意义体系，并通过媒介的各种呈现搭建着社会所宣扬的理想生活。大众在传媒消费主义的巨大影响力下，不仅欣然接受了这种价值观，而且将这种观念诉诸实践。在这种环境中产生的个体往往缺乏否定、批判意识和自我思考的能力，最终退化为"单向度的人"——只有物质生活，没有精神生活，没有创造性的麻木不仁的个体。

皮埃尔·布尔迪厄曾说过："与每一个等级的社会位置相对应的都有一种惯习（或者一种品位），它由社会性的条件作用（social con-

---

① 葛彬超：《媒介文化的政治伦理审视：基于马克思的政治伦理观》，《思想战线》2012 年第 4 期。

ditioning）所引发，而条件作用又与相应的社会条件有关。通过各种形式的惯习以及它们制造特征的能力，形成了商品和特征的系统性一致，这些系统性一致的商品和特征通过风格上的亲和力（stylistic affinity）彼此相连。"① 这意味着每个等级都有属于自己的社会"惯习"，惯习是在看似自由和民主环境中形成的，然而这种看似毫无约束的民主选择实则却是别无选择。因为在传媒消费主义思潮把控下，人们不自觉地按照大众媒介倡导的标准来建构自己的主体性，这说明传媒在大众主体性的建构中隐藏着强制性标准。消费主义作为一种意识形态，以一种看似诗意化的话语叙述，在毫无强制性的潜移默化中，重构了大众的消费观念，培养了大众的主体性，虽然表面上看似自由民主，但实际上是不容反抗的。

美国新制度学派的领军人物约翰·肯尼斯·加尔布雷斯（John Kenneth Galbraith）也分析了这个观点，他指出："在现代的西方发达国家中，大企业已经逐步成为主导力量，并且十分善于运用文化权力改变人们的消费欲望"②，并以此为依据，制定相应的生产计划和营销策略，以实现利益最大化。"这些大企业为了达到既定的目标和期待的效益，必须在保证价格可接受的前提下不断刺激大众消费。"③

文化权力的运用助推了企业的成功。企业惯常使用文化权力的方法是通过强大的广告业赋予产品新鲜且吸引力强的符号意义，敦促消费者不断购买，并不断培养新的消费欲望。生产者从消费文化中获得巨大的收益，并得到再生产的资本和信心。广告业的大获成功使更多的生产者相信消费文化可以创造，消费意愿可以催生，并且消费行为可以通过人际传播进行模仿并推广，进而形成规模效应。而消费者消费的并非其他任何事物，而是由文化权力和商业共同缔

---

① ［挪威］拉斯·史文德森：《时尚的哲学》，李漫译，北京大学出版社 2010 年版，第 46 页。

② 吴绪亮、孙康、侯强：《存在治理垄断的第三条道路吗？——买方抗衡势力假说研究的近期突破》，《财经问题研究》2008 年第 6 期。

③ 张赟：《基于零售商垄断势力的纵向约束——一个经济分析框架》，《财经问题研究》2006 年第 3 期。

造的符号象征意义。个体受消费活动中的文化权力影响,将产生不同程度的文化自觉,个人的行为、心理和态度也相应发生改变,社会整体价值观念会形成新的聚合效应。消费者在文化权力的制约和牵引下,逐渐增强了解码和译码的能力,促使生产者不断生产新的产品以满足各种消费需求。消费者和生产者互为影响,但起根本作用的并非消费者,而是生产者,他们通过消费文化制约和指引人们的消费行为。

二 议程设置:编码者先天的优势

在大众传媒时代,符号是不可忽视的信息载体。符号将信息由具体转化为抽象,用简化的形式和迅捷的方法,使大量信息能够得到最大范围的扩散。因此,大众传媒产生的效果远比以往的媒体更显著,更能吸引受众。科技的发展使现代传媒手段更加多样,在高强度的社会日常生活参与和全方位的网络覆盖下,文化权力通过大众传媒更为有力和有效地得到了全新运用。现代大众传媒是一种非物理性的技术空间,大众文化符号因此得以广泛复制和传播,其影响力逐渐增强,文化权力的威慑也越发不可控制。与传统媒体相比,现代大众传媒不仅传递信息,而且能够大规模生产具有象征意义的符号产品。这些产品形成了强大的拟态环境,给人们带来虚拟的体验和欲望。大众传媒逐渐把控了消费者的心理,并善于利用这种心理生产迎合消费者需求的产品,消费文化也因此更为盛行。

总体来说,现代社会中风云变幻、起起伏伏以及不断更迭的社会现象,在很大程度上都是由大众传媒制造的。其中,大众传媒负面功能之一是麻醉功能,传媒市场通过文化权力的强大效用介入了人类社会的制度和交往行为。

消费社会中,大众传媒作为信息传递方,有着先天的优势,尤其是在消费主义的语境下,大众传媒制造的符号象征以强大的影响力迫使受众接受,受众在很多情况下无法自主进行选择。结果,大众传媒实现了主导性的文化控制权。大众传媒的"议程设置"①，逐渐地渗透在受众的日常生活中，当受众转变身份成为消费者时，就会受大众传媒传播理念与符号表达的影响，在消费中做出有倾向性的选择。在现今消费主义盛行的社会中，大众传媒善于通过各类作品，如影视剧、音乐、广告等彰显鲜明的舆论导向，形成广泛的社会认同。无论是街头巷尾的灯箱广告，还是高楼上悬挂的巨型广告牌以及各种交通工具的车身和站点，无一不被精明的商家充分利用，布满富有吸引力的广告语。

人们的消费方式也因此产生了不同程度的改变，而这些改变正是通过大众传媒议程设置的运用而实现的，人们的消费行为就是在这样的议程设置控制下进行的无意识行为。

三 沉默的螺旋：解码者集体无意识的沉醉

大众传媒尽管没有直接告诉受众应该进行怎样的消费，但凭借其强大的传播力和影响力，通过"沉默的螺旋"②效应能使各种理念潜移默化地影响人们的生活。例如消费主义、享乐主义、娱乐至死主义等理念在不知不觉中操控着人们的购买行为。传统的生活观念和社会秩序发生了改变，但极少有人出来反对或质疑，更多的人在这种效应

① 1968 年，唐纳德·肖（Donald Shaw）和马克斯韦尔·麦库姆斯（Maxwell McCombs）对总统大选进行了调查，看媒介议程对公众议程会产生多大的影响。1972 年，他们提出了议程设置理论，该理论认为大众传播往往不能决定人们对某一事件或意见的具体看法，但可以通过提供信息和安排相关的议题来有效地左右人们关注哪些事实和意见及他们谈论的先后顺序。大众传播可能无法决定人们怎么想，却可以影响人们想什么。

② "沉默螺旋"理论是德国女社会学家伊丽莎白·诺埃尔－纽曼在对历史进行研究的基础上，又经过多年的民意调查，于 20 世纪 70 年代提出的一种描述舆论形成的理论假设。该理论认为，对于一个有争议的议题，人们就会形成有关自己身边"意见气候"的认识，同时判断自己的意见是否属于"多数意见"，当人们感觉到自己的意见属于"多数"或处于"优势"的时候，便倾向于大胆地表达这种意见；当发觉自己的意见属于"少数"或处于"劣势"的时候，遇到公开发表的机会，可能会为了防止"孤立"而保持"沉默"。越是保持沉默的人，越是觉得自己的观点不为人所接受，由此一来，他们越倾向于继续保持沉默。几经反复，便形成占"优势"地位的意见越来越强大，而持"劣势"意见的人发出的声音越来越微小，这样的循环，形成了"一方越来越大声疾呼，而另一方越来越沉默下去的螺旋式过程"。

图 3 - 1　《拟态捆绑》　袁舒格　作

主导性的文化权力通过大众传媒得到更为有效的运用，消费者在文化权力的制约和牵引下逐渐增强了解码和译码的能力，促使生产者不断生产新的产品以满足各种消费需求。

中，习惯性、无意识地接受了大众传媒对其的灌输。

德国心理学家伊丽莎白·诺埃尔 - 纽曼提出的"沉默的螺旋"理论阐释了大众传媒是如何与人们的集体无意识连通的。社会环境的复杂性为无意识的操控提供了可能性。社会作为一个群体集合，存在着与该社会的统治阶级所推崇的意识形态或所规定的制度相符合的群体规范。这种规范会形成极大的群体压力，约束群体内的成员进行符合群体规范的社会交往行为。

大众传媒利用"沉默的螺旋"效应营造"意见气候"①，引领舆论。个人在感知周围的"意见气候"之后，会做出在公共场所交谈还

---

① "意见气候"是英国社会哲学家约瑟夫·格兰威尔（Joseph Glanvill）1661 年提出的概念。它建立在人们对变化的态度、行为、规则的感知能力的基础上。舆论就像气候一样，人们置身其中，却不会时刻意识到它。

是沉默的决定。通过这个环节，个体和社会达成一致，整合在一起。舆论的形成主要受两个因素影响：人际传播和大众传播。人际传播过程中，个体对孤立的畏惧以及对"意见气候"的感知会评估出对象的强弱，以此决定是进行交往还是保持沉默。而在大众传播过程中，传媒报道体现了记者的认知。这种认知与站位通过声音、画面等信息符号传达给受众，受众通过传媒之眼调整自我认知和行为。

沉默的螺旋理论揭示了个体对被群体孤立的恐惧根深。因为社会群体会对偏离群体造成孤立和排斥的威胁。诺埃尔－纽曼认为，这种恐惧源自人类的原始基因。不同时代有着不同的恐惧主题，在原始时代，每到夜晚，为避免遭遇到大型动物的袭击，人们采取了聚落生活。被孤立将意味着无法生存，这一恐惧主题经过千年深埋在人类基因的深处。因此，与之相关的感知，如自发的孤立感、对敌意的感知以及感觉到敌意后便缄口不语，都属于集体无意识的行为。

在各种群体环境中，个人通过"意见气候"来判断哪些观点和行为增多，哪些减少。个体如果感知到自己的意见属于少数派，便会倾向于保持缄默，如果认为自我的意见与大众主流意识保持一致，便会侃侃而谈。在此过程中，优势意见的队伍会不断壮大，而相反一方的支持者会越来越少。这样便形成一个一方日益沉默、另一方日益喧腾的螺旋式上升的态势，并且不断上升一方的意见最终将成为舆论导向。

社会环境日渐复杂，个人很难凭借一己之力认识到全面的环境。不断在大众传媒上运用的文化权力在此时就可以大显神通了——大众媒体运用其规模性的、可复制的特性，通过"把关"行为将不能为其服务的信息过滤掉，或根据其上级组织或媒体机构组织的需要加工信息后再进行特定的象征符号的传播，而受众早已习惯被动而不加甄别地接受并相信这些内容。消费主义中的奢靡和不加节制的观念就这样在无意识的状态下植入了大众的头脑，培养出人们全新的消费主张与模式。这种模式往往根深蒂固且不易改变，对于一些特定受众群体来说，他们的主要信息源正是大众传媒。消费文化权力的控制意图通过大众传媒得以实现，并深入日常生活的各个细节中，尤其是在转变人们的思

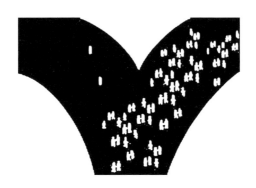

图 3 – 2 　《"意见气候"》　袁舒格　作

优势意见的队伍会不断壮大，而相反一方的支持者会越来越少。大
众传媒利用"沉默的螺旋"效应来营造"意见气候"，引领舆论。

维和行为上有着超乎想象的作用。消费文化权力极大程度地改变了人
们的认知，改变了社会舆论的"风暴眼"，使有潜力成为全社会公认
的信念被不断制造出来，而消费主义正是大众传媒操纵文化权力的产
物。消费文化权力建立在对普遍价值的无意识认同基础上，大众传媒
不遗余力地创造大量消费后所带来的幸福感、自在感使大多数受众沉
醉其中，无法自拔，并依据个人的经济能力，甚至超过了个人可承载
的能力进行疯狂的消费行为。殊不知，后现代消费主义语境下的消费
行为，更多的是符号的狂欢，为之付出金钱和精力的大众无非是收获
了泡沫似的虚拟愿景罢了。其中，最大且最为有效的泡沫就是广告对
消费的引导。

第二节　广告符码引燃消费激情

　　广告作为文化权力的重要手段，对于消费主义社会的重要性不可
小觑。大批量的意象符号、象征价值都是通过广告进行放大和渲染的。
在消费主义社会中，广告能够将使用价值与价值暂时分离，使目标受
众群对使用价值的关注度越来越低，转而被五光十色的广告吸引。每
一个成功的广告案例背后，都离不开被无限放大的消费需求和生产者

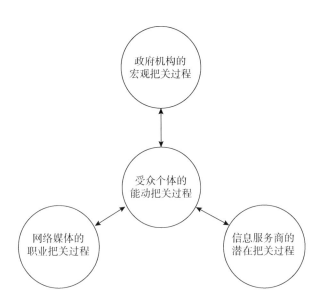

图 3 - 3　"把关人"理论

　　图片说明：库尔特·卢因，美国社会心理学家、传播学四大先驱之一，率先提出"把关"（gatekeeping）一词。他指出："信息总是沿着含有门区的某些渠道流动，在那里，或是根据公正无私的规定，或是根据'守门人'的个人意见，对信息或商品是否被允许进入渠道或继续在渠道里流动做出决定。"[①]"把关人"既可以指个人，如信源、记者、编辑等，也可以指媒介组织。

强劲的生产力。无论是静态的图文广告还是动态的音视频广告，广告对消费的指引导向作用都能在一定时期内形成新的关注点，引燃消费市场的新激情。

一　广告：催生消费新需求

　　在 20 世纪中，聪明而敏感的广告主觉察出消费主义文化带来新的力量。他们通过广告突出了消费者的重要地位，标榜自己的产品能够与消费者的情感诉求相联系。消费者的身份认同和个人修养的价值也

---

　　① 王立新：《传播学理论与方法》，北京大学出版社 2013 年版，第 119—120 页。

能够通过广告得以实现。广告催生了消费者源源不断的消费需求。而在 20 世纪后期，广告业更加注重联系当时的社会环境，广告的内容以消费文化的变迁为风向标，突出消费者的身份特点，使消费行为的意义更加丰富。广告运用强力的修辞手段和有冲击感的画面给受众带来非凡的体验。这种广告刺激了消费，使消费者几乎无法主导自我的消费，消费在很大程度上成为焦虑下不得不做出的行为选择。文化权力的运用在广告的产生与发展中一步步增强。因此，可以说广告已经有足够的能力控制个体的行为选择，而个体往往不再反抗，甚至反抗也不再有效。

在现代社会中，广告已经成为一种人们惯常的文化承载物。广告利用人物夸张的表情、语言和各种高科技炫目的效果，尽其所能地宣扬产品，以将该产品推向市场、赢得消费者的青睐。通过各种传媒占据公共领域与私人空间，是消费文化权力实施的一个重要途径。"广告已成为文化肥沃的土壤，以极高的时效性和极强的感染力包围着人们的日常生活。"[①]

现代社会广告业的繁盛使消费文化渗透在人类社会的各行各业中。在我们的日常生活中，广告始终萦绕在我们的周围。无论是商品还是服务，都被建构出了惊人的消费文化现象。在广告和大众传媒的合力下，物质成为人们日常的谈资。广告诉求从原先对产品的描述转到对产品附加值的渲染，这种变化加强了文化权力在广告中的应用效果。从传统的产品描述到附加值的渲染，广告对大众的暗示力量也更加强大。隐喻是广告最常使用的手段，同时还有更多的修辞手法在广告中被广泛使用。

二　广告：集体迷恋的"巫术"

从经济学角度来分析，广告的根本目的往往不是告诉消费者哪些商

---

① ［法］让－马贺·杜瑞：《颠覆广告来自法国的创意主张与经营策略》，陈文玲、田若雯译，中国财政经济出版社 2002 年版，第 59 页。

图3-4　《广告的"规训力"》　袁舒格　作

商品供应方的目的就是要将具有传统节俭消费观念的大众培养成为现代意义上的消费者。

品是他们生活需要的，而是劝说消费者去购买他们并不需要但商家已经生产出来的商品。广告的目的是劝说大众购买并不需要的商品，因而广告所宣扬的自然就不是商品的使用价值，而是其符号价值和符号意义。广告以消解使用价值为前提，以彰显符号意义为目的，将大众的消费注意力导向到符号意义上。正因为广告经营的不是使用价值，它也就不是对使用价值的有用性与无用性的一种证明。广告是超越有用与无用、超越真与伪的，"广告艺术主要在于创造非真非伪的劝导性陈述。广告既不让人去理解，也不让人去学习，而是让人去希望、去追随，在此意义上，它是一种预言性话语。它所说的不是代表先天的真相，因而它表明的预言性符号所代表的现实推动人们在日后加以证实"①。

随着5G技术、AI技术的飞速拓展以及第六次传播革命的到来，影像信息铺天盖地。广告借由网络传播和社交媒体的渲染，推动了一种新的消费尺度、新的社会编码的诞生。更为复杂的消费观正呈现在大众面前，它就是"时尚消费"。利润的驱使让商家给商品和消费观

---

① ［法］让·鲍德里亚：《消费社会》，刘成富、全志钢译，南京大学出版社2000年版，第137页。

图 3 - 5 《集体迷恋的"巫术"：广告》 袁舒格 作

在时尚传播中，广告与媒体合谋，将产品转换为符号，在广告的不间断的渲染下，
形成景观化的消费图像，于是符号商品进入人们的视野，激发和诱导大众消费欲望。

念插上"时尚"的翅膀，渗透到了大众文化生活的各个领域。

广告的本质是通过制造时尚达到其逐利的目的，广告成为生产时尚的机器。广告凭借填鸭式的信息供给，使消费者们重新部落化，成为时尚的消费群体。"时尚是代表身份、地位，是诱导消费者对它集体迷恋的'巫术'。"[①] 时尚是美的象征和潮流的标志，时尚是超越丑和美的，正如商品就其符号功能而言是超越有用与无用的一样。时尚只是广告制造的关于美的符号，并非真正审美意义上美的本质。伴随新的时尚消费的形成，一种新的关于美的符号将取代旧有的美的符号，使旧有的美变成不美。

生产经营者出钱，通过电视、电影、广播、网络等全媒体的炒作，不断培植新的消费时尚观念，制造新的社会消费价值尺度，引导消费的新潮流。正如汤喜燕所言：在当下，时尚几乎成了席卷一切、吞噬一切的文化黑洞。时尚的黑洞引力使大众自动抛弃那些仍然具有使用价值却背离了新时尚标准的消费品，去购买广告所倡导的时尚商品。这些消费品实际上并非消费者所需，但却符合消费时尚，即符合社会消费价值尺度，因而能够吸引大众并促使他们发生购买行为，这正是

---

① 郭金彬：《刘徽的自然哲学思想及其现代价值》，《自然辩证法研究》2002 年第 9 期。

广告"巫术"的魅力所在。

罗兰·巴特曾说过："我们对这个世界的评价……不再取决于高贵与卑贱的对立，而是旧与新的对立。"① 在时尚观的影响下，大众传统的价值观与评价标准受到了挑战甚至颠覆，"高贵"与"卑贱"的价值区分标准已经过期，取而代之的是以"新"为标志的"时尚"。大众的消费观念、审美情趣、道德标准、生活方式等都受到时尚消费观的影响。在广告塑造的时尚消费时空里，广告不仅劝导大众该消费什么样的商品，还在潜移默化地暗示大众应该成为什么样的人，应该秉持何种价值观念活在当下，并通过传播策略建构一种特殊的社会关系。这使得大众通过消费路径来获得自我身份的确认，成为他们理想中所属阶层的一员。由此，传统价值观与评判标准已经被彻底解构殆尽，以"时尚消费"为核心的价值观正成为大众膜拜的信条。

丹尼尔·贝尔指出："资产阶级社会与众不同的特征是，它所要满足的不是需要，而是欲求，欲求超过了生理本能，进入心理层次，因而它是无限的要求。"② 人类天生具有欲望，但实现欲望的能力永远赶不上其欲望的能力，这是一个永恒存在的距离。广告是助燃器，它使大众欲望之火燃烧得更猛烈。正是这被点燃的熊熊消费欲火，使得工业文明的过剩产品得以被消耗。在这里，目的和手段发生了完全的颠倒：生产和经济的增长不再是为了满足大众需要，而是为了满足不断膨胀的欲望。消费成为保证过剩生产和无限度的经济增长的手段，经济增长成为唯一目的，而挥霍性消费则是为了支撑经济的疯狂增长。从本质上来说，是企业和商业经营者在主导着消费浪潮的更迭，增加了挥霍性消费和炫耀性消费的浓度。从19世纪下半叶到20世纪初，由于生产过剩导致的经济危机一次又一次上演，凯恩斯的国家干预市场和刺激消费的主张成为发达资本主义国家的政策选择。最终，消费主义和享乐主义作为企业和商业经营者借助广告等手段操纵和宣传的

---

① ［挪威］拉斯·史文德森：《时尚的哲学》，李漫译，北京大学出版社2010年版，第22页。
② ［美］丹尼尔·贝尔：《资本主义的文化矛盾》，赵一凡、蒲隆、任晓晋译，生活·读书·新知三联书店1989年版，第68页。

意识形态，成为西方发达国家消费生活中的主流价值观。

三 广告：彰显个体的"存在属性"

影响人们消费选择的因素，除了广告的巨大感染力外，消费者的主观因素也极为重要。随着社会的变革，人们的经济水平逐日提升，对自我生活的标准也不断提升。费瑟斯通的分析表明，消费主义时代的到来，让人们更加向往享乐生活，个人的自我满足成为人们主要的消费目的。消费者总是希望能够通过自己的消费行为彰显个人魅力、身份地位和表达思想情绪等。那么，大众为何如此痴迷品牌商品，并情愿为虚空的符号价值买单呢？原因之一就是大众在消费实践中建构了一种身份认同，消费让他们成为理想中那个阶层的人。美国经济学家凡勃伦、德国社会学家西美尔、法国思想大师布尔迪厄和法国哲学家鲍德里亚都曾深入分析过消费与身份之间的关系，他们认为，"占有商品之所以与占有身份联系起来，是利用了一个在哲学上非常可笑的逻辑转换：人的存在具体展开为一系列存在属性，比如'宠养哈巴狗'就构成了区别于下层妇女的'贵妇'的一个存在属性，而这种存在属性，并非无关紧要，在一个具有'歧视性对比'的社会结构中，它恰恰与'贵妇'的身份对应起来。尽管如此荒唐，但这的确是现代人的一个特征，因为层层剥开这些存在属性，现代人的'存在'就崩溃了"[1]。正如费瑟斯通所说："商品符号价值的存在是基于其特定的社会属性，正是这种社会属性让购买商品的人也具有了某种'存在属性'，由此将自己归入了某个特定阶层中，以区别于他希望与之区别开来的群体。"[2]

科技的发展也刺激了人们对新鲜事物的欲望，不断更迭的广告技术使人们越发习惯广告为他们提供判断的标准。广告所营造的拟态环境正暗示着社会经济文化的变迁，人们置身其中，自然就更加

---

[1] 隋岩、张丽萍：《传媒消费主义带来的价值嬗变与文化反思》，《现代传播》（中国传媒大学学报）2015 年第 6 期。

[2] 刘乃歌：《消费文化与艺术变迁》，中国社会科学出版社 2019 年版，第 82 页。

容易受到影响，因此对广告的依赖也就不足为奇。随着工业革命的成果不断登上人类历史舞台，商品的充盈和资讯的发达令人们倦于选择。"人们对新的产品永远充满期待，但又总是犹豫不决，在历史经验与自身生存条件的碰撞中，广告、电影等媒介产品成为最有说服力的引领者。人们选择相信广告，更进一步说是依赖广告，在不断演替的社会变革中，通过追逐广告中所宣传的产品，来实现自我对时代的诉求。"①

综上所述，商业化和市场化的过程成为利用大众传媒大规模制造消费欲望的过程。"消费文化需要广大的人群，大众媒介提供全方位传播平台。消费文化需要大众关闭理性，传播媒介尤其是网络，在尊重受众的名义下将他们诱入自我迷失的'无我'之境，成功关闭了大众的理性之门。消费文化需要具体的商品做标志，媒介渴望广告，而广告来自商品。大众媒介与商业广告于是结伴疯长成流行时尚这样一株大树。"②

四　广告：大众自我的沉潜

对于受众选择的解读，霍尔在《编码/解码》中有另一番论述。他认为解码和编码并不是完全对称的，在传达交流中有"理解"也会有"误解"。在面对编码者（生产者）时，解码者（接收者）可能产生三种不同的符码解读：主导型、妥协型和反抗型。英美学者从形而下的研究视角切入，通过采样数据分析，认为消费文化的控制力并不像某些学者所描述的那么强大。费瑟斯通是其中重要的代表人物之一，他的消费文化理论始终包含着对于这个理论的思考。受霍尔理论启示，他展开对消费文化理论的研究。他认为，后现代主义社会带来了消费

---

① 邵琪：《欧美社会文化与广告的互动——从规范伦理到享乐主义》，《武汉水利电力大学学报》（社会科学版）2000 年第 A1 期。

② 刘乃歌：《大众传播变革与当代流行文化的勃兴》，《辽宁大学学报》（哲学社会科学版）2005 年第 6 期。

主义的盛行，这种盛行促使人们对商品的态度发生转变，人们在大众传媒的刺激下产生了超越满足基本生理与生活需求的欲望，将消费社会中的商品视为一种符号与影像的消费。大众传媒的革新与进步也促使这一进程不断加快，直至形成一种全新的社会局势。他在分析中指出，在新的社会格局中，商品所有者的地位和级别确实变得越发复杂多样，但这并不会导致文化的失序甚至是社会的解体，换句话说，"大众传媒时代的消费文化既不表明某种控制的失控，也不表明它就是更严厉的控制，它允许一种较为容易的控制机制，在有序和无序，地位意识与戏谑性幻想，渴望、情感控制与控制消解（de-control），理性计算与享乐主义之间摇摆"①。

这一理论观点与从形而上角度研究消费文化的学者如凡勃伦、西美尔、马尔库塞、阿多诺、鲍德里亚等人的结论有很大的不同。鲍德里亚强调消费文化形成过程中广告的核心地位，强调了广告在消费社会中产生的负效应。詹姆逊在此基础上提出了一个观点，认为"以前，任何一个社会都没有像今天一样，到处被符号、影像所充斥……一切都与文化有关了"②。这一结论就是指大众传媒控制着文化的生产，高雅文化被大众文化所侵蚀，导致社会文化变得通俗，最终流于庸俗，而生活在消费社会中的个体无一能逃脱被控制的"枷锁"。

费瑟斯通对上述结论表示异议。他用坎贝尔的"浪漫型消费理论"的概念来分析这个问题。在他看来，"个体从小说、戏剧表演、电影、电视以及时尚中得到快感，并非商品广告的符号操控的结果，在很大程度上是个体沉迷在情节之中而产生的白日梦幻想的结果"③。这意味着，消费过程中，大众固然受到控制，但他们发明了一种浪漫

---

① ［英］迈克·费瑟斯通：《消费文化与后现代主义》，刘精明译，译林出版社 2000 年版，第 29 页。

② Jameson, Fredric, *Postmodernism and the logic of capitalism*, Durham: Duke University Press, 1991, p.41.

③ Mike Featherstone, *Consumer Culture and Postmodernism*, 2nd Edition, London: Sage publications, 2007, p.24.

型的消费理论，将之转化为自我的表达，借由这种方式，大众逐渐成为真正的"离经叛道者"。费瑟斯通的观点在一部电影中得到了生动再现。

1998 年，派拉蒙影业公司推出了后现代主义电影的代表作品——《楚门的世界》。该片由彼得·威尔（Peter Weir）执导、著名影星金·凯瑞领衔主演。影片以独特的剧情和深刻的内涵令观众津津乐道，并获得当年多项奥斯卡提名。该片采用荒诞夸张的后现代主义表现手法讲述了一个肥皂剧主人公楚门的故事。片中的主人公楚门居住的小镇上有 5000 多个藏匿的摄像头。楚门的父亲、母亲、朋友、妻子、情人、朋友、同事、同学甚至是不相干的路人全都是演员。楚门完全生活在一个巨大的摄影棚内，他的世界是一个拟像仿真空间。楚门的一切生活被 24 小时暴露在全镇观众眼前。这个注定是大明星的小人物完全被剥夺了自由、隐私和尊严，成为大众娱乐工业的牺牲品，而他自己却毫不知情。影片反映了在后现代主义的景观社会中，消费文化正侵蚀个人和社会的方方面面。影片通过楚门迷茫、困顿、出走的故事揭示出深陷消费文化桎梏中芸芸众生的精神空虚、群体性迷失及个体对现实的挣脱与反控制。该部电影作为后现代主义的经典之作，采用极其荒诞的故事阐释了后现代主义消费文化的本质特征，引发了观众的深刻自省。

费瑟斯通说："对后现代主义的理解，必须置于消费文化的成长、从事符号产品生产与流通的专家和媒介人数增加之长时段过程的背景中。"[①]当大众媒介成为消费文化的推手和附庸时，深陷其中的个体在虚拟的幸福下迷失了自我。影片最后，当楚门离开虚假的世界迈向真实大门的同时，观众不禁会问，楚门进入的会是一个真实自由的世界吗？真实的背后是否还有另一个真实的存在？电影要告诉我们，"在后现代主义消费文化的桎梏下，保持清醒，摆脱媒体的控制与束缚，回归自

---

① ［英］迈克·费瑟斯通：《消费文化与后现代主义》，刘精明译，译林出版社 2000 年版，第 182 页。

我，寻找真正的自由，重建自由的心灵家园。楚门的逃离就是个体面对后现代主义景观社会自主反控制的冲动"①。

第三节　消费文化认知升级

空前兴盛的大众传播媒介裹挟着形式各样的消费文化冲击了传统的体制和观念，"消费文化的勃兴，使其正在成为当下的一种象征、一种潮流。它深刻地改变了中国传统的价值观念和意识形态，改变了大众的生活和实践，成为架构当代社会体系与生活实践的重要内容。消费文化在当代的勃兴是商业化活动利用大众传播媒介历史性技术变革，在追求利润最大化的过程中实现的"②。因此，审视与反思消费文化在当代的勃兴以及大众消费认知的形成，有必要从大众传播媒介的分析入手。

一　大众传播媒介的调控

在新时代，大众传媒为人性的重新建构提供了新的外部环境。在实践功能上，它具有提倡个性、消解神圣、解放思想、加强民主化倾向的作用，有利于释放人的主观能动性，增强自我主体性的认知，追求个性的解放。然而，不容忽视的是，在市场经济日益走向深化的今天，受控于市场机制的大众传媒无法摆脱商业逐利的价值理念，出现了庸俗化、低俗化倾向。

各种各样的现代化传播媒介充斥着人们的日常生活，尽其所能为大众提供"满足"和欲望对象。这些貌似"亲和"的符号，"不为人知"地改变和控制了人们的思维方式和生活习性。对于物质的崇拜甚

---

① 苌悦文：《从电影〈楚门的世界〉看后现代主义消费文化》，《河南工程学院学报》2016年第4期。

② 刘乃歌：《大众传播变革与当代流行文化的勃兴》，《辽宁大学学报》（哲学社会科学版）2005年第6期。

至使人们放弃了对精神世界的营造与维护。在缺少高尚的精神文明保护下的社会中，很容易受到物质与消费主义的侵扰。社会秩序发生剧烈变动，社会成为鲍德里亚所说的"物质的世界"，人们生存的时代也成为"物质的时代"。公共生活的意义在强调个人成就的同时被不断消解。人类社会缺乏精神的滋润，变为只剩下物质的干涸状态。在消费主义社会中，尽管物质极大丰富，但人们却经常感觉到空虚与失落。人们在消费洪流中充满不安，人人急于保护自己，而不再关注他人与公共空间，从而造成了一定程度的社会秩序混乱。在消费主义社会中，人生的追求目标也比较单一，多为实现物质的享受，充分享受被物质包围的满足感，而不是精神上或其他较高层次上的共鸣。强势文化借助消费文化巨大的浸染力、吞噬力和解构力，对弱势文化进行全方位的渗透。

　　消费文化的生成依托于大众，因而它具有趋向民主的基因，这一特性极大地改变了原有单一政治文化资本的拥有方式或独享方式，创建了适应各种不同层次和等级的文化消费空间和消费方式，使大众更自由快捷地获得自己想要的文化资源。消费文化的无处不在、无所不有，分散了人们对政治意识形态的专注和热情，无意中解构了"一体化"的文化霸权。文化消费主义的兴起和市场利益的竞争使更多的文化和传媒行为直接同经济利益结缘。但我们应该清楚地认识到，"即便在文化市场已经兴盛的今天，文化产业仍然是特殊的产业，它除了具有商业价值之外，更重要的是，它还负载着处理人类精神事务、彰显进步价值观念的责任和义务"①。作为一个在世界政治、经济、文化格局中具有举足轻重地位的大国，中国需要思考如何引导消费文化向着更加有序、更加高尚的方向发展，向着更富艺术意韵的层次迈进。② 如何在全球化的语境中彰显中国的价值观，如何

---

　　①　孟繁华：《传媒时代文化领导权的重建》，《辽宁大学学报》（哲学社会科学版）2004 年第 1 期。
　　②　刘乃歌：《大众传播变革与当代流行文化的勃兴》，《辽宁大学学报》（哲学社会科学版）2005 年第 6 期。

吸纳他国进步文化的同时仍然葆有文化的民族特色，这些都是我们应该思考的问题。

由于传媒一体化时代的终结，中国社会原有的文化格局发生了改变。但这一改变并不意味着对文化领导权的放弃。在国家管理下，大众传播是一种有组织的活动，它的组织性决定了它要为实现特定的组织目标而传播，同时又要服从一定的组织纪律。在我国，大众传媒是党和人民的喉舌，其特殊地位决定了它所从事的报道和传播行为必须服从于人民的根本利益，必须以党性原则为前提。消费文化作为意识形态的表现形式，它必须限定于意识形态的"问题框架"之内，去满足社会对文化的需要。

目前，大众对商品符号价值的消费追求日渐凸显。在构建科学健康的消费文化观念方面，避免重蹈西方社会的消费主义道路显得尤为重要。一直以来，西方消费文化宣扬一种金钱至上的物质主义、享乐主义、消费主义价值观念，带来巨大的资源耗费和环境污染。这就提示我们必须构建一种既满足商业利益，又为主流意识形态服务的文化形态。

我们要适度消费、绿色消费、生态消费，正确对待商品的符号价值、理性评价消费品与人的地位和个性的关系，规避消费模仿和非理性的消费竞争。大众应秉持健康的消费观念，以自身的生命存在来彰显个体魅力，而不是依赖于物的意义。

上述文化环境、价值观念的建构都应充分发挥大众传媒引导大众消费的功能来实现。大众媒介只有在传播先进文化的同时减少消极影响，才能帮助社会平稳地度过消费主义阶段。

二 消费主义反思

消费文化兴起之前，消费被视为一种国家行为，尤其是在整个国家经济处于低迷状态时，消费是政府主导的救市行为。然而，随着大众文化的普及，消费给人们带来了一种与众不同的全新体验。它使政府的宏观调控作用逐渐弱化，个人的欲望与日俱增。商场为个人提供了区别化的服务，会员制、VIP等标识身份的服务深得人心，人们认为这样的服务使自己的消费活动更具意义。

通过消费，自己不仅能够得到相应的产品，而且还能收获产品背后的附加符号价值，这对于消费主义狂热的崇拜者来说才是最重要的。因为收获了这些附加价值，他们才能得到短暂的精神与心理满足。然而，这种满足的感觉成本高，周期短，且总在一定范围内不断循环发生。长此以往，将造成有限资源的浪费，而享受这种快感体验的人却无须为此负责。他们对自己的感受更为关注，总是不断产生新的欲望并迫切期待新的消费。短暂而美好的满足感和幸福感是人们消费成瘾的主要诱因。

有实证研究证明，消费主义带来的无休止欲望导致了不同程度的资源浪费，不利于人类社会的长期发展。因此，我们必须认识到，消费主义时代的到来虽然推动了经济社会长足的发展，但也带来了一定的负面影响。这是社会发展中产生的负面效应，是现代社会很难调和的矛盾。其中的重要原因是，消费主义满足的是人们不断膨胀的欲望。这样一来，消费主义就让人产生依赖，从而引发的伦理问题也就不可避免了。

消费社会中，人们受消费主义的影响总是难以摆脱超越生理层次的心理需求，层出不穷的新鲜产品也会刺激人们产生新的欲望。在消费主义的不断怂恿下，人们渴望获得更加精致的物品，渴望享受更加高品质的服务，渴望拥有更为精彩的生活。生产部门加班加点提高生产效率，生产出更多的产品，以满足人们不断膨胀的消费欲望。然而，自然的承载力是有限的，提高生产率的同时，人们贪婪地索取自然资源，对水资源、森林资源、海洋资源的无限开发，使自然不堪重负。

随着对自然资源的无限消耗，人们不得不面临资源枯竭和生活环境恶劣的境况，这些都是人类自食其果。消费主义改变了人们的生活方式，也改变了自然界的存在状态。从人类社会和自然社会的角度来

图 3 - 6　《带泪的地球》　袁舒格　作

人们贪婪地索取自然资源，对水资源、森林资
源、海洋资源的无节制的开发使自然不堪重负。

看，在消费社会中，人们应该进行深刻的反思。

三　大众认知升级改变只有消费没有文化的传播生态

从传统艺术和文化压抑下解放出来的大众，日益崇尚高消费、享
乐主义、个体中心化等价值观念，世俗化价值观念在他们心中越来越
稳固，而民族传统文化的传承却面临困境。哈贝马斯认为，大众文化
的商品化是一种艺术的蜕化，因为它逃避人文的深度和理性的厚度，
并未潜入历史的深处，不再对社会和人生价值及时代情绪进行严肃的
审视与深刻的剖析。它接受以猎奇、取新为特点的感知体验，将审美
快感简单化为一种生理的快感，这动摇了主流文化的价值立场、消解
了精英文化特有的启蒙意识。

在文化传播升级的过程中，大众认知的升级起着关键作用。人的
认知决定人的行为，这是社会运行的最底层逻辑。这个逻辑一旦改变，

媒介传播的生态将被重构和再造。我们处在一个后工业化网络信息横向传播的社会，我们已摆脱了农业社会，进入了工业化发展阶段，同时一条腿已经迈入后工业化的信息社会，但国人的文化思维尚未跟上国际发展的步伐。因此，目前文化工作的一个重要主题应是通过优质文化产品引领大众消费文化认知升级。在消费文化的娱乐性功能之外，应更加关注人类灵魂，弘扬爱与善，做民族文化的守望者与看护者，给未来世界送去福音，改变一味追求消费而忽视文化的现状。大众传媒应该传递出更积极、更主流的文化话语，以精神之光、灵魂之芒，"烛照出人性的混沌之域和隐秘的角落"①，"彰显出消费文化的审美精神与审美追求，使我们的时代具有更深邃的文化内涵，使文化的高贵灵魂永不退场，同时建立一个契合大众成长的广域精神园圃，培育大众精神品格的审美感知力"②。

党的十八大以来，我国通过创新发展思路和优化发展环境，开创了发展的新局面。文化产业发展取得了显著成绩，对经济的贡献作用日益凸显，居民文化消费潜力得到有效激发，文化市场主体不断壮大。进入文化消费社会新时代，我国文化产业发展面临着新形势和新问题，加之文化消费多样性的需求特点，这决定了文化产业在满足消费者文化需求的同时，应秉持创新理念，提升大众文化消费审美品质和人文素质，从而提升国家软实力，增强世界对中国的了解。

文化消费是指"用文化产品和服务来满足人们精神需求的一种消费，是对精神文化类产品及精神文化性劳务的占有、欣赏、享受和使用等"③。文化消费与经济发展水平、物质生活和物质消费密切相连，同时也与人们的价值观、审美观及兴趣爱好息息相关。文

---

① 林吕建：《影视艺术传播现代化与大众化趋势》，《现代传播》（中国传媒大学学报）2006年第1期。

② 刘乃歌：《面朝"她"时代：影视艺术中的"女性向"现象与文化透析》，《现代传播》（中国传媒大学学报）2018年第12期。

③ 连连：《大众文化消费与我国文化产业发展关系探讨》，《福建论坛》（经济社会版）2000年第6期。

化消费已成为当今消费社会的热点话题。据统计，西方发达国家的文化消费已占家庭消费30%左右，并呈现逐年递增趋势。比照发达国家，我国的消费文化发展速度慢，总量规模偏小，市场机制不完善。据我国文化消费层次结构数据显示，虽然我国文化教育消费占比较大，但真正以提升个体的审美品位和人文素质为目的的文化消费、具有精神品质的文化消费占比较小，而无深度的、低质化的文化消费却呈现出蓬勃发展的态势。此外，文化消费的地区差异也较大，城市地区文化消费增长速度远远超过农村地区。一言以蔽之，我国大众文化消费仍处于初始阶段。主要表现为对感官化、娱乐化、平面化和快餐化的消费文化的过度沉湎，对高品质、有内涵的文化精品的疏离，最终将导致大众对主流文化疏离，对中国传统文化的遗忘。那么，如何解决文化消费中出现的诸多问题呢？着力发展文化产业是必由之路。

创新是永不衰竭的生命力的体现，是一个民族文化永葆生命力的关键保障。没有创新就没有发展，也就没有新事物的产生。马斯洛认为："有创新性的人是属于自我实现的人，创新力是最大的喜悦，或者说创新是人的类本质的最高表现，人的生存不断生成的过程就是人类不断创新自身的过程，人类在不断创新中感悟生存的力量和永恒。"[①]文化产业创新是满足大众多层次、个性化文化需求的重要保证，也是实现人的全面发展的必由之路。相信中国的文化必将在产业化的平台下发展壮大，使中国成为文化强国，使文化代替资本成为对外输出的主要内容，促进世界对中国的了解，提升中华文化的国际形象。

---

① 张伟：《国家创新与艺术理论创新》，《中国艺术报》2011年3月30日第3版。

第四章　消费文化与文化创意产业之关系辨析

消费文化与文化创意产业二者谁决定谁、谁占主导？关于这一问题的解答仁者见仁，智者见智。从需求的视角出发来看待消费文化，从供给的视角出发来看待文化创意产业，这可以给讨论消费文化与文化创意产业二者之间的关系提供一种清晰的分析逻辑。

第一节　再论供给与需求之辩证关系

关于供给与需求之关系问题已经在经济学史上讨论了两个多世纪之久，然而到目前为止，学术界关于这一问题仍然没有达成统一意见。本书在讨论消费文化与文化创意产业之关系时，考虑到消费文化主要在需求端发挥作用，而文化创意产业更多地涉及供给端，所以需要重新审视供给与需求之间的辩证关系。

一　供给主导论与需求主导论的交替出现

综观西方经济学史，在供给占主导还是需求占主导的问题上，比较具有代表性的理论有主张供给决定论的"萨伊定律"、供给学派理论以及主张需求决定论的凯恩斯有效需求理论。这些理论是随着发达国家资本主义发展实践的演变而交替出现的。

19世纪初，法国经济学家让·巴蒂斯特·萨伊（Jean-baptiste

Say）提出了"生产给产品创造需求"①的思想，这一思想被经济学家们誉为"萨伊定律"。后期，"萨伊定律"的主要思想内容被英国经济学家约翰·斯图尔特·穆勒（Jean-stuart Mill）等人进行了总结。仔细剖析一下，"萨伊定律"隐含着"经济循环过程可以自动地处于充分就业的均衡状态"这一基本假设前提，而能够支撑这一前提的要素主要包括三个方面：（1）产品生产不单单是生产过程，它还能够通过生产来创造自己的需求；（2）市场经济具有调剂余缺的天然作用，从整个国民经济来看，涉及所有部门的大面积的、宏观的、普遍性的生产过剩是不可能存在的，所谓的产品供求失衡只会发生在国民系统中的个别部门，且它总是局部的或微观的现象，并且在时间上只能是暂时的；（3）货币作为一种一般等价物仅仅起到流通介质的作用，它有助于商品买卖关系的形成，但并不代表商品买与卖的脱节。根据"萨伊定律"，在一个完全自由、充分竞争的市场经济中，供给是在产品生产环节之初就决定了它一定是出于社会需要才进行生产的，也就是说，供给会在社会生产与生活中创造出自己的需求，只要产品被生产出来，那么它就一定会是社会所需要的，因而导致宏观层面的总需求始终等于总供给，二者总是处于均衡状态。"萨伊定律"符合法国19世纪初的发展实际，当时正值资本主义发展比较缓慢的时期，工业革命尚未完成，生产力水平极其低下，供给在整个经济发展过程中成为主要矛盾。因此，产品生产本身就能创造自己的需求，产品都能够销售出去，商品买卖会自然发生，总供求总是处于均衡状态，不会出现产能的过剩。

"萨伊定律"的思想内容被英国经济学家约翰·穆勒总结出来以后，曾经适用于英国、美国等资本主义国家，直到20世纪30年代，凯恩斯依据资本主义世界经济危机爆发的现实，提出了有效需求不足的观点，才打破了这一供给占据主导地位的理论状态。凯恩斯反对萨伊提出的"供给会自动创造需求"的观点，他认为这无法解释资本主

---

① ［法］萨伊：《政治经济学概论》，陈福生、陈振骅译，商务印书馆2011年版，第152页。

义经济中所出现的大量剩余现象，因而提出有效需求不足的理论，主张政府通过宽松的财政政策与货币政策刺激有效需求挽救资本主义经济。凯恩斯的观点提出后，英国政府采取了积极救市政策，取得了较大的成效，一时间，需求决定论占据了西方主流经济学的正统地位。

然而，笔者认为，英、美等发达资本主义国家之所以能够度过那次世界性经济危机在很大程度上取决于资本家对工人阶级的让步。正如马克思所言，资本主义的经济危机实际上是资本家剥削工人阶级的必然结果。工人所创造的剩余价值被资本家无偿占有，自己却只能获得极低的仅够维持生存的工资。由于工人阶级数量众多，市场需求在很大程度上取决于工人的需求，而在工人没有多余支付能力的情况下，资本主义生产过程所供给的产品注定会面临过剩危机。在这种情况下，经济发展的主要矛盾已经不再是供给而是工人阶级的需求不足。也就是说，工人阶级缺少支付能力从而导致的有效需求不足是资本主义经济危机爆发的本质原因。此种有效需求不足与凯恩斯所述的由"三大心理规律"所决定的有效需求不足①具有本质的不同，前者强调的是消费群体的支付能力不足，暗含着资本家剥削工人的问题；后者强调的则是包括投资需求这一供给方面因素在内的有效需求不足，暗含为资本主义辩护的理念。西方资本主义国家之所以度过了经济危机重新走上了快速的工业化发展之路，在很大程度上是因为资产阶级对无产阶级作出了让步，通过建立社会保障制度、提高工资水平、缩短工作时间等措施，安抚了工人阶级的情绪，提高了工人阶级的购买力，提升了有效需求，使供求重新平衡，经济向前发展。笔者认为这段历史并不能成为需求决定论站得住脚的证据，充其量只能说明需求在这一时期成为经济矛盾中的主要方面，但并不能说明需求能够决定供给，恰恰相反，正是由于资本家集团在供给环节犯下了没有合理对待劳动要素价值的错误才会导致需求出现不足，归根结底，还是供给决定了需求。

---

① 高鸿业主编：《西方经济学（宏观部分）》，中国人民大学出版社 2011 年版，第 25—27 页。

凯恩斯理论的上述缺陷在20世纪七八十年代资本主义国家的"滞胀"危机中暴露出来。人们需求旺盛带来了物价的飞涨,但这种旺盛的需求并没有使经济出现繁荣局面,反而带来的是经济的停滞。凯恩斯所提倡的政府干预措施不再奏效,学术界开始重新审视需求决定论,主张供给主导的货币主义、新自由主义与供给学派等相继崛起。80年代,英、美两国政府认识到凯恩斯主义的经济政策在面对滞胀危机时的无能为力,继续使用政府干预经济的政策则只会使滞胀局面愈演愈烈。到了里根政府和撒切尔夫人执政时期,资本主义国家纷纷树起了新自由主义的大旗,通过恢复市场活力挽救处于水火之中的宏观经济。事实证明,这一选择是正确的,也正是新自由主义政策的实行,不仅使资本主义国家度过了经济危机,而且使其经济获得快速的发展,英、美一跃成为西方头号资本主义强国。这一段历史表明,供给决定论又重新走上了历史舞台,虽然这一时期的供给决定论已经包含了更多的内容,但供给决定需求的基本观点重新占据了主导地位。

二 供给决定论的理论依据

经过上述对资本主义国家发展中一段历史的分析,基本可以看出,供给决定论与需求决定论交替处于主导地位。那么,究竟是供给决定需求还是需求决定供给呢?这至今没有定论。梳理近年来经济学界对此的看法,支持供给决定论的声音更多,这与我国在经济新常态阶段提出的"供给侧结构性改革"有密切关系。接下来,笔者将总结支持供给决定论的一些基本依据。

(一) 生产决定消费

供给和需求是一对紧密联系、不可分割的概念,如果要研究二者谁决定谁的问题,那么就需要首先在生产与消费两个环节中寻找答案。马克思提出了生产、分配、交换、消费之间一般关系的理论。在论述生产与消费之间的关系时,马克思认为:"生产生产着消费:(1)是由于生产为消费创造材料;(2)是由于生产决定消费的方式;(3)是由于生产通过它起初当做对象生产出来的产品在消费者身上引起需要。因而，它生产出消费的对象，消费的方式，消费的动力。"① 同时，马克思也认为："没有生产，就没有消费；但是，没有消费，也就没有生产，因为如果没有消费，生产就没有目的。消费从两方面生产着生产：（1）因为产品只是在消费中才成为现实的产品……（2）因为消费创造出新的生产的需要，也就是创造出生产的观念上的内在动机，后者是生产的前提。"② 因此，马克思提出了生产与消费之间的直接同一性，生产直接是消费，消费直接是生产。尽管如此，在阐述生产与消费谁处于支配地位问题上，马克思还是认可了生产的作用。他指出："无论我们把生产和消费看做一个主体的活动或者许多个人的活动，它们总是表现为一个过程的两个要素，在这个过程中，生产是实际的起点，因而也是起支配作用的要素。消费，作为必需，作为需要，本身就是生产活动的一个内在要素。但是生产活动是实现的起点，因而也是实现的起支配作用的要素，是整个过程借以重新进行的行为。"③ 从上述论断中，我们可以分析供给与需求之间的关系。生产代表供给方的力量，消费代表需求方的力量，生产决定消费，消费又会反作用于生产，也就意味着供给决定需求，需求反过来也会对供给产生重要影响。马克思所认为的"生产是居于支配地位的要素"为供给决定论提供了基本依据。

（二）供给为需求提供有效的购买能力

主流经济学中界定的有效需求指的是具有支付能力的需求，也就是说，有效需求分为主观和客观两个方面，主观方面指的是人们是否具有消费某种物品的需要，属于心理动机，带有人的意愿色彩，因此是主观的；客观方面指的是市场经济条件下，人们是否具有购买某种物品的支付能力或者称为购买能力，属于经济条件因素，不以人的意

①《马克思恩格斯选集》第二卷，中共中央马克思恩格斯列宁斯大林著作编译局译，人民出版社 2012 年版，第 692 页。

②《马克思恩格斯选集》第二卷，中共中央马克思恩格斯列宁斯大林著作编译局译，人民出版社 2012 年版，第 691 页。

③《马克思恩格斯选集》第二卷，中共中央马克思恩格斯列宁斯大林著作编译局译，人民出版社 2012 年版，第 694 页。

志为转移，因此是客观的。一些学者认为，消费者在转变为其在产品消费中的角色之前首先是以劳动者的身份出现的，他们在劳动力市场上出卖自己的劳动力并因此而获得劳动报酬，他们展开劳动的过程恰恰构成的是产品的生产与供应过程，这就意味着是供给决定了劳动者能够通过参与生产来获得自己购买消费品所需要的收入，从而使人们的主观需要变成具有支付能力的需求。从这个意义上来说，需求的实现的确是以供给过程作为前提和基础的。

（三）经济增长理论总是建立在供给决定论基础上

从宏观经济学研究经济增长的理论脉络上来看，各类经济增长理论都以生产函数作为构建模型的基础，这体现出学者们默认将生产作为经济增长决定力量的隐含假设，认为供给才是促进经济增长的决定力量。近年来，经济增长理论越来越重视技术进步的力量，为供给决定论提供了依据。以内生增长理论为例，该理论认为新古典经济理论把技术进步作为不变的外生因素的解释是站不住脚的，技术进步应该是内生的，因为在劳动投入过程中包含通过教育、培训和"干中学"等方式形成的人力资本，而在物质投入过程中则存在因研发、创新等活动而形成的技术进步。也就是说，无论是从劳动者层面还是从资本层面，技术进步都是内生化的，这意味着，技术进步与人力资本等因素都是在生产过程中不断被激发出来的东西，这本身就是来自供给方面的力量。

三 供给与需求关系之再辨析：供给主导下的"互为"关系

学术界对供给主导还是需求主导的理论问题争论不休，笔者在本书中论述消费文化与文化创意产业之间的关系问题时，站在支持供给决定论的理论视角之上，同时注重供给与需求之间那种"互为互动"的关系。从经济运行的角度来说，当今世界中物质产品生产已经极大丰富，在供给与需求都极为旺盛的情况下来谈二者之关系，重点应该放在二者如何"互为互动"从而推动对方的发展上。

供给与需求是一对依赖对方的存在而存在的概念，即"互为"的存在。正是因为有了供给，需求才能存在，人们才能通过购买消费品来表达自己的需要，并将自己的收入通过交易过程转换为自己生存和发展所必需的事物，由此才能让收入变成为人们所用的有效手段，如此之需求才是有效需求，也就是说，有效需求不仅仅是具有支付能力的需求，它更是建立在支付能力能够换回来人们真正所需的物品的基础上。从这个意义上来讲，需求不仅依赖供给存在，而且需求的有效性也取决于供给。

正是因为有了需求，供给才能存在，或者换句话说，需求是使供给存在且能够持续发展下去的原动力。人们有消费某种物品的需要且具有支撑这种消费的能力之后，生产者所生产的产品或所提供的服务才能够通过市场交易过程变成有效的供给物，生产者才能够获得源源不断的生产能力，并使供给得以持续。因此，供给与需求相匹配，消费者的消费能力就可以转变为生产者的生产能力以及生产动力，如此之供给才是有效供给。也就是说，有效供给应该是具有持续动力与能力的供给。

由此可见，供给与需求是一对"互为"概念，供给与需求的有效性建立在二者能否匹配的基础之上。任何割裂双方的理解与认识都将是片面的、不可持续的。我们必须把供给与需求联合起来共同加以考虑。

第二节　需求视角下的消费文化

消费文化作为一种文化观念、文化现象，与不同社会发展阶段的消费密切相关。消费代表着一种需求形式，并且是作为人们的最终需求存在的。鉴于消费文化与消费需求的密切关联，我们可以从需求视角来理解消费文化。

一　消费需求是多种因素共同作用的结果

按照西方经济学的观点，消费、投资、政府购买与进出口构成了需求的主要内容，其中，消费需求是对最终消费品的需求，它是一种终极需求，对需求的带动具有决定性作用。因此，我们理解消费文化可以从需求视角着手，将其看成影响消费需求的一个很重要的因素。

在西方经济学说中，经济学家讨论经济问题都离不开对于消费的理解。从重商主义到古典经济学，从新古典经济学到凯恩斯主义，从新古典综合派到行为经济学，在各个不同发展阶段，经济学中的消费理论不断被拓展，呈现出丰富的研究成果。综合来看，消费理论的核心在于消费需求函数的构建，也就是研究以消费需求作为因变量、以影响消费需求的各种因素作为自变量从而形成的函数关系。消费需求的影响因素如何发挥作用决定了消费需求函数的最终形式。不同经济学家们对消费需求影响因素的具体内容与作用方式具有不同的界定与看法，于是形成了不同的消费理论。在西方经济学主流观点下，影响消费需求的因素包括主观与客观两大方面，主观因素主要有消费意愿、消费情感、消费文化、消费偏好、消费观念、消费主体特征等；客观因素主要包括收入水平、消费品价格、消费方式、消费环境、其他消费品的替代性，以及消费产品的质量、功能、属性、品种等特征。也有学者将影响消费需求的因素归结为消费主体、支付能力、消费意愿与实现环境等四类因素。① 无论哪种界定，我们都会看到，消费文化在其中起着重要作用，它通过影响消费意愿、消费观念、消费情感、消费方式、消费环境等因素作用于消费主体，进而影响消费需求。

二 消费文化影响并决定消费需求

文化具有泛化的色彩，消费文化从广义上来讲会通过不同途径影响消费需求。

首先，消费文化对消费需求的影响是通过对消费主体的影响实现的。消费文化是消费主体在其主观意识中形成的对于消费的看法、观

---

① 王志文、卢萍：《中国居民消费分析与扩大消费策略研究》，中国社会科学出版社2016年版，第65页。

念以及评价，这种无形的文化价值观念会反映在消费主体的消费行为中，表现在消费过程里。在市场经济条件下，消费主体具有主观能动性，他们生活在社会中受到特定阶段社会文化的影响，凝结了消费实践特点的消费文化也包含在其中。消费文化可以影响人们的消费观念，储蓄型消费文化使人们产生节俭消费观，人们往往认为消费是为了满足基本的生活需要，除此以外的消费则具有奢侈之嫌，不利于生活稳定与经济可持续；开放型消费文化使人们能够接受西方的超前消费观念，人们往往认为消费不仅仅是为了满足基本的生活需要，它还具有更丰富的内容，包括促进人们精神层面的满足、经济的繁荣与社会文明的进步。在这种消费观念影响下，人们更愿意追求个性化与多样化消费，不断扩大消费的边界。消费文化还可以影响人们的消费偏好与消费意愿，大众化消费引导人们偏好那些从众的、无差别的、标准化商品的消费，排斥那些个性的、差异化的、独特性商品的消费，认为个性特征太过明显的消费会使人们因显得另类而受到排挤；开放多元的消费文化则使人们具有更为广泛的偏好，人们既能够接受标准化无差别商品，也不排斥个性化差别化商品，消费行为更加多元，消费意愿明显增强，针对不同商品的偏好次序也会呈现出多样化特征。

其次，消费文化可以通过对社会文化氛围的塑造影响人们的消费需求。人们总是生活在特定的文化氛围中，一定时期内，人们在消费实践中会形成宏观的主流消费文化氛围，这种文化氛围通过人与人之间的交往得以无形传递，又会反过来作用在微观消费主体的消费行为上。在"消极适应"的消费文化氛围下，人们具有"黜奢崇俭"的消费心理，个体的消费行为常常集中于生活中必不可少的物品消费领域，不必要的服务消费、奢华消费、高端消费被看成不入流或者是极其不明智的选择，消费受到抑制，消费需求萎缩。此时，人们心中主流的消费观念是保守且刻板的，就像是有一条"警戒线"，人们的消费空间被限定在生活必需品上。在"鲜活积极"的消费文化氛围下，人们具有追求更高层次满足的消费心理，个体的消费行为被释放出来，消费领域、消费规模、消费内容随之大为扩展，消费需求不断增长。

此时，人们心中主流的消费观念是开放且动态变化的，体验式消费、个性化消费不断受到认可，消费者逐渐具有"我的消费我做主"的主控权。

最后，消费文化还会通过消费方式的变化影响消费需求。消费方式是人们在消费实践中所使用的方法、手段与工具的总称。在网络与信用消费文化兴起之前，人们的消费方式采用的是传统手段，以集市、超市、门店、商场等空间形式展开面对面、钱货两清的交易。这种消费方式具有天然的局限性：第一，容易受到空间限制。传统消费方式依赖于特定的消费空间或消费场所，集市、超市、门店与商场往往设置在交通便利的中心地带，消费者需要步行或者使用交通工具才能到达指定的地点，距离的远近决定了消费频率与消费规模；第二，容易受到时间限制。传统消费方式采用面对面交易，人们要选择休息日、节假日或者下班的时间展开采买的活动，此外，消费者还需要考虑交易场所的开放时间，结合自身空闲时间与交易场所开放时间之后，单个消费者能够真正进行消费的时间是有局限性的，这也在一定程度上为消费需求的增长设限；第三，容易受到支付方式的局限。传统消费方式采用钱货两清的交易方式，即一手交钱一手交货，这便导致消费者必须在有货币或者有稳定收入的情况下才能顺利实现商品的购买，从而将那些缺少稳定收入或者由于各种原因无法持有现实货币的消费者拒之门外。在网络与信用消费文化兴起之后，人们的消费方式不再受时间、空间与支付方式的限制，只要人们愿意，可以随时随地通过互联网展开消费活动，同时可以采用信用方式付款，使超前消费得以实现。在这种消费文化引领下，人们的消费需求被极大地激发出来，消费真正演变为一种文化趋势。

三 消费文化与文化消费需求的演进

综观人类发展历史，消费文化经历了由单纯物质消耗为主的阶段到物质消费文化生成阶段再到精神消费文化出现并不断演变阶段的动态变迁过程。伴随着该过程，文化消费需求也经历了从无到有的变化。到了后现代主义消费文化时期，消费文化由封闭型走向开放型，由节约型走向鼓励型，由单一消费形态走向多元消费形态，与此同时，文化消费需求也经历了由零散、简单、单一化走向普遍、复杂与多样化的动态演变。

文化消费需求的演变与消费文化的动态变化过程息息相关。在以物质消费为主的消费文化阶段，消费需求仅仅停留在日常生活所需的吃、穿、住、用、行等基本生活消费领域，人们的文化消费需求十分匮乏；随着人们生活水平与收入水平的提高，消费文化进入精神消费内容逐步增加、消费理念不断更新、消费文化更加多元开放的阶段。人们的消费需求开始由基本的物质生活消费领域向精神文化消费领域延伸、拓展，文化消费需求不断显现，并且随着消费文化的发展变得更加开放、复杂、多元与丰富。从世界消费文化演变、文化创意产业历史变迁的客观事实中我们可以找到其经验实证。

第三节　供给视角下的文化创意产业

文化创意产业的核心是依靠人的创造力创作出文化创意产品或者提供文化创意服务，这一产业运作过程主要影响一个国家或地区的供给状况。与消费文化影响消费需求的直接作用相对应，文化创意产业会直接作用于文化消费品的供给，因此，本节基于供给视角来研究文化创意产业具有合理性。

一　文化创意产业的概念界定

（一）文化

文化是一个非常宽泛的概念，自人类社会产生以来，文化就得以在人的思维与实践中不断产生并发展，它是人类社会所进行的相对于经济、政治而言的精神、意识、思维、观念等无形活动的产物。对于文化的概念，由于其无形性与广泛性特征，不同的人基于不同的视角去审视它，会形成不同的理解。

从哲学的意义上来看，文化是相对于经济、政治而言的人类全部精神活动的产物，而具体的文化内容则涵盖了历史、艺术、风土人情、传统习俗、生活方式、宗教信仰、伦理道德、法律制度、价值观念、审美情趣、精神图腾等。它是哲学思想的表现形式，具有辩证性意义。文化既存在于天造地设的自然环境中，又存在于历史与时代、国家与民族的时空平台上，文化穿越时空界限，影响着人们的言语表达方式、行为交往方式、思想认识形式等。

从政治学角度来看，文化是兼容并蓄的意识形态范畴，具有对人的头脑、思维、观念进行无形统治的力量。文化霸权是一种简单的、赤裸裸的压迫和被压迫关系。统治集团以文化力量操纵群众的意识形态，使文化成为统治者用以夯实统治基础的思维观念和意识形态的动态联合。

不管文化有多少种定义，其内涵都直指一个核心问题，即文化的主宰者一定是人，有人才能创造文化，有人类社会才会有文化存在与发展的空间。文化是人类智慧和创造力的体现，人创造文化、享受文化，同时又受约束于文化，最终还要不断地改造文化、推动文化的发展与变革。

从"文化"这一名词产生的渊源中来审视其内涵或许能更加深刻地理解文化的定义。文化一词，最早可追溯至《周易》："观乎天文，以察时变；观乎人文，以化成天下。"其中，"文"的本义指各色交错的纹理，"化"本义为改易、生成、教化。按照此种逻辑，文化可以被界定为两个层面：一个层面是客观的非意识形态部分，主要内容为对错综复杂的自然现象以及人类社会现象的本质与规律进行挖掘从而形成的对天道自然规律和人伦社会规律的客观认识，并以语言、文字等知识形式表现出来，供世人学习、传承并不断改造；另一个层面是主观的意识形态部分，具有文明之义，与野蛮相对，它凝结在人们的世界观、人生观与价值观中，比第一个层面下的认识、知识更深入，容易受到人的主观能动性影响且能够融入主观评判等意识形态色彩。因此，从广泛的意义上来说，文化的内涵应该既包括广泛的知识，又包括内心的精神和修养。

迄今为止，学术界普遍认为较为权威的"文化"定义见于英国人类学家泰勒的《原始文化：神话、哲学、宗教、语言、艺术和习俗发展之研究》，即"文化，就其广泛的民族学意义来讲，是包括全部的知识、信仰、艺术、道德、法律、风俗以及作为社会成员的人所掌握和接受的任何其他的才能和习惯的复合体"①。文化之所以能够历久弥新，是因为它能够直击人的内心、拷问人之灵魂、牵动人之心弦，能够在人的思维、灵魂深处留下深刻印象，将文化所承载的观念刻在人的骨子里，无形中支配并影响着人类的言语与行为，推动人类社会的进步与发展。

（二）创意

创意是什么？经常有人称之为好的"点子"。规范地说，创意就是产生新事物的能力，它具有独特性、原创性、价值性三个特征。所谓"独特性"指的是创意应该是区别于其他人的独立的、特别的，且是创意主体所特有的东西；所谓"原创性"指的是创意的产生从最开始就是创意者发明创造或创新出来的，而不是从别人那里模仿或剽窃而来，创意绝不是"拿来主义"，而是"自我创造主义"；所谓"价值性"指的是创意对于人类社会而言应该是有价值的，这种价值既表现为"使用价值"，又表现为"市场价值"。在创意的概念中包含着一个隐形的核心要素，即创意主体，也就是具有创造能力的人，只有最大限度地发挥人的创造力才能产生出真正有价值的好的创意。因此，从这个角度来讲，创意就是人的创造力，是人在认识世界并改造世界的过程中所萌生出来的思维与想法。

在日常实践中，从外在表现形式来说，创意有原创与创新之分。

①　［英］泰勒：《原始文化：神话、哲学、宗教、语言、艺术和习俗发展之研究》，连树声译，广西师范大学出版社 2005 年版，第 1 页。

原创指的是别人没有的但是我们有，这是前无古人的；创新指的是别人有的我们通过改造后形成一个新的事物、一种新的方法，给人以全新的感受。也就是说，"别人无而我有"为原创，"别人有而我优"则为创新。举例来说，京剧、昆曲、武术是中国所独有的，国外没有，那么这就是中国原创；而影片《大话西游》以经典名著《西游记》为故事背景，融入了现代的诙谐与幽默，呈现给观众一部别开生面的经典作品，这就是创新。原创与创新都能取得成功，这说明创意具有无限的拓展空间，只要人的创造力无限，创意就无限。

（三）产业

关于产业的概念，目前主要有三种界定：在第一种界定中，产业是指私人所有的财产，包括土地、房屋、作坊等家产。这种界定通常流行于民间，人们通常所说的"祖辈给你留下多少产业"这种调侃性语句中的产业指的就是家产。在第二种界定中，产业指生产性事业，特指工业生产，因而属于工业的范畴。从资本流通角度来讲，此处的产业是能够通过资产集中化的形式，将劳动、资本、土地等资源作为生产过程中的投入品，最终转化为产品的活动过程。在第三种界定中，产业指的是围绕着核心产品或服务的供应过程而形成的网络化系统结构，它由利益相互关联、具有不同分工的各个行业组成，尽管这些行业各自的生产过程、经营方式、运营模式、流通环节有所不同，但是它们以核心产品或服务为中心被联系在一起。也就是说，不同行业的相关企业之间总是会围绕着核心产品展开分工与协作，并且可以在构成产业业态的各个行业内部完成各自的循环。本书采取第三种界定下的产业概念。

产业泛指一切生产共同核心产品或提供相似服务的行业联盟与系统集合，它由各个相互关联的企业构成，可划分为不同行业。产业作为一种资源的集中化业态，通常是社会发展到一定阶段的产物，具有下述几个方面的特点。

1. 产业是专业化与社会分工的产物。随着经济的发展，为了缩短社会平均劳动时间、提高劳动生产效率、提升产品质量，人们往往倾向于做自己擅长的事，而把其他不擅长的生产活动交由那些更擅长此类活动的人来做。专业的人做专业的事，然后再通过市场交易来满足人们各自的需求，这就是专业化、社会分工以及市场经济形成的最直接原因。在专业化进程里，那些因为相关产品的生产而联合起来的组织相互支撑，共同发展进步，最终促进产业的形成。

2. 产业是社会生产力不断发展的必然结果。产业作为生产单位联盟，它以各个关联行业所关注的相关产品或核心产品为轴线参与社会生产过程，必然要受到社会生产力发展变化的极大影响。而生产力发展往往取决于生产工具的进步与演变。综观人类社会发展历史，从旧石器时代到新石器时代，再从铁器时代到机器、电子时代，人类社会的大剧场上无不演绎着生产工具更新换代的剧目，也伴随着产业部门的更迭与演进。在原始社会初期，人类生产生活中使用的主要是取自大自然的天然工具，工具获得带有偶然性，工具使用具有低效性，导致当时的社会生产力水平极其低下，没有社会分工，难以形成产业。到了石器时代，人类使用的生产工具主要以经过加工的石器为主，带有人类生产目的性的烙印，生产力水平有了很大的进步，农业与畜牧业分离开来，独立的产业部门得以出现。到了后来，石器工具不能继续满足人们生产需要，人类开始以金属为材料加工制作更为坚固耐用的生产工具，从而进入了铁器时代。在这一时代，金属性生产工具的大量使用，不仅大大提高了全社会的劳动生产率，提升了社会生产力水平，促进了农业与手工业部门的发展，而且催生了金属冶炼以及以制作生产工具为核心的，独立的、新兴的产业部门。大量金属性生产工具与生活用具的生产又进一步促进了工具交易活动的繁荣，加之生产力水平提高所带来的商品交易的盛行，商业部门逐步从生产部门中独立出来。与此同时，随着生产力发展水平的不断提高，社会分工不断细化，专业化程度逐渐加深，传统的手工业生产部门随之出现了不断深化、细化的发展趋势，原有的小作坊、生产车间逐步以产业化形态展现出来，制盐、制茶、酿酒、纺织、丝绸、制衣、制鞋等手工业不断细分为新兴的产业部门。随后，机器化生产工具诞生，机器大生产取代了工场手工业，生产效率大为提高，社会生产力水平得到了跨越式发展，这不仅使原有产业部门的产品种类更加复杂、产量更为丰富，也使重工业与轻纺工业的产业分工更为细化。总之，伴随着生产工具的不断演进，社会生产力水平逐渐提高，社会分工逐步走向深化细化，也就使得产业不断衍生并发展起来。

3. 产业是介于宏观经济与微观经济之间的中观经济。物理学在研究物质领域时区分了微观、中观、宏观这三个层次，以人类社会为研究对象的社会科学领域同样也存在这样三个层次的划分。从经济学角度看，微观、中观、宏观是基于空间比较而产生的相对概念或范畴。在以某个国家总体作为研究对象的学问里，这个国家属于宏观范畴，而每一个体、家庭、企业则构成了微观经济单位，介于国家和个体经济单位之间的某个区域、行业、部门等独立系统便构成中观范畴。很显然，产业是基于宏观与微观之间的，它既具有单个企业组织的微观属性，又表现出了众多企业联合起来而形成的宏观属性。

4. 产业的内涵与外延随着社会生产力水平的不断提高而扩展。在农业社会时期，社会生产力水平十分低下，产业主要是以农业和畜牧业为主；进入工业社会时期，产业部门在原有农业、畜牧业基础上又衍生出工业部门，同时工业部门内部的产业布局也出现了逐渐细化的趋势。也就是说，社会生产力水平的不断提高不仅促成了产业的产生，还促进了产业不断走向深化、细化，产业部门的内涵与外延不断充实并丰富起来。

（四）文化创意产业

关于文化创意产业的概念界定，由于各国对其称谓不同、理解不同、侧重点不同，学术界对此并没有达成共识。

从侧重角度来讲，有的学者认为文化创意产业能够创造出一些吸引人眼球的文化产品，例如电影电视节目、音像制品等，因而可以将其称为"眼球经济"；有的学者从文化创意产业能够争夺受众的角度出发，认为它能够吸引受众的注意力，提供高经济附加值的服务，因而可将其称为"注意力经济";还有学者结合交通广播类节目的盈利模式来界定文化创意产业,认为它是一种"耳朵经济"。总之,由于关注点不同,人们对文化创意产业持有不同的认知。这种情况在国际社会也普遍存在,例如英国与韩国用"创意产业"来代替"文化创意产业",欧洲其他国家则称之为"文化产业",美国最注重知识产权在文化产业中的重要性,它们没有"文化创意产业"概念,而代之以"版权产业"。

无论如何,要赋予文化创意产业一个各国认可的定义,似乎是不可能的,因为各国发展文化创意产业的程度不同、政策各异,并且文化创意产业本身具有内涵丰富、外延广泛的特征。尽管如此,我们仍然可以尝试着从各国发展文化创意产业的共性中去揣摩文化创意产业的内涵。

首先,文化创意产业以创意为产品内容,无论是有形的产品(如刻字的水果、带有明星签名的服饰、回归经典的"生产队食堂"餐厅等),还是无形的产品(如装潢设计、营销策划等),都以某种文化为载体,融合创意性内涵于产品价值之中,赋予产品以鲜活的呈现力、感染力与渗透力。

其次,文化创意产业利用符号意义拓展产品价值。符号指的是品牌、商标、专利等带有知识产权性质的东西,这里重要的并不是符号本身,而是符号背后所代表的文化意义。将特定的文化意义注入产品或品牌中去可以提升产品价值,而这样的注入可以通过三种方式实现。

第一种方式是在产品设计上下功夫,即从人文角度出发,对产品及其包装进行创意性设计,使其具有能够产生特定视觉、听觉效果的属性与功能,从而使消费者直观感受到产品的造型、款式、色彩、线条、体积、声音乃至气味等外部存在形式中蕴含的文化价值。

第二种方式是打造一个品牌,即形成一种让人印象深刻的符号。品牌的价值在于它能够使产品具有独特的魅力与功能,从而塑造产品的内涵价值,提升大众的消费体验,使消费者获得满足感。

第三种方式是利用和创造一些外部事件向产品和品牌注入社会和

文化意义。品牌或产品能够吸引人，有时候往往取决于这个品牌或产品背后的故事，"故事性"就像是品牌的生命一样，让产品灵动起来，具有感染力和渗透力，让消费者消费的不仅是产品本身，更是凝结在产品身上的那段故事以及故事本身所带来的经典意境。

最后，知识产权成为创意企业重要资产，受法律保护。美国经济学家霍金斯在《创意经济》（2001）一书中提到，"商标……设计……版权……专利……上述四种行业一起构成了创意产业"①，从而将创意产业界定为其产品都是在知识产权法保护范围内的经济部门。实际上，霍金斯对创意产业的界定恰恰揭示了文化创意产业的共通特点，即知识产权保护在文化创意产业发展中占据基础性地位。这是因为，只有知识产权保护到位才能使创意提供者获得相应的回报，也才能进一步激励企业和个人积极地投身于原创或创新的活动之中。

综上，本书将文化创意产业界定为，文化创意产业是以人的创造力为核心要素，在知识产权保护的前提下，将影响人们思维、观念与意识形态的文化元素融入产品的生产或服务中，创造性地生产出具有文化符号意义的全新产品或服务的企业与组织的集合。

二　文化创意产业供给创意性产品与服务

（一）文化创意产业供给高知识性产品与服务

依据推动经济增长的关键因素的不同，我们可以将经济社会划分为农业经济、工业经济、知识经济、信息经济与技术经济等不同的社会形态。文化创意产业往往是在经济社会逐渐步入知识经济、信息经济与技术经济等阶段之后才出现的。在以知识、信息与技术为关键要素的经济社会中，经济增长模式由古典、新古典经济增长转变为创新性经济增长，正如美国著名经济学家罗默所言，在创新性经济增长模式下，技术进步等知识元素是内生于经济系统中的，它作为关键变量

---

① ［英］约翰·霍金斯：《创意经济》，洪庆福等译，上海三联书店 2001 年版，第 6 页。

决定着经济增长的逻辑与路径。文化创意产业遵循内生增长逻辑，以提供高知识性、高技术性的产品与服务为其核心业务内容。

　　文化创意产业既利用知识又创造知识，是高知识性与高技术性的结合。一方面，从知识利用角度来讲，文化创意产业的生产过程离不开知识的引导与参与，一个好的创意伴随着知识而生，创意产品的生产凝结着设计者的独具匠心与生产者的精湛工艺，创意产品的开发并非一朝一夕，而是要经历无数知识的积累、打磨与呈现过程。文化创意产业使用的生产工具、投入的生产要素以及产品生产过程无不在知识的引导下完成。因此，文化创意产业是利用知识进行创作的产业，离开了知识，该产业就失去了灵魂与动力；另一方面，从知识创造角度来讲，文化创意产业又会创造出新的知识，并以文化创意产品的物化形态展现出来。创意是文化产品最核心的价值所在，而创意的来源离不开知识、信息、科学与技术。创意产品是人的知识与智慧的结晶，产品的文化内涵只有在知识的传递中才能凸显并积淀下来，并作为一种文化传播的媒介，在历史的长河中日积月累，成长升华。总之，文化创意产业既以知识为手段，又以知识为结果，在知识的利用与创造中不断发展壮大，构成整个社会生态中知识经济的关键内容。

　　（二）文化创意产业供给高附加值的创意产品

　　文化创意产业供给的创意产品与普通产品相比具有高附加值的特征，这是因为从价值构成上来讲，普通产品只具有功能价值，可以满足消费者在吃、穿、住、用、行等方面实实在在的需要，而文化创意产品除了具有功能价值外还具有意义价值、观念价值或符号价值（以下统称为观念价值）。"功能价值由科技创造而成，是商品的物质基础；观念价值因创意渗透而生，是附加的文化观念。"[①] 文化创意产品因具有观念价值而使产品价格高于普通产品，但消费者仍然愿意为此埋单。随着经济发展水平的提高，人们的消费需求不断升级，文化创意产品因其具有的文化与知识含量更加符合消费者的需要，受到市场

---

　　① 厉无畏、顾丽英：《创意产业价值创造机制与产业组织模式》，《学术月刊》2007 年第 8 期。

的欢迎。文化创意产业的发展位于产业价值链的高端环节，通过生产或提供高附加值的产品与服务促进产业的转化与升级，增强市场活力，促进经济增长并加速推动经济发展方式的转变。

2018 年 9 月，合肥国际文化博览会将文化创意产品的高附加值特点非常显著地展现了出来。此次文博会为创意者们展现自己的文化创意优势、凸显产品的文化创意价值提供了一个非常好的平台。其中，在台湾地区的文化创意展区，"文化 + 创意"使产品内涵丰富了起来，也使一个个文化产品更加鲜活地呈现在参展商与众多游客面前。新奇、巧妙、有创意、有内涵的创意产品成为此次文博会的焦点。"'朕知道了'胶带"将皇帝批奏折式的传统官本位用语印在了普通胶带上，使这一现代商品具有了传统时代的帝王气息；"翠玉白菜圆珠笔"以独特的造型与翠玉白菜的珍贵玉器文化赋予圆珠笔以丰富的文化内涵，构成吸引文人购买的独特艺术特质；此外，还有名剑冰棒模、官帽红酒塞、弹簧做的变形金刚、让你把温泉带回家的香皂等创意产品，均在传统产品基础上做出了创新性的尝试与改造。用"文化 + 创意"元素将传统文化内涵与创意性产品的某种功能或某种特征结合起来，达到传统与时尚相互嫁接的效果，令那些使用低成本材料生产出来的产品摆脱低附加值的命运。产品因为创意而具有了观念价值与意义价值，成为市场上备受欢迎的、拥有高附加值的高端工艺品。

（三）文化创意产业具有强融合性特征

与传统产业不同，文化创意产业所提供的文创产品或服务的最精华部分不在于物理功能的实现而在于无形价值的凝练，这种无形价值以"创意"或"点子"等虚拟形态存在，具有极强的渗透力与辐射力，既是传统产业中经济、文化与技术等各种因素相互融合的结果，又可以融入传统产业中去，提升传统产品的价值与内涵。因此，文化创意产业具有较高的融合性，"文创 + "成为助推产业融合的现实版本。

这种高融合性往往会打破传统产业的界限，不断扩充传统产业的边界，使不同产业之间可以相互融合，产业之间的联系更为紧密，最终形成产业共同体，实现共同发展与繁荣。以深圳华强集团的发展为例，我们可以在其产业链中清晰地看到文化创意产业的高度融合。华强集团主打文化科技产业，以研发设计拥有自主知识产权的科技产品为其主营业务。在将文化与科技融合的理念下，华强集团构建了融方特卡通、方特主题乐园、动漫产品、影视出品、文化衍生品等为一体的全景产业链。其中，在动漫产业链上，《熊出没》系列动画是其核心产品，光头强、熊大、熊二等形象深受小朋友的喜爱，可谓家喻户晓。以此为基础，华强集团以 4D 环幕与悬挂式球幕等影视科技为手段，打造了"方特欢乐世界""方特梦幻王国"等主题乐园，形成了以动漫产品为核心，融吃、喝、玩、住、行于一体的全景旅游休闲产业链条。与此同时，方特卡通品牌还衍生出了各种周边产品，从学习用品到玩具，从家具服饰到箱包用品，从电子产品到音像制品。华强集团将卡通形象融合到这些传统产品中，增加了其价值，产生了较强的市场效应，给传统产业带来了生机与活力。

三　文化创意产业产生的背景

文化创意产业是在全球化背景下，以高科技力量为支撑，以文化资源与人的创造力为核心竞争要素，将文化元素、品牌符号、价值观念等无形资源融入创意阶层的创意理念、运作模式中，通过技术、创意和产业化方式研发、生产、销售创意产品并以此适应消费、引领消费，同时促进经济发展方式转变与社会变革的产业类型。从产生背景来看，文化创意产业最先产生于西方发达国家，根植于工业化任务的完成和经济转型的实际需要，受到欧美国家大规模亚文化社会运动的影响，以及西方资本主义国家私有化浪潮与自由竞争氛围的熏陶，加之高新技术产业与科技创新的推波助澜，在 20 世纪 90 年代迅速发展起来并不断繁荣壮大。

（一）发达国家完成工业化并进入经济转型时期

20 世纪中期，发达国家用了近百年的时间基本完成了工业化，与此同时，各国陆续面临下述问题：第一，资源枯竭。西方工业化进程中，重工业与加工工业普遍采用高投入的方式换取工业产值的增加，例如钢铁、造船、工程机械等行业的发展不断增加对金属矿产资源与煤炭资源等的消耗，纺织工业则不断增加对森林资源的砍伐数量。这种情况不断延续导致的直接后果是资源走向枯竭，发展不可持续。尤其是不可再生资源的日益减少使重工业生产面临发展瓶颈。第二，环境污染严重。西方发达国家工业化走的是一条先污染后治理的道路。英国的工业化在很大程度上得益于煤炭的广泛使用，但英国工业化完成之时也是大气污染最为严重的时期。英、美等国纺织业的迅速发展虽然带来了化学印染工业的繁荣，但却导致了带有化学漂白剂的大量污水被排进河流中，通过地下水循环对水源造成污染，影响人们饮水安全。第三，生产成本高昂。随着资源开采数量逐步增加，剩余资源总量逐渐减少的同时开采难度也愈来愈大，导致资源成本不断上升；伴随着工业化进程发展起来的还有各大中心城市的成长，早期工业化过程中产生的一批大工业主要位于大城市中心地带，这些地区土地价格不断走高，导致工业化进程中逐步面临土地租金成本上涨的压力；此外，西方国家劳动力资源不足，人们又具有超前消费的享乐主义意识，崇尚活跃的消费经济，导致劳动者生活成本不断提升，工业化进程不断面临人工成本上涨的难题。

为了解决这一系列难题，欧美发达国家普遍采取了两方面的措施：一方面，在国际战略上，他们把粗加工工业、重工业尤其是高投入高污染且劳动密集型产业逐步向低成本的发展中国家转移，把附加值高的细加工工业继续留在国内进行技术升级与改造，并逐步把精力放在了技术创新层面，通过掌握核心技术来控制全球市场。另一方面，在国内战略上，为了应对转移出去的产业所在城市的衰落以及未转移出去的产业继续面临的高成本压力，欧美国家选择了经济转型的道路，对传统制造业进行升级改造，增加服务业在国民经济中所占比重，不断推进高新技术产业的发展，进行技术创新，并且积极构建能够支撑未来经济增长的高端产业。正是在这个过程中，文化创意产业在西方发达国家获得了肥沃的土壤，以高附加值、成本低廉的优势登上发达国家经济、社会历史舞台。

（二）欧美国家兴起大规模亚文化社会运动

作为欧美发达国家代表的美国是一个移民国家，它是由许多人种与民族组成的庞大而复杂的社会体系。如何对待主流文化和少数族裔亚文化不仅关系到国家对文化的看法，而且关系到美国政府对待移民、少数族裔的社会定位与政治态度。

20世纪六七十年代，随着工业化道路的演变，欧美国家收入分配的两极分化现象更为严峻，而处于最底层的民众往往是一些非洲移民以及少数族裔。这种情况导致美国社会上兴起了大规模的文化运动，流行文化、亚文化、社会思潮等风起云涌，传统的工业社会结构受到很大冲击。在这一时期，美国既有推崇个人价值至上、张扬个性的主流文化，又充斥着各种各样的亚文化，包括民族亚文化、地理区域亚文化、宗教亚文化、种族亚文化等，美语中大量俚语的存在就是最好的明证。此种氛围使美国社会文化更加多元，民众更加重视差异化、追求个性的解放，以前被看作"怪异"的多元文化逐渐被承认，形成了有利于发挥个人创造力并提倡多元文化主张的社会氛围。受此种文化氛围熏陶，文化创意产业逐步衍生出来。

（三）私有化浪潮与自由竞争环境为创造性提供土壤

英美等发达资本主义国家的经济政策一直在政府干预与市场自由化发展之间游走。从19世纪的自由放任主义到贸易保护主义，从20世纪上半叶的凯恩斯主义到20世纪70年代后的弗里德曼货币主义，再到20世纪末经济自由化在某种程度上的回归，我们能够清晰地看到西方发达国家经济政策从自由市场化到提倡政府干预，再从政府干预为主到以重新重视市场自由主义的发展道路。而在这一过程中，为文化创意产业的产生提供丰厚土壤的阶段恰恰是新自由主义思潮兴起之时。

20世纪80年代后期，发达国家的经济形势并没有因为政府的干预而出现大规模的好转，美国里根总统、英国撒切尔夫人上台后，发达国家重新开始审视市场自由竞争的重要性。与此同时，学术界重新支持自由放任的资本主义，其中具有代表性的人物主要有哈耶克、缪尔达尔、弥尔顿·弗里德曼、布坎南等人。哈耶克在 1974 年获得诺贝尔经济学奖，他的代表性著作为《通往奴役之路》，该书明确阐述了哈耶克的政治主张与经济思想："自由竞争与私有化制度是市场经济得以充分发展的基础，实行计划经济的国家干预是违背人的本性的，因而是通往奴役的安排与选择。一国政治的稳定需要以自由主义为前提，国家的计划管理与干预措施一定要限定在公共资源控制与监督的范围内。"① 与哈耶克同属新自由主义者的经济学家米尔顿·弗里德曼在 1976 年获得诺贝尔经济学奖，他是"效率"的绝对优先论者。在《资本主义与自由》《自由选择：个人声明》中，弗里德曼阐述了其推崇的个人自由主义的主张。弗里德曼认为："资本主义是一个经济自由的制度"②，政府的职责范围必须加以限制，政府的权力必须分散，应主要通过市场和价格机制来组织经济生活。政府的广泛干预往往不仅达不到预期目标，还会造成一系列问题，而解决这些问题的有效途径是允许私人企业和私有机构参与这些领域的竞争，"允许个人自由选择"③。另一位经济学家布坎南在支持弗里德曼政策主张的基础上，进一步通过自己的著作揭示"政府失灵"并试图克服政府干预经济的缺陷。在《自由、市场与国家》一书中，他不仅提出舍弃福利国家的建议，而且还认为现代福利国家象征了几乎一个世纪的错误。这些经济学家的典型主张虽然在今天看来过于激进，但却在当时为拯救西方国家经济提供了有益思路。

在新自由主义思潮影响下，欧美发达国家重新重视私有经济的作用，经济政策更加鼓励私有制和自由竞争，而企业和个人要想在竞争中享有一席之地，就必须进行创新，通过创新来提高自己的核

---

① ［英］弗里德里希·奥古斯特·冯·哈耶克：《通往奴役之路》，王明毅等译，中国社会科学出版社 1997 年版，第 60—90 页。

② ［美］米尔顿·弗里德曼：《资本主义与自由》，张瑞玉译，商务印书馆 1986 年版，第 7 页。

③ ［美］米尔顿·弗里德曼、［美］罗斯·弗里德曼：《自由选择：个人声明》，胡骑等译，商务印书馆 1982 年版，第 238 页。

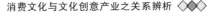

心竞争力、赢得市场。这种情况在催生了科技创新的同时，也带动了文化创意产业的发展，使文化创意产业成为私有化浪潮下的软实力产物。

（四）高新技术产业与科技创新助推文化创意产业发展

在全球化背景下，科技创新与文化创意是文化创意产业发展的两大核心要素。20 世纪 90 年代，西方发达国家在科技创新中所取得的巨大进步是其发展文化创意产业的"助推器"。

科技创新是原创性科学研究和技术创新的总称，指的是创造和应用新知识、新技术、新工艺，采用新的生产方式和经营管理模式，开发新产品、提供新服务，从而增加产品与服务附加值的过程。美国在工业化进程中非常清醒地认识到要解决资源枯竭等瓶颈性问题唯有依靠不断的科技创新，使用新工艺、新技术降低单位产品对资源的消耗，利用新的科学方法提高资源使用效率，通过新的发明创造出替代性资源。100 多年以来，美国正是凭借其雄厚的科技创新力量成功地跻身世界"头号资本主义强国"的霸主地位。

克林顿就任总统以后构建的"信息高速公路"和互联网的大面积使用系统，标志着美国科技创新进入高级阶段。它以信息技术革命的全新方式改变着产业结构、经济发展方式以及社会结构，对整个世界产生深远影响，掀起了第三次科技革命的浪潮。

美国政府注重科技创新主要表现在科教兴国战略的实行以及吸引人才的各项政策安排上。20 世纪 90 年代，美国用于教育方面的投资逐年增加，兴建了一大批世界一流的高等学府同时划拨经费资助科学研究，成立了大批一流的科研机构。不仅如此，美国的教育投资还从学校学生延伸到普通劳动者，职工每年都可以接受在职培训，终身教育模式初步形成。创新性人才是科技创新的主导性力量。美国政府除了自己培养科技创造性人才外，还通过优厚条件吸引世界各地的留学生以及其他杰出人才。作为典型的移民国家，美国巧妙地运用移民法，通过"绿卡"制度和"签证计划"给予入籍优惠，使大批留学生学成后定居美国。正因为此，美国吸引了大批移民，同时布什总统任职期间又签署了新的移民法，使移民政策重点向投资移民和技术移民倾斜，旨在吸引各种专业人才的到来，学者、专家、教授等高级人才可以享受优先移民待遇。20 世纪 80 年代以后，每年平均有 6000 名以上的科学家、工程师进入美国。

美国科技创新氛围的形成还得益于"硅谷"科技园区的成功运行。硅谷最早是研究和生产以硅为基础的半导体芯片的地方，因此得名。20 世纪 60 年代中期以来，伴随微电子技术高速发展，硅谷以附近一些具有雄厚科研力量的美国一流大学为依托，以掌握高新技术的中小公司群为基础，成为融科学、技术、生产于一体的科技产业聚集地。80 年代以后，随着生物、空间、海洋、通信、能源材料等新兴技术的研究机构在该地区纷纷出现，硅谷成为美国高新技术的摇篮，也是创业者的摇篮与风险投资者青睐之地。

由此可见，20 世纪 90 年代以后，美国政府通过政策引导、人才开发、科技园区集聚等方式推进着科技创新步伐，在使高新技术产业得到大规模发展的同时，也为其他产业的发展提供了技术支撑，促进了全要素生产率的提高，创造了美国连续十年的高速增长奇迹，也为文化创意产业发展奠定了坚实的技术基础。

第四节 "三位一体"之关系解读

以需求的视角看待消费文化，以供给的视角看待文化创意产业，这为消费文化与文化创意产业二者之间的关系解读提供了一种清晰的分析逻辑。西方经济学在讨论供给与需求之间的辩证关系时必须要结合社会历史背景才能给出科学合理的判断，这也就意味着讨论消费文化与文化创意产业关系问题也需要对二者的社会历史背景具有清晰的把握。关于消费文化的社会历史背景及其变迁过程前文已经述及，接下来笔者将从介绍消费文化演变与文化创意产业发展变迁过程开始，逐步展开对消费文化、文化消费与文化创意产业三者关系的解读。

一　消费文化演变与文化创意产业发展

消费文化是消费活动中表现出来的各种文化特征的总和，它以物质和精神消费活动为内容，以消费者的消费需求和心理满足为特点，以现实的利益交换为途径，直接影响社会经济文化发展的总体水平，并最终成为独特的文化现象。这种文化现象能够主导消费需求，并能够通过需求对供给的重要作用传导至物质生产领域。当消费文化演变至以精神、文化、知识、符号、品牌等为消费内容的文化消费阶段以后，文化创意产业便应运而生。

前文已经述及，消费文化随着社会生产力水平与社会形态的变化，经历了由"单纯物质消耗—物质消费文化生成—文化消费形成与发展"的演变路径，在这一演变过程里，消费文化以其对消费需求的重要影响传导至供给端，推动物质生产领域不断发生变革。当其发展到文化消费阶段以后，消费文化则以其强大的渗透力影响产业结构的优化与升级，促进文化创意产业的产生与发展。从文化创意产业产生的背景来看，其产生的时间恰逢消费文化演变至文化消费为主的阶段，这说明，文化消费与文化创意产业相伴而生，也证明了消费文化演变对于文化创意产业发展的重要引领作用。

当今社会，消费不再是解决温饱问题的手段，也不只是人们满足物欲需求的方法，而更多是人们满足精神需求的一种表达。消费俨然已经成为一种文化宣言，一种能够表达个人价值观的表现形式。个人价值观、身份与地位、社会阶层、教养、品位、涵养甚至性格等特征均可以在消费中显现出来。如此一来，消费即成为文化的一部分，文化亦可以在消费中得以表达，文化消费与消费文化似乎变成了一种同义反复，学者们往往将二者同等对待。因此，与其说是文化消费催生了文化创意产业，倒不如说是消费文化引领了文化创意产业。况且从实践中来看，凝结在文化产品消费中的社会文化特征似乎更能够为创造力提供丰富的养料与肥沃的土壤。

二 文化消费与文化创意产业之耦合

耦合最初是物理学中的一个概念，表示的是两个实体间相互依赖程度的度量指标。"若其中一个实体的某种功能、性质或其他部件发生变化，能够影响或波及另外一个实体，使其发生类似的变化，那么我们就可以称这两个实体之间具有耦合关系。"① 消费文化进入以文化消费为主的阶段以后，文化消费与文化创意产业之间即表现出相互影响、相辅相成的作用过程，这一过程类似于物理学中的耦合关系。

（一）文化消费促进文化创意产业发展

文化消费作为需求的力量可以促进文化创意产业的发展。首先，文化创意产业所生产的产品与提供的服务只有被消费者认可、接受并购买和使用才能变成真正有价值的商品，其凝结在产品中的高附加值才能具有意义，产业发展的根基才能筑牢。文化创意产业发展的目标只有通过文化消费才能实现，文化创意产业发展在促进经济增长、经济发展方式转变、人的全面发展等方面的作用只有通过文化消费过程才能得以顺利发挥。文化创意产业发展有了文化消费的介入才能够步入良性循环轨道。其次，文化消费能够促进人力资本水平提升，尤其是对于知识型、智力型的文化消费而言更是如此。例如接受正规教育、学习知识技能以及阅读书籍等形式的消费支出能够启迪人的心智，培养人的才能，增加人的智慧，从而使人们不断增强本领，掌握技术，适应高科技时代对人类提出的高素质要求。这在无形中增强了人们的创造能力以及运用知识与智慧服务文化创意产业的能力，从而为文化创意产业的发展奠定人才基础。再次，文化消费可以陶冶人的情操，愉悦人的身心，在促进劳动力再生产的同时，进一步促进人的全面发展。这不仅表现为人力资本与全社会创新创造活力的提升，还表现为劳动生产率水平的提高、潜在生产力的释放及传统经济的增长，为文

---

① 人民邮电出版社编：《通信技术名词解释》，人民邮电出版社 1979 年版，第 16 页。

化创意产业发展奠定经济基础。最后，文化消费还可以通过消费文化氛围的塑造促进文化创意产业获得良好的创意生态环境。消费文化是构成人类社会文化的一部分，崇尚积极的文化消费内容的消费文化能够通过作用于需求的路径更好地带动文化创意产业的发展。总之，文化创意产业的发展离不开文化消费，文化消费既是文化创意产业必不可少的一部分，又是文化创意产业进一步优化升级的动力源泉。

（二）文化创意产业发展带动文化消费

根据西方经济学的供求理论，供给会自动适应需求，且会主动创造新的需求。文化创意产业发展可以适应文化消费的需求，伴随文化消费的变化而进行相应的调整，同时又会通过创造性带动新的消费需求，引发新的消费热点，从而引领文化消费的发展。

首先，文化创意产业会自动适应文化消费，这是因为文化消费是文化创意企业获得利润的基本途径。在市场经济规律的作用下，供给随着需求的变化而改变，文化创意产业会根据需求动向进行适时调整。例如，影视文化消费的繁荣带动了影视技术的革新与升级，影视行业随之崛起，产生了一大批影视技术研发、影视编剧、影视拍摄基地以及影视作品后期制作等产业业态。这正是文化创意产业适应文化消费趋向的必然结果。

其次，文化创意产业还会主动创造文化消费需求。文化创意产业的核心竞争力在于人的创造力。对于该产业而言，其在创造力上的优势可以发挥到极致，自然可以吸引更多的受众。只要其所创造出的文化产品符合人们追求精神愉悦与心灵满足的要求，即可以获得文化消费的大幅度提升。例如，体验式消费产品就是文化创意产业创造需求的最好例证。近年来，体验式消费已经吸引了越来越多的消费者的目光，高空飞索让人享受飞一般的感觉；3D 环幕与 4D 球幕技术让观众置身于影视作品之中，身临其境；虚拟现实技术让观众游历于各种各样曾经难以想象的梦幻场景；DIY 小农场让那些久居在闹市的城市居民们能体验农家的耕种时光……诸如此类的体验式消费已经广泛地存在于文化创意产业链条中，成为该产业吸引受众的强有力手段。

可见，文化创意产业不仅可以使文化消费需求得以满足，还能够带动新的文化消费需求的产生，从而表现出其能动性的一面。

三 消费文化、文化消费与文化创意产业之协调并进

文化消费是消费文化由物质消费为主阶段走向文化消费为主阶段的一种特有消费主义现象，文化消费是一种文化宣言与文化表现，也作为需求力量与文化创意产业发生耦合效应。文化消费与文化创意产业如同一枚硬币的正反两面，更像是两只相互咬合的齿轮，它们共同向前行进，推动经济系统的发展。经济系统反过来又会作用于消费文化，赋予消费文化以全新的内涵。因此，笔者将这三者之间的关系用"三位一体"来形容，并用图形表示如下（见图4－1）。

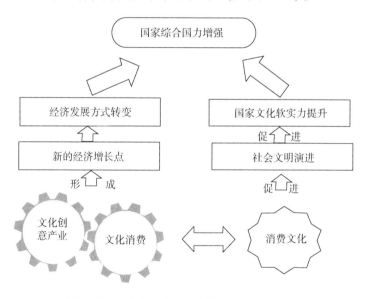

图4－1 文化消费、文化创意产业与消费文化"三位一体"关系展示

图4－1所示的"三位一体"关系可以概括出文化消费、文化创意产业与消费文化三者之间密切的联系。首先，文化消费与文化创意

产业二者耦合，共同促进新的经济增长点生成，从而推动经济增长并促进经济发展方式转变。文化创意产品是处于产业链前端的拥有高知识性与高附加值的产品，文化消费与文化创意产业耦合发展，其最终的结果是促进了文化创意产品的生产与消费，文化创意产品以数倍于其成本的价值实现价值增值。这既能带动文化创意企业利润增长，又能促进就业数量与就业质量的提升，还能促进劳动者收入水平提高，从而实实在在地推动经济增长，促进国民生产总值实现跃升。与此同时，文化创意产品还具有低能耗的特点，其生产过程往往能够实现无污染或少污染，这与当今社会所追求的绿色发展理念不谋而合，因此可以促进经济发展方式由粗放型向集约型、由资源依赖型向技术依赖型转变，实现经济的可持续发展。此外，文化消费与文化创意产品都是以人的全面发展为终极目标的，二者耦合发展能够加倍实现人生存的意义，促进人生命价值的实现，并使人们获得生活的幸福感，这在一定程度上又会促进新的发展观即"人本发展观"的生成。总之，文化消费与文化创意产业之耦合意义重大，国家应以二者的结合为契机，不断推动经济发展再迈新台阶。

其次，文化消费与文化创意产业因耦合发展可以被看成同一事物，暂且将其称之为"文创系统"，消费文化与"文创系统"之间又具有密切的关系。一方面，消费文化与文化消费关系密切，在工业化社会到来以后，后现代主义的语境中，文化消费与消费文化等同，但从广泛的意义来看，文化消费只是消费文化发展到工业化社会阶段以后的一种特有的文化现象，或称之为文化宣言，这一文化宣言标志着人们对文化、精神等方面的消费需求逐步提高，文化产品或服务的消费受到欢迎。文化消费这一文化现象结合文化创意产业的发展以后又会产生对消费文化的影响。这就演变为消费文化与"文创系统"之间的密切关系。另一方面，"文创系统"在带动经济增长与经济发展方式转变的同时还会形成对新的消费文化的塑造，主要体现为："文创系统"可以促进新的消费价值观的形成，以人的全面发展作为消费的终极价值目标；"文创系统"能够引领新的消费观念，文化创意产业选择积极向上的文化来打造自己的产品，通过文化消费将有益身心健康的积极元素传导至消费者，引导人们摒弃消极的负能量，从而扶正风气，形成良好的社会氛围；"文创系统"能够将优秀的民族文化以独特的形式展现出来，唤起消费者的共鸣，激发出人们心中的真、善、美，弘扬民族文化，使民族文化真正成为民族瑰宝；"文创系统"还可以在全社会形成良好的消费文化氛围，有助于全民文化素养的提升。总之，"文创系统"会反作用于消费文化，赋予消费文化以全新的内涵。

最后，文化消费与文化创意产业的协调发展可以作为当今社会推动经济发展方式转变的重要力量，"文创系统"可以促进全新消费文化的生成，成为推动社会文明演进的重要支撑。而"文创系统"与消费文化的融合，意味着社会进步与经济发展的齐头并进，有助于国家文化软实力提升与综合国力增强。由此可见，促进文化消费与文化创意产业的健康与协调发展将是一项新的伟大工程，它将成为后工业化时期的重点努力方向。

第五章 消费文化演变与中国文化创意产业发展

在经济与社会发展进程中，消费文化演变和文化创意产业的产生与发展均是众多因素共同作用的结果。从供求的角度来看，二者存在必然性联系，本章通过对中国消费文化演变与中国文化创意产业发展的过程进行梳理发现，消费文化与文化创意产业发展之间确实存在密切联系，二者互相推动，共同发展。

第一节　中国消费文化发展演变及其趋势

随着生产力水平不断提高，经济与社会不断向前发展，消费内容由单一走向多元、消费特征由大众模仿型走向独特个性化、消费层次与水平由低端迈向高端，人们的消费观念与消费文化在演变。新中国的消费历史是短暂的，真正的消费文化异化发展阶段应该是在改革开放以后。尽管如此，中国消费文化依然表现出阶段性特点，由物质消费为主不断走向文化消费比重上升的发展阶段。

一　以物质消费为主的消费文化阶段

改革开放后，中国对外打开了国门，对内开展了一系列改革，农村实行了家庭联产承包责任制，城市进行了国有企业转制改革，鼓励乡镇企业发展，私营经济登上中国经济历史舞台。与此同时，人们收入水平与消费水平大幅度提高。尽管在这期间，中国因为改革的阵痛而出现了市场经济的波动和居民收入水平的差距，但总体来看，中国居民的消费需求被持续性地激发了出来，消费总量不断走高，消费结构不断优化。随之带来的是消费文化的异化与发展。

（一）居民人均收入与人均消费水平不断提高

1978 年改革开放最先在农村进行，家庭联产承包责任制的实行，极大地调动了农民的生产积极性，1978—1985 年，农村居民纯收入与消费支出水平连年上涨。如表 5 - 1 所示，1979 年农村居民纯收入为160. 20 元，1985 年达到 391. 60 元。与此同时，农民收入的平稳增加带动了农村消费支出的持续增长，从 1979 年的 158 元上涨到 1985 年的 347 元，农村居民纯收入与消费支出增长速度均高于同期国民经济总体增长率。

表 5 - 1　　　　　　　1979—1985 年农村居民纯收入与消费支出情况

年份	农村居民纯收入（元）	农村居民消费支出（元）	收入增长率（%）	消费增长率（%）
1979	160. 20	158	19. 41	12. 66
1980	191. 30	178	16. 78	11. 80
1981	223. 40	199	20. 90	11. 06
1982	270. 10	221	14. 70	11. 31
1983	309. 80	246	－ 4. 35	15. 04
1984	296. 33	283	32. 15	22. 61
1985	391. 60	347	19. 41	12. 66

资料来源：根据《中国统计年鉴》（1979—1985）与《新中国五十年统计资料汇编》（中国统计出版社 1999 年版）相关的数据信息整理计算所得。

1984 年以后，经济体制改革由农村转向城市，国有企业改革拉开序幕。在改革初期，大量职工下岗，短期内造成了城镇居民收入锐减，加之当时的社会保障措施尚不完善，导致 1989—1991 年短暂的市场疲软，随后在非公有制经济活力释放与市场经济体制稳步推进的势头下，城乡居民的收入水平与消费水平都有了较大幅度的跃升。

表 5 – 2　　　　　　　　1992—2003 年城乡居民人均收入及其增长状况

年份	农村居民家庭人均纯收入		城镇居民家庭人均可支配收入		农村居民家庭恩格尔系数（%）	城镇居民家庭恩格尔系数（%）
	绝对数（元）	指数 1978 = 100	绝对数（元）	指数 1978 = 100		
1992	784. 0	336. 2	2026. 6	232. 9	57. 6	53. 0
1993	921. 6	346. 9	2577. 4	255. 1	58. 1	50. 3
1994	1221. 0	364. 4	3496. 2	276. 8	58. 9	50. 0
1995	1577. 7	383. 7	4283. 0	290. 3	58. 6	50. 1
1996	1926. 1	418. 2	4838. 9	301. 6	56. 3	48. 8
1997	2090. 1	437. 4	5160. 3	311. 9	55. 1	46. 6
1998	2162. 0	456. 2	5425. 1	329. 9	53. 4	44. 7
1999	2210. 3	473. 5	5854. 0	360. 6	52. 6	42. 1
2000	2253. 4	483. 5	6280. 0	383. 7	49. 1	39. 4
2001	2366. 4	503. 8	6859. 6	416. 3	47. 7	38. 2
2002	2475. 6	528. 0	7702. 8	472. 1	46. 2	37. 7
2003	2622. 2	550. 7	8472. 2	514. 6	45. 6	37. 1

资料来源：根据《中国统计年鉴（2004）》相关数据截取所得。

如表 5 – 2 所示，1992—2003 年我国农村居民与城镇居民家庭人均可支配收入水平持续攀升。与此同时，城乡居民家庭的恩格尔系数在逐年降低，且城镇居民恩格尔系数降低的速度更快。这说明，一方面，城乡居民收入中用于食品方面的消费支出比例在逐年降低，人们生活水平不断提高；另一方面，城乡之间的差距不断拉大，这是我国经济体制改革过程中二元经济结构深化的必然结果。

（二）居民的消费结构明显改善

改革开放的前二十年，伴随着城乡居民收入水平的不断提高与市场经济体制的日益深化，城乡居民的消费结构亦发生了明显的变化，从城镇居民人均现金消费支出的构成（见图 5 – 1）上来看，人们的消费结构逐步由基础型向发展型、享受型转变，① 尤其是在 20

① 在这里，我们通常将人们在食品、衣着、居住等生活必需品方面的消费支出视为基础型消费，在家庭设备及用品、交通、通信方面的消费支出视为发展型消费，在文教娱乐、医疗保健等方面的消费支出视为享受型消费。

世纪八九十年代，人们在家庭设备及家电用品方面的消费支出呈现出井喷式的增长态势（下文会对这一时期的消费状态做更详细的阐述），这说明，人们的消费支出倾向逐步转变为追求生活质量的提高。与此同时，城乡居民在文教娱乐方面的支出亦上涨显著，人们开始增加对文化产品的消费，影视、广播、报纸、图书不断走进城乡居民的日常生活中，成为人们愉悦身心、放眼世界、净化心灵的消费形式。

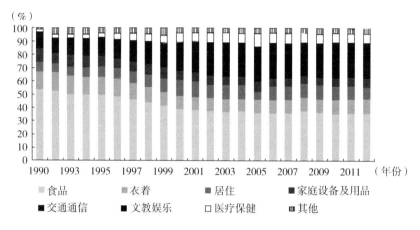

图 5-1 1990—2011 年中国城镇居民各类型人均消费支出构成情况

资料来源：根据《中国统计年鉴（1991—2012）》相关数据整理所得。

（三）"雷同化、排浪式"物质消费文化凸显

改革开放后，全新的社会发展理念将人们被禁锢的思想解放出来，随着收入水平的提高，人们的消费需求被迅速激活，消费热潮逐渐兴起。从消费内容来看，温饱消费已经得到满足，人们关注的消费热点转向了追求生活品质的提高，家具、家电以及其他家用设备的消费成为主流，居民消费过程逐步体现出"雷同化""排浪式"特点。所谓"排浪式"消费指的是居民消费过程出现了扎堆现象，人们容易攀比、跟风，从而出现抢购同类产品的消费热潮，消费内容表现出"雷同化"。这种排浪式消费从 20 世纪八九十年代拉开序幕，一直延续到 2015 年前后。在 20 世纪 90 年代初，城镇中流

行着"老三大件"与"新三大件"的消费热潮，居民消费明显具有雷同化色彩。先是"手表、自行车、缝纫机"受到居民的青睐，成为新婚嫁妆中必带的"老三大件"，后是"电视、电冰箱、洗衣机"掀起消费热潮，人们争相把这"新三大件"家电带回家。再后来这种"排浪式"物质消费的消费对象不断增多，不仅包括对原有家具家电升级换代式的采购，还包括人们对录音机、录像机、电脑、电话、手机、摩托车、小汽车等生活设备和用品的采购。人们对这些物品的消费需求来势汹汹，体现出了趋同化、跟风式的消费色彩，彼此之间争相仿效，相互攀比，导致了"模仿型""排浪式"消费局面的生成。

在"模仿型""排浪式"物质消费现象的背后是消费文化的变迁过程。计划经济体制时期形成的消费文化彻底退出历史舞台，人们的消费自由权利得到满足，消费观念得以转变。消费文化回归正常轨道，人们消费的目的是满足不断增长的对于美好生活的追求与向往，促进人的身心健康与发展。通过购买电视，人们能够了解国际国内大事，曾经自我封闭的文化氛围被打破，人们的消费观念更为开放，也更活跃。同时，人们对耐用消费品的购买又进一步促进了制造业的发展，提高了国内生产总值，增加了人民收入水平，这使人们更加认识到消费对于经济增长与社会进步的意义。诚然，在特定历史时期，扎堆式消费有其历史必然性和进步性，带动了经济增长与发展，提高了人民收入与生活水平，但是，这种"模仿型""排浪式"物质消费文化仍然处于低层次文化发展状态，如持续下去，势必会迎来需求饱和时刻，注定要被新的消费文化所取代。

二　文化消费比重逐步上升

为应对 1997 年东南亚金融危机，中国采用宽松的货币政策与财政政策救市。2002 年，中国重新走上经济快速增长道路，从 2003 年至 2007 年保持了连续 5 年 10% 以上的增长速度。2008 年，在美国次贷危机的影响下，中国因为经济增长速度重又放缓而不得不重新思考经济增长战略与经济发展方式等重大问题。提高居民消费水平成为新时期中国继续推动经济增长的主攻方向之一。这一时期，随着科技进步与经济增长，人们生活水平不断登上新的台阶，居民消费规模、消费结构与消费方式都发生了全新的变化，这一阶段的消费文化随之发生改变，文化消费内容逐渐受到重视。

（一）发展型、享受型消费比重明显上升

前文已经述及在改革开放后，人们消费结构出现了基础型消费比重逐步降低，发展型与享受型消费比重渐升的趋势，这一变化到了 21 世纪以后更为明显，人们消费结构进一步升级。

表 5 - 3　　　　2013—2019 年中国居民人均消费支出及其构成情况　（单位：元）

指标 ＼ 年度	2013	2015	2016	2017	2018	2019
人均现金消费支出	13220	15712	17111	18322	19853	21559
食品烟酒	4127	4814	5151	5374	5631	6084
衣着	1027	1164	1203	1238	1289	1338
居住	2999	3419	3746	4107	4647	5055
生活用品及服务	806	951	1044	1121	1223	1281
交通通信	1627	2087	2338	2499	2675	2862
文教娱乐	1398	1723	1915	2086	2226	2513
医疗保健	912	1165	1307	1451	1685	1902
其他	325	389	406	447	477	524

资料来源：根据中国国家统计局 2013—2019 年居民人均收入与支出数据整理而得。

如表 5 - 3 所示，中国 2013—2019 年居民人均消费支出及其构成情况可以反映出三方面问题：第一，人均现金消费支出规模逐年增大，增长速度不断加快。2013 年到 2019 年七年间，中国人均消费支出的平均增长速度远远超过以 GDP 为主要衡量指标的经济增长速度，保持良好发展势头。第二，从统计口径来看，表 5 - 3 中人均消费构成的数据采用的是新口径的计算办法，其中食品支出项增加了烟酒消费项目，说明人们饮食文化中烟酒文化逐渐占据重要位置；家用设备及用品项目修改为生活用品及其服务项目，之所以这样修改是由于居民用品种类增多导致了计算口径变化，同时也体现出服务类消费逐步成为居民消费内容中必不可少的一部分。第三，从消费支出构成来看，食品烟酒、衣着、居住等基础型消费项目虽然也在逐年增加，但其增加速度明显减慢。其中，居住项目消费增长的加快，与进入 21 世纪以来房地产市场价格逐年走高密切相关。生活用品及服务、交通通信等发展型消费项目增长速度加快，增长幅度明显超过了基础型消费项目。而文教娱乐与医疗保健等享受型消费项目的增长速度也实现了赶超。由此可以看出，人均消费支出的增长在很大程度上已经取决于发展型与享受型消费项目了。

（二）闲暇消费掀起浪潮

1999 年，中国国务院公布了新的《全国年节及纪念日放假办法》，决定将春节、"五一"、"十一"的休息时间与前后的双休日拼接，从而形成 7 天的长假。人们可利用这为期一周的时间旅游度假、休闲娱乐。这对个人来讲是一次极好的放松机会，对国家而言则是一次增加旅游业、餐饮业与零售业消费业绩从而带动经济增长的绝佳时期，因此，这两次长假被称为"五一黄金周"与"十一黄金周"。据 2015 年公布的消费数据显示，"十一黄金周"全国零售和餐饮企业实现销售额约 10820 亿元，同比增长 11%。这是中国自 1999 年确立黄金周以来，零售和餐饮消费首次破 1 万亿元大关。时至今日，虽然国家节假日已经进行了调整，"五一"假期缩短，但又增加了清明节、端午节、中秋节等传统节日休假，因而制度性休假所能带动的休闲消费不降反升。以旅游市场（见表 5-4）为例，中国自 2000 年开始，国内旅客与国内旅游总花费逐年提高。国内旅客人数由 2000 年的 7.44 亿人次，增加至 2019 年的 60.06 亿人次；国内旅游总花费由 2000 年的 3175.54 亿元增加到 2019 年的 57250.92 亿元；其中，在国内旅游人次增长最快的 2004 年，增长率达到 26.67%。另外，国内旅游总花费增长最快的年份出现在 2011 年，增长率达到 53.46%。虽然自 2011 年开始国内旅游市场增长趋缓，但总体基数已经达到相当高的水平。

表 5 – 4   2000—2019 年中国旅游产业旅客人数与旅游
总花费及其增长情况

年份	国内旅客（万人次）	增长率（%）	国内旅游总花费（亿元）	增长率（%）
2000	74400	—	3175.54	—
2001	78400	5.38	3522.40	10.92
2002	87800	11.99	3878.36	10.11
2003	87000	−0.91	3442.27	−11.24
2004	110200	26.67	4710.70	36.85
2005	121200	9.98	5285.90	12.21
2006	139400	15.02	6229.74	17.86
2007	161000	15.49	7770.60	24.73
2008	171200	6.34	8749.30	12.59
2009	190200	11.10	10183.70	16.39
2010	210300	10.57	12579.80	23.53
2011	264100	25.58	19305.40	53.46
2012	295700	11.97	22706.20	17.62
2013	326200	10.31	26276.12	15.72
2014	361100	10.70	30311.90	15.36
2015	399000	10.50	34195.05	12.81
2016	443500	11.15	39389.82	15.19
2017	500100	12.76	45660.77	15.92
2018	553900	10.76	51278.29	12.30
2019	600600	8.43	57250.92	11.65

资料来源：根据中国国家统计局官网公布的相关年度数据整理所得。

由于游客出行具有吃、住、行、购等产业关联效应，因此在旅游等休闲消费增长的同时，必定会带来餐饮与零售业的快速发展。从社会消费品零售总额的变化情况中来看也确实如此。2000—2019 年，中国社会消费品零售总额由最初的 38447.1 亿元增长至 408017.2 亿元，增长 10 倍以上。

总之，随着人们制度性休闲时间的增加，全社会的闲暇消费不断增长，旅游市场火爆，社会消费品零售总额获得大幅度提升。事实上，除了旅游之外，居民近年来花费在健身、娱乐、教学、培训、保健等方面的闲暇消费也在不断增长。如果把这些计算在内，中国目前的休闲消费状况还将更为可观，针对这种情况，有部分学者提出了"休闲经济""闲暇经济""假日经济"等不同称谓。可见，随着人们消费需求的升级，消费文化越来越具有向休闲文化发展的趋势。

（三）个性化消费逐渐升温

个性化消费是与模仿型消费完全不同的一种消费形式或消费理念，"人们在消费过程中不再跟风模仿，而是有了自己独特的想法和要求，希望能够通过参与产品的生产过程来获得自己所需要的与他人不同的个性化消费品"①。因此，个性化消费是以消费者的意愿为转移的，具有异质性、创新性特征。产品的设计、生产、加工或包装都需要依据消费者的意见，因而个性化消费符合买方市场的典型特征，其生产过程难以模仿，难以形成规模化标准化作业。在个性化消费形式下，消费文化体现的是对个人需求的极度尊重，消费者真正成为市场的主导，消费对生产的作用进一步加强，人们通过消费可以获得精神上更大的满足，这也深刻地体现了顾客至上、促进人的全面发展之消费观。

中国进入 21 世纪后，个性化消费市场升温明显，从第一张个人明信片的出现，到个性化请柬、个性化证件、个性化茅台酒，再到量身打造装修方案、个性化的家用电器、私人订制的钻戒、DIY 手工作坊……林林总总，逐渐打开了中国个性化消费的市场。可以说，中国已经实实在在地进入了个性化消费时代。有专家预测，目前中国消费市场上存在严重的城乡差距，其中仅个性化消费的差距就占据了一半以上的份额。而"这种消费能力在城镇还以 20% 的速度高速增长中，每年能够为国家贡献 800 亿元左右的税收收入，同时为 2000 万人提供新增的就业岗位"②。可见，个性化消费成为我国经济发展中新的经济增长点。

---

① 周超：《个性化消费：21 世纪消费思想》，《商业研究》1995 年第 5 期。
② 曹莹：《个性化产品催熟个性化消费》，《上海轻工业》2003 年第 6 期。

（四）高端消费市场渐成规模

高端市场指的是："具有一定收入水平、愿意以高价购买高质量产品并体现其身份、地位、满足其心理需求的顾客群体。"①

改革开放以后，市场经济发展，私营经济潜力被激活，人们收入水平不断提高，这也催生了中国富裕阶层。在人们的消费需求不断转向发展型与享受型的同时，消费水平也在不断提高，高端消费市场不断受到高收入阶层的欢迎。早在 20 世纪 90 年代，借助高档酒店涌入中国的一些名烟、名酒揭开了中国高档消费的序幕。但在 1998 年金融危机后，这种高端消费文化才真正开始在中国弥漫开来。豪车、豪宅、私人飞机、游艇、珠宝等奢侈品不断受到富人的青睐，国际大品牌商品逐渐涌入国内市场。在富人的逻辑里，奢侈品或大品牌商品是身份与地位的象征，它们的价值无法用市场供求规律来衡量。或者对于某些工艺品来说，收藏家们关注的是凝结在这些工艺品身上的文化、传承、精神与底蕴，而这些本身就是无价的。因此，人们对消费品的不同追求使中国消费品市场分成了明显的高、中、低等不同档次。

目前，中国的高端消费品市场具有三股不同的发展趋势：第一，古玩、艺术品市场兴起，收藏家数量越来越多。以 2009 年为例，在各大拍卖上，"中国古代书画进入亿元时代"②，近现代书画也有拍品价格破亿元的先例，其中，齐白石作品《可惜无声》就曾以 9520 万元的价格打破国内拍卖品价格纪录。如今，在北京、上海、深圳等地已经具有了成熟的拍卖模式，国内外珍惜名品成为收藏家与爱好者的青睐之物。第二，对智能化高端电子商品的关注成为高端消费市场的又一股流行趋势。商家在传统豪车、豪宅等奢侈品以及其他高档物品基础上嫁接人工智能技术，使其成为新时代高端消费文化下的升级版产品。智能化管家、保姆机器人甚至机器人女友成为富人阶层谈论的

---

① 王昆强、饶雪玲：《三亚高端消费市场的培育与开发》，《财经界》（学术版）2015 年第 30 期。

② 古玩艺术世界：《中国古代书画已进入亿元时代》，https：//www.sohu.com/a/32898138_218581，2015 年 9 月 22 日。

高端的、新鲜的消费对象。第三，国际品牌是高端消费市场上最为活跃与畅销的消费品符号。国内时尚界流行着 LV、Gucci、Chanel 等高端品牌，而这些品牌都来自国外，真正源自国内的拥有自主知识产权的品牌寥寥无几。国内市场上亟须提供拥有高附加值、高知识含量与高科技含量的自主品牌商品。

综上所述，从中国消费文化的演变脉络中可以看出，文化消费趋势将越来越明显，这就需要文化创意产业的大力发展。

第二节　中国文化创意产业发展演变

一　中国文化创意产业发展的必要性分析

中国宏观经济目前正处于"速度换挡期、结构调整期、动力更新期"，三期叠加，任务艰巨，压力较大。文化创意产业具有低消耗、高附加值等特点，同时具有强融合性和渗透性，能够促进产业结构升级、经济增长与发展方式转变。

（一）发展文化创意产业是提升中国文化软实力的必然要求

20 世纪 90 年代以来，随着科学技术的进步与经济发展水平的提高，国际竞争格局发生了新的变化，除了科技硬实力外，文化在国际竞争中占据越来越重要的地位，各个国家纷纷将提升文化软实力作为国家战略来重新思考。中国在党的十七大上首次提出"文化软实力"的概念，进一步丰富和发展了国家软实力理论，将"文化软实力"提升到了国家战略高度。

从理论角度来说，"软实力"是与科技力量相对而言的概念，千百年来的发展已经证明，科学技术是促进生产力水平提高与经济增长的重要因素，是一个国家强大起来的"硬实力"。然而，一个民族真正崛起且能够可持续性地屹立于世界历史舞台，还需要教育、精神、国民形象、心态、民族凝聚力、思想、文化、意识、观念、社会氛围、法律基础与制度环境等"软实力"的支撑，"软硬兼施"方能屹立不倒。在决定国家"软实力"的众多因素中，文化起着重要的经纬作用，它联系着人们的意识、观念，是一个国家、一个民族的灵魂。

从实践上来看，我国文化软实力尚有较大提升空间。党的十七大以来，文化软实力的理论不断在国家发展大会上被提出，各级部委与各省市都已经在不同程度上制定了提升文化软实力的战略规划。然而，这些战略规划在实施与落地的过程中还存在较大问题，形式主义严重，时效性较差。目前，中国要实现文化强国目标还有很长的路要走。

文化创意产业是在创造者发挥主观能动性的基础上对文化资源进行创造性的利用，从而挖掘出具有感染力与渗透力的精神文化产品与服务的产业。该产业兼具经济属性与社会文化属性，既能够通过产业的供给效应、关联效应与融合效应带动相关产业的发展，提供新增就业岗位，促进产业结构优化升级，促进经济增长与发展方式转变，还能够发挥对消费文化以及社会文化的塑造作用。因此，在我国当前仍然处于社会主义初级阶段的情况下，发展文化创意产业是在兼顾经济发展任务的同时追求文化软实力提升的良好途径。

文化创意产业以其兼具经济属性与文化属性的优势成为中国在转变经济发展方式的同时提升文化软实力的重要战略选择。中国要想在世界民族之林中占据重要位置，就需要以文化强国与经济强国的形象出现，而现阶段的重要目标则是尽快促进并壮大文化创意产业的发展。

（二）文化创意产业发展是引领中国制造走向中国创造的重要力量

制造业在一个国家的经济发展中占据基础性地位，它既关系到国计民生，又影响到国民经济各部门的协调发展，也是军事物资与国防力量的重要决定因素。如今，在资源约束与国际竞争日益激烈的双重压力下，中国政府不断推出促进制造业快速发展的政策措施，取得了良好成效，但与制造业强国的目标尚有一段距离。

国际上，西方发达国家在发展制造业问题上纷纷采取技术手段，将先进的高新科技融入传统制造业发展中，显示出了强大的发展优势，也把劳动密集型产业不断输出到发展中国家。中国在这个过程中处于产业链后端，虽曾一度以劳动力资源优势获得了较大规模的经济增长，但这一增长模式势必会随着人口红利的消失而发生改变。中国处于世界产业链低端的局面必须打破，而这需要在增强制造业发展活力、提高制造业创新创造能力、提升制造业在全球价值链中所占比重等方面狠下功夫。

党的十八大以来，中国提出并开始积极地倡导"大众创业、万众创新"，在制造业发展问题上，实施以"制造业创新发展"为主题的创新驱动战略，提出《中国制造2025》的愿景规划与战略目标。在开展了一系列试点示范工作的基础上，我国制造业创新发展战略已经初见成效，但仍需继续推进。

文化创意产业发展建立在现代高新科技基础上，而它本身就是高新技术的一种代表与延伸。在中国制造业发展过程中，文化创意产业可以作为一种创新创造元素融入制造业的各个环节中，增强生产制造的活力，降低制造业成本，提高产品附加值，这对于提高我国制造业在整个国民经济中的产业份额以及在世界经济中的地位无疑具有积极作用。文化创意产业的发展还能以其强大的辐射力带动更多新兴产业的形成，为制造业发展创造更为广阔的市场空间。创意产业最核心的竞争力在于人的创造力，这种无穷的创造力量可以打破时空的界限，融科技实力与文化力量于一体，为中国制造业的发展创造更多的机会与可能。

（三）文化创意产业发展是发挥我国丰富文化资源优势的必由之路

中国幅员辽阔、人口众多，人们在几千年的历史长河中创造了灿烂的历史文化与丰富的华夏文明，从文物古迹到藏书典籍，从风土人情到道德礼仪，无不彰显着中华民族的智慧与强大。然而，这些宝贵的文化资源优势却没有被有效地利用起来。面对这种局面，我们有必要重新审视文化资源的开发与利用过程，选择合适的方式来激发文化价值与活力。

2000年以前，中国政府主要采用发展文化事业的方式对文化资源进行开发与利用。2000年以后，文化产业才逐渐受到重视。事实上，在中国文化事业发展的过程中，由于公益性资源缺乏经济支撑与创新动力，文化资源普遍面临着开发不合理、配置不科学、流动不通畅、辐射力不广、创新不足等问题，没有发挥好传统文化的厚重价值，也没有更好地将传统文化的精华元素注入现代文化资源当中，文化资源优势没有体现出来，中华民族的文化氛围也越来越被西方化。推进文化市场化建设，走文化产业化道路，实现文化事业与文化产业的有机结合是中国挖掘文化资源优势、端正中华民族文化之风的必经之路。

文化创意产业坚持市场化导向，以创新为动力，能够充分利用传统文化资源优势，将其与现代科技相融合，创造出符合现代人需要、吸引现代人目光的新产品，从而更好地激活中华文化价值，使传统文化以全新的面貌进入国人视野，成为大众愿意欣赏、愿意花费时间与精力去细细品味的全新元素。同时，借助高新技术的优势，中华传统文化还可以打破时空限制，更好地在不同地域间、不同国度里、不同人群中跨界传播，顺畅地实现价值创造与价值传递功能，实现文化资源的优化配置与合理利用，这是未来中国必须要做好的振兴中华传统文化的大事。

（四）发展文化创意产业是适应我国消费文化转变趋势的必然选择

进入 21 世纪，中国社会文化不断丰富更新，消费文化也由物质消费为主的阶段逐步过渡到文化消费地位不断上升的阶段。在这种新型的消费文化氛围下，人们的消费观念逐渐由注重产品功能价值向注重产品体验价值转变，人们消费的目的不仅仅是解决温饱和生存问题，更是促进人的全面发展以及社会的全面进步。因此，人们倡导积极的消费观，这种积极的消费观与新型的节俭观相对应，即节俭不是不消费或少消费，而是选择合适的商品来消费，不是单纯地以价格来衡量消费，而是以消费价值来评判消费。在这种背景下，发展文化创意产业无疑是正确的选择。

发展文化创意产业可以将中国丰富而优秀的文化资源转变为能够供人们消费的文化产品与服务，通过市场的力量提高文化产品的价值，发挥文化资源的价值优势，将文化资源转化为文化资本，在愉悦人们

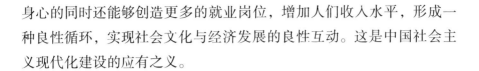

身心的同时还能够创造更多的就业岗位，增加人们收入水平，形成一种良性循环，实现社会文化与经济发展的良性互动。这是中国社会主义现代化建设的应有之义。

二　中国文化创意产业追本溯源

仔细梳理中国文化创意产业的发展脉络不难发现，文化创意产业是在文化产业基础上发展起来的，而从政策最初导向上来说，它又脱胎于文化事业，追溯文化创意产业提出之前的政策渊源，可以大致将其分为文化事业主导阶段（1978—1992）、文化事业与文化产业结合发展阶段（1993—2000）和文化市场产业化发展阶段（2000年至今）。

（一）文化事业主导阶段（1978—1992）

该阶段既是文化事业主导阶段，又是文化产业的萌芽或起步阶段，在这一时期，中国文化部门由政府统一管理，中央设文化部，地方设文化局、文化站，广大人民群众的文化生活主要由文化局与文化站进行组织。此时，以盈利为目的的文化组织处于萌芽状态，20世纪90年代前后在广东、上海、深圳等地出现了以音乐茶庄、舞厅等为发端的娱乐性质的营业场所，文化产业得以初步显现。这一时期，主要的政府文化政策有1982年的《广告管理暂行条例》、1985年的《关于建立第三产业统计的报告》、1991年的《关于文化事业若干经济政策意见的报告》等。这些条例或报告对文化事业进行了详细规定，而针对文化产业的措施往往是以管制为主。

（二）文化事业与文化产业结合发展阶段（1993—2000）

以国有大型文化单位改革为标志，国家文化政策开始走向文化事业与文化产业相结合的发展阶段，国家允许文化领域实行产业化经营，鼓励文化制造业、文化服务业与文化消费场所的发展，文化市场逐渐活跃起来，文化消费逐步显现并有升温趋势。1998年，文化部下设文化产业司，具体负责文化事业发展与文化产业的实施工作，标志着文化产业被纳入政府日常工作中，与此同时，国家还在文件中明确规定

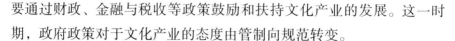

要通过财政、金融与税收等政策鼓励和扶持文化产业的发展。这一时期，政府政策对于文化产业的态度由管制向规范转变。

（三）文化市场产业化发展阶段（2000 年至今）

2000 年被誉为"文化产业元年"，原因在于，2000 年在《关于国民经济和社会发展第十个五年计划纲要的报告》中，首次正式提出"文化产业"概念，从此拉开了鼓励各种经济成分与社会各种力量共同发展文化产业的序幕。这一时期，政府对文化产业的政策倾向由规范控制转为鼓励提倡。2002 年，中国又进一步提出要规范新兴文化产业与互联网发展，"文化产业"中的"创新""创意"元素日益受到重视。也正是在 2000 年以后，融入互联网、计算机等高新科技力量的文化市场不断活跃，文化创意产业逐渐发展起来。

分析到这里，笔者觉得有必要结合政策演变与文化产业发展的实际重新界定一下中国文化创意产业。中国文化创意产业是文化产业发展到后现代时期的创新性发展阶段，它是文化事业改革与高新技术融入的必然结果。在后现代主义时期，文化创意产业更倾向于依靠信息化与创造力获得发展，更倾向于以第三产业为基础；而文化产业还具有机械复制的影子，因而更倾向于以工业化为基础。但二者又不能截然分开，文化创意产业与文化产业既有交叉和重复，又有区别和差异。所以，我们对待二者的态度应该是既不能将二者完全隔离，又不能将二者完全等同。接下来对中国文化创意产业发展历程的阐述就是结合了文化产业相关政策与发展历史的一种混合式梳理。

三　中国文化创意产业发展历程

中国文化创意产业是近年来才受到政府与学界关注的新兴研究领域，在国家战略层面，2006 年之后政府才开始使用文化创意产业一词。2004 年，通过《文化及相关产业分类》与《文化及相关产业统计指标体系框架》对文化产业范围进行界定，国家统计局开始了对文化产业的统计工作，但由于文化产业与文化创意产业二者尚存在交叉，所以我们目前很难通过确切的统计数据来对文化创意产业的发展情况做精确的梳理。但是根据近20年来文化创意产业发展的大致情况，我们仍然可以对文化创意产业发展历程做一概括性总结。

（一）文化创意市场的觉醒阶段（2000—2005）

2000年，国家肯定了文化市场产业化经营的发展趋势，市场化力量被激活，那些富有创新意识的群体受到极大鼓舞，为文化创意产业的发展奠定了基础。这一时期，文化创意产业发展的标志主要来源于国内影视行业的经典塑造。电视节目制作方面，其创新性的尝试是在当时红遍全国的《超级女声》。2004年举办的第一届《超级女声》掀起了中国真人秀节目的浪潮，让新一代娱乐明星得以诞生，使娱乐业发生了翻天覆地的变化。

而在游戏方面，2000年，中国游戏正式进入网络时代。当时的网游还处于"蓝海"阶段，没有盗版的影响，发展迅猛。其中"联众世界"以同时在线17万人、注册用户1800万的规模成为世界上用户数量第一的在线游戏网站。而后来的《大话西游》《剑侠情缘》等也成为国产游戏的佼佼者。虽然与欧美网游相比，中国网游还相对落后，但已经开始了追赶欧美网游的步伐。

与影视与网游的发展几乎同步的还有中国国内知名的文化创意园区的建设。大家熟悉的北京798艺术区、北京宋庄、上海田子坊、上海M50、深圳华侨城LOFT创意园、广州TIT创意园、南京1912、杭州LOFT49等文化创意园区现在基本都是城市的文化地标和创意中心。

（二）文化创意产业原创力量的崛起（2006—2010）

2006年，《关于深化文化体制改革的若干意见》以及《国民经济和社会发展第十一个五年规划纲要》发布，明确提出要支持文化创意产业发展。同年，北京、上海等地在具体的文化产业政策实践中率先引入"文化创意产业"的概念，发布了文化创意产业的相关文件，这也是中国从政策层面对文化创意产业进行引导的关键时期。随后，各个城市和地方开始逐步出台政策，建设各类文化创意产业园区，推动文化创意产业的发展。可以说，2006 年在中国文化创意产业发展历史上具有里程碑式的重要意义。正是从这一年开始，中国文化产业进入了原创力量崛起的时代。

首先，这一时期开始了国产动漫的原创道路。中国动漫公司三巨头之一"奥飞娱乐股份有限公司"开始进军动漫原创领域，建立了产业运营与动漫形象创作一体化的盈利模式，2009 年成功上市。2005 年，由奥飞娱乐创作的中国第一部原创动漫《喜羊羊与灰太狼》上映，截至 2020 年 1 月，《喜羊羊与灰太狼》共播出动漫作品 31 部，电影 9 部，舞台剧 5 部，① 创造了国产动漫的商业奇迹。

其次，中国电影产业的发展也为这一时期原创崛起贡献了重要力量。2005 年顾长卫导演的《孔雀》获得了柏林电影节银熊奖，2006 年上映的宁浩执导的《疯狂的石头》和之后的《疯狂的赛车》（2009）以及随后的疯狂系列电影成为热点。徐峥的"囧"系列电影第一部《人在囧途》在 2010 年上映，引起巨大反响，之后又筹拍了《泰囧》。这一时期各类电影层出不穷，电影娱乐市场蓬勃发展。市场化是推动电影原创的重要动力，为了满足不同人群的口味，电影的类型逐渐丰富。2010 年，电影票房规模突破百亿元大关。

再次，互联网推动下的在线视频崭露头角。这一时期，在线视频的巨头优酷和土豆开启了推送优质视频资源的原创之路，与此同时，以 PPS、电驴、BT 等视频下载工具为媒介，PC 时代的视频网站成为年轻人在线娱乐的主战场。这个时期是大众形成观看在线视频习惯的重要时期，虽然版权的保护还不成熟，但也正是这样的培育才让"80 后""90 后"习惯了网络视频的消费，从而集聚了大量的网络在线娱乐用户。可以说，这一时期是中国娱乐进入在线网络时代的重要时期。

最后，不得不提的是，这一时期中国举办了两个世界级的文化

---

① 根据"喜羊羊与灰太狼动漫专题——4399 动漫网"数据整理所得，网址为：https：//www.4399dmw.com/xiyangyang/.

盛会，一个是 2008 年的北京奥运会，另一个是 2010 年的上海世界博览会。这两次盛会吸引了世界上众多国家的人们来到中国，领略中国博大精深的传统文化，感受中国翻天覆地的变化。外国人也由此了解到中国这个超级市场的重要性，这在一定程度上推动了文化创意产业的发展。

（三）文化创意产业走入"互联网＋泛娱乐"时代（2010—2015）

中国的经济和网络发展密不可分，文化创意产业更是同网络技术紧密相连。人们回忆自己的手机使用历程可以发现，真正促进手机端发展的重要产品是 2010 年上市的 iPhone4。iPhone4 集合照相、个人数码、媒体播放和无线通信于一体，开启了掌上娱乐的新纪元。中国文化创意产业也因此开启了"互联网＋泛娱乐"的时代。

所谓"泛娱乐"指的是以互联网为媒介，各种娱乐化的展现方式被整合在一起，在某种平台上可以被集中、统一化地呈现，从而使人们的娱乐需求通过某一种媒介或以某一种手段而得到最大限度的满足。这一概念最先由互联网巨头腾讯集团的程武提出，而后被逐步扩大使用范围，表现为将游戏、文学、动漫、音乐、影视五大重点娱乐领域整合起来，借助互联网，通过固定或移动客户端呈现出来，从而达到把文化内容综合在一起呈现的目标与效果。这一全新概念的提出，是建立在腾讯强大的网络平台以及不断增强的知识产权保护力度的基础上。事实上，早在 2011 年，在网络游戏的开发与使用上，腾讯集团已经占据业界领头羊的位置，成为国内首屈一指的网游社区，当时的腾讯就已经拥有了集大、中、小型休闲游戏于一身，包括桌游、网游等游戏在内的超过 60 多款游戏的丰富资源，游戏 IP 价值逐步扩大。以此为基础，腾讯集团开始以游戏 IP 资源为核心，不断拓宽娱乐领域内容，营造了多领域共生共存的资源环境，创造了多种业务联合推进的创新性商业模式，不断实现资源整合与规模效益，从而构建了"泛娱乐"化的全新价值链与文化版权传播链条。

"互联网＋泛娱乐"时代的来临主要得益于中国的文化版权保护。中国的文化版权从这个时期真正开始了流转和价值转化过程。从过去的盗版免费到开始逐渐为版权付费，标志着新商业模式的出现。以版权保护为基础，中国文化产业市场活力不断显现，具有代表性的是微电影的出现。2010年中国第一部微电影《老男孩》红遍全国，那首神曲《小苹果》唱遍大街小巷，掀起了微电影的热潮。除了业余人士参与微电影的拍摄之外，许多商业广告也出现了拍摄以微电影形式面向市场的现象，比较经典的是益达的微电影广告——益达木糖醇《酸甜苦辣》系列，那个广告语"嘿，你的益达！不，是你的益达！"，至今仍然令人印象深刻，可见其影响之深远。

（四）文化创意产业全民发展阶段（2015年至今）

2015年与2016年在中国电讯与信息产业发展历史上注定是不平凡的两年，因为这两年中国民众真正迎来了大数据时代与人工智能时代。首先，2015年是中国正式开启4G的商用年。在这一年，工业和信息化部向中国电信、中国联通两家企业发放LTEFDD牌照，开始了4G网络的商用。4G的商用和iPhone4的出现一样都具有划时代的意义，人们用手机看视频不卡了，手机上网更加方便。随着4G流量资费的逐步降低，人们可以随时随地用手机看直播、看视频、打游戏，大众的娱乐方式从电脑、电视逐渐转移到了手机移动终端。其次，同样是在2015年，中国首个国家级数据中心灾备中心落户贵州，成立了国家层面的全域大数据标准化与安全化服务中心，标志着我国正式进入大数据时代。最后，2016年，人工智能AlphaGo战胜李世石，标志着我国人工智能发展迈上一个新的台阶，也意味着我国正式进入人工智能时代。所有这些都象征着一个新时代的来临，也是文化创意产业被颠覆、被创新的时代。

以手机终端的全面升级、大数据与人工智能时代来临为契机，文化创意产业的发展进入全民创意时代，这一时期的典型事件如下。

第一，网红直播的"造富传奇"。直播行业的缘起如果追溯起来就比较早了。随着网络游戏的发展，游戏逐渐成为一种社交工具，出现了聊聊语音等语音交友软件。之后以游戏直播视频为核心的网络直播大热，大家熟悉的熊猫直播，以及斗鱼直播、虎牙直播等开始争夺

PC 直播市场。而直播真正进入广大民众视野却是在 2015 年，也就是手机的普及以及 4G 网络的全面推广时期，各类手机直播 App 出现，带来了全民直播的时代。以明星、网红为主体的直播热度迅速提升，一个明星直播同时在线人数逾千万。就目前的发展情况来看，游戏直播、秀场直播、泛娱乐直播三大直播垂直领域的在发挥各自的影响，最吸金的当数电商直播。

第二，短视频激发全民创意。短视频的出现是在 2013 年，人们用短视频来记录和分享生活。随着 4G 的普及以及手机配置的不断提升 2016 年短视频行业迅猛发展。短视频的出现适应了现代人生活节奏快、时间碎片化的娱乐消费习惯。这是互联网时代给人们消费方式与消费习惯带来的巨大改变，人们更追求短、快的视频娱乐方式和信息接收方式。经过七年的发展，短视频平台已经成为人们生活中不可缺少的娱乐媒介。2020 年，短视频行业的日活跃用户总数达到 10 亿多人次，2016 年成立的抖音和 2013 年成立的快手两大巨头占据绝大部分的用户流量，其中抖音用户超 4 亿，快手用户超 3 亿。

第三，中国成为全球最大的游戏市场。中国的游戏从 PC、主机平台向手机移动端"迁移"。"80 后"在网吧玩《魔兽世界》《传奇》《英雄联盟》；"90 后"在家庭电脑端玩《QQ 飞车》《穿越火线》；如今"00 后"们在移动终端玩《绝地求生》《王者荣耀》。到 2016 年，全球游戏收入突破 1000 亿美元，是电影市场的三倍，特别是手游市场成为游戏行业最大分支。而 2016 年，中国拥有超过 6000 万游戏玩家，是世界上最大的游戏玩家市场，也拥有全球估值最高的游戏企业。2015 年腾讯游戏发行的 MOBA 手游《王者荣耀》成为最大的获益者，2017 年《王者荣耀》游戏收入最高，活跃用户达 2 亿。2019 年中国拥有 6.2 亿的视频游戏用户，移动游戏实际销售收入达 1580 多亿元，与美国争霸全球游戏市场。

第四，网络大电影的流行。网络大电影指的是时长超过 60 分钟，拍摄时间几个月到一年左右，投资规模几百万元到几千万元不等，制作精良，结构完整，以互联网为首发平台的电影。该模式颠覆了传统电影的运作模式：大制片厂模式和大院线模式，其优势是投资小、周期短、收益高，这得益于网络视频用户基数大且用户为电影付费的意识已经建立。爱奇艺和腾讯 2018 年公布的 VIP 会员数近亿人次，如果一部网络电影的单片价格是 2.5 元，那么这就会带来非常可观的收入。

第五，网络文学 IP 价值的放大。网络 IP 主要涉猎的领域包含文学、电影、漫画、游戏等。这一时期，网络文学等众多 IP 被改编、翻拍成电影和电视剧，成就了一批成熟的网文作者。大家熟悉的刘慈欣的《流浪地球》，拍成电影后大火，票房赶超 45 亿元。这部电影就是根据他 1999 年在《科幻世界》连载的中篇科幻小说改编的。当然，还有其最著名的长篇科幻小说《三体》也正在被拍成电影。后来映入大家眼帘的《三生三世十里桃花》也是根据网络小说改编的。还有《陈情令》《庆余年》《斗破苍穹》《凤囚凰》等电视剧均是由网文 IP 改编而成的。网络文学已经发展了 20 多年，积累了大量的文学 IP 和成熟的网络文学作者。有数据显示，2018 年，我国网络文学用户达 3.78 亿，原创作品总量达 1646.7 万种，日更字数 1.5 亿，使用不同语种翻译传播中国网络文学的海外网站已有上百家。

5G、大数据、云计算、人工智能、物联网等数字技术的发展，不仅将改变我们的生活方式，更将变革我们的社会、城市和产业发展。这将是具有划时代意义的变革，文化创意产业只是这场变革的先发器，位于新技术的头排阵营。从数字出版的个性定制到今日头条的算法推送，从 B 站的二次元视频创作到喜马拉雅音频平台的声音创新，从陪伴机器人到娱乐机器人，大数据和人工智能正全面渗透到传统文化产业，改变人们的生产和消费方式。

第三节　中国消费文化与文化创意产业
发展中存在的问题

当今时代，中国文化创意产业借助手机通信、大数据与人工智能技术等优势已经如火如荼地发展起来，适应了文化消费热潮来临的发展趋势。但是，我国文化创意产业发展还处于初级阶段，其推动经济发展方式转变与国家文化软实力提升的历史作用还没有发挥出来，产业实践中尚存在很多问题，值得引起学界与政策制定者的深刻思考。

一 "手机泛娱乐化"带来消费文化扭曲

理论上来讲，文化创意产业发展推动消费文化进步与升级，这应该是二者良性"互为"关系的实践逻辑。然而，在中国文化创意产业发展的过程中，却出现了消费文化被扭曲的现象，其中"手机泛娱乐化"最为典型。

"泛娱乐化"本是腾讯集团提出的一个意在表示由综合性平台推送泛化的娱乐内容的概念。借鉴此概念，笔者提出"手机泛娱乐化"，它指的是在手机网络普及4G并向5G进发的背景下，手机移动终端成为集电影、电视、音乐、购物、视频、游戏等消费于一体的综合性推送平台，手机不再仅仅是一种通信工具，更是一种支付手段、一种付费模式、一种消费方式和一种文化倾向。

"手机泛娱乐化"对于社会的影响是双重的：一方面，手机成为综合性的平台，对于很大一部分人来说确实好处多多，例如，对于忙碌的上班族来讲，在上下班的公交车或地铁上通过手机就可以完成处理文件、收发邮件、签到打卡、审核签字等办公事务；对于爱逛街的美女一族来说，手机是会员卡和银行卡，在商场购物不用带包，一部手机就可以搞定所有事情；对于旅游爱好者而言，出门旅行不用再背着笨重的照相机，一部轻便的手机就可以完成照相与录像功能。然而，另一方面，手机成为无所不能的终端平台后，也带来了一些负面影响。例如，手机成为支付手段后，有那么一群人就开始打起了手机的主意，小到偷手机，大到盗取手机里存储的银行密码，增加了社会不安定因素；再如，手机里存储了太多的私人信息，一旦丢失将会带来非常大的麻烦，所以现在就有人抛出"丢啥也别丢手机，一定要像保护自己一样保护手机"的宣言。

"手机泛娱乐化"的负面影响还体现在对于消费文化的影响上。首先，"手机泛娱乐化"使人与人之间的沟通减少。都市民众生活节奏快，每天上班、下班，闲余时间不是很多，然而在"手机泛娱乐化"的情况下，人们下了班之后又有很大一部分时间不是用来和家人、朋友沟通，而是用在了手机上面，刷微博、看视频、玩游戏、浏览微信朋友圈，无手机不欢。长此以往，人与人之间的情感会不断淡化，尤其是成年人的这种围手机转的行为习惯很容易传染到小孩子。现在"00后"或者是"10后"孩子酷爱手机的苗头已经凸显，显然给那些沉迷于手机中的大人敲响了警钟。

其次，"手机泛娱乐化"使传统优质文化的传播缺失。从手机娱乐的消费内容上来看，人们喜欢的内容更多地集中在小说、电影、电视、游戏、购物等上面，只有少部分人通过手机购买含金量高的书籍，极少部分学者喜欢用手机看书，但这也取决于与其自身职业的关联。因此，这就出现了一种"怪象"，在人们越来越追求文化消费需求的今天，去图书馆、文化馆看书的人少了，但是在家用手机刷屏、看影视节目的人多了，地铁上清一色低头看手机的人，很少有人在意旁边是不是还站着一位头发花白的老人……

最后，"手机泛娱乐化"带来消费空虚化的苗头。当今社会，人们的物质消费需求不断得到满足，消费者越来越追求精神需求上的满足，"手机泛娱乐化"为这种文化需求提供了便捷的途径，但也因为手机的隐私性设置而给一些人的空虚性消费带来空间，于是开始有人在手机上购买内容不雅的视频资源，开始有人通过手机推送少儿不宜的内容，这些消费内容在给人们带来片刻欢愉之后实际上留下的是更大的空虚。

总之，"手机泛娱乐化"是一把双刃剑，既存在推动文化创意产业发展与消费文化升级的优势，又存在阻碍消费文化发展的劣势，而我们要做的是想办法降低其不良影响，最大限度地发挥其对于社会、经济与人们生活的积极作用。

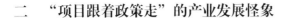

二　"项目跟着政策走"的产业发展怪象

鉴于文化创意产业发展对于带动文化消费、促进相关产业发展、推动产业结构升级、引领经济发展方式转变等方面所能发挥的积极作用，国家应该采取措施大力扶持并鼓励文化创意产业的发展。各个地方政府出台了促进文化创意产业发展的政策方案，纷纷通过税收优惠、金融支持、财政扶持等办法加大对文化创意企业的支持力度。然而，政策实施效果却不尽如人意，其中一个很重要的原因在于出现了"项目跟着政策走"的怪象。

所谓"项目跟着政策走"，指的是文化创意企业或文化创意创业项目在开办公司或者立项时并不是视文化消费市场的风向而动，反而是随着政策优惠力度而行，出现了注册企业或者获批项目在得到了政策支持后因为无法适应市场需求趋势而难以为继的情况，亦出现了受资助的企业跑到异地去经营的怪象。例如，上海就存在这种怪象。众所周知，上海文化创意产业发展在全国首屈一指，创意产业园区也是位居全国前列，然而在统计上海市的文化创意经济所得时，人们却发现文化创意产业在 GDP 中的贡献率并没有想象中那么高。有专家指出，这正是因为很多文化创意企业因为看好了上海市政府的扶持政策而跑去上海注册公司，但后期发现自己的经营项目更适合外地，于是就导致了在上海注册获得补贴后又跑到外地去经营的情况发生。

"项目跟着政策走"的怪象，打破了供给适应需求的基本经济规律，从而导致政策的实施效果受到极大影响，文化创意市场出现结构性矛盾，不利于文化创意产业的发展与消费文化的提升。中国政府需要出台相关政策杜绝这种情况继续恶化下去。

三 教育类消费文化缺失带来文化风险隐患

近年来，文化创意产业发展在促进文化消费规模不断扩大的同时，也带来了文化消费结构失衡的问题，主要表现在人们用于娱乐性项目上的文化消费支出逐年增多，而在教育、书报、培训等发展项目上的文化消费支出却逐步减少，从而造成"教育类消费文化"缺失等问题。

在文化创意产业与文化消费良性互动局面下，消费文化发展目标应该是使中华民族传统的优秀文化得到继承和发扬，人们在现代消费手段中不断提高自身素质，形成更加先进的消费文化，产生消费带动下的人力资本提升的有益结果。

然而，事实上，文化消费中出现了"教育类消费少"而"娱乐性消费多"的失衡局面，人们用于阅读的消费逐渐减少，用在旅游、影视、餐饮等娱乐性项目上的消费增多，这无疑会减缓我国人力资源发展速度，增加社会文化陷入低水平发展的风险隐患。

第六章 跨界融合:文化创意产业未来发展趋势

从要素禀赋角度来讲,文化创意产业属于知识密集型产业,其产品在研发、生产、销售等环节中无不显示出其强大的知识密集性特点。在知识经济时代,知识成为一种特殊的生产要素,参与不同的产业运行。文化创意产业以其高知识性,借助"互联网+"、大数据、人工智能等高新科技的力量,可以与其他产业业态相互渗透、相互融合、相互辐射并协同发展,由此实现产业边界的无限扩大。近年来,文化创意产业以其强大的渗透力形成了与其他产业间互通互联的跨界融合态势,创意农业是这一发展趋势中的一种典型实践。本章主要从跨界融合的理论认知入手,分析中国文化创意产业与传统产业跨界融合的基本内涵与实践意义,并以创意农业为典型案例展开具体论述。

第一节 文化创意产业跨界融合的理论认知

一 文化创意产业跨界融合的基础:价值链取代生产链

关于产业的概念,学者经常用各个企业之间因为生产过程而结合在一起从而形成的产业链条来对产业的形成作形象化的概括。由此可见,产业往往表现为具有某种联系的企业之间以链式结构联系在一起的系统。对于传统产业而言,这种链式结构体现在产品从研究开发到生产加工再到销售使用的垂直化演变过程中,在某个环节占有比较优势的不同部门或企业分工协作,构建垂直一体化的产业链条。在这种垂直化的产业链条中，不同产业之间分割而独立，在各自的产业链上生产产品与提供服务，面对特定的客户群体，彼此之间难以融合互通（见图6-1）。

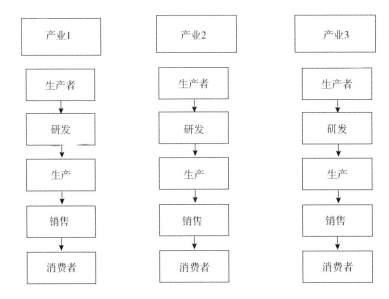

图6-1 传统产业生产链发展模式

然而，对于创意产业来讲，生产与销售的环节并没有严格的界限，传统产业中的链式结构失去存在的基础，创意产业中的文化元素或技术力量可以作为生产要素投入其他产业，从而形成不同产业之间的互通互联，构成网状空间结构的产业群。也就是说，文化创意产业具有天然的创意资源优势，可以打通传统产业之间的界限，将原本处于垂直纵向上独立运营的链式结构以横向的方式联系在一起，以网格状或圆形结构呈现出来，形成以文化创意产品为核心，不断向外辐射、扩散的同心体结构。其他产业或部门可以作为这个同心体上的某个结点，生产创新型产品并因此而获得价值增值。此时的产业系统不再是传统的垂直一体化下的生产链系统而是以价值实现为核心而形成的网络系统。这一网络系统既可能以同心圆结构出现（见图6-2），也可能以其他更复杂的形状出现。总之，网络系统中的各个产业均以文化创意产业为纽带联系在一起，共同实现价值增值，由此可以称这种网络系统为价值链。

文化创意产业实现跨界融合的基础正是用网络产业系统结构中的价值链代替传统产业链中的垂直化生产链。文化创意产业能够凝练出无形的生产要素，作为与其他产业互通的桥梁，实现与关联产业的融合互动，这不仅能够带动关联产业的发展进步，而且还能扩大文化创意产业自身的边界，实现与关联产业的协同发展。可见，文化创意产业在发展过程中必将逐步走向跨界融合，或者说，文化创意产业本身就是不同产业间跨界融合的产物。

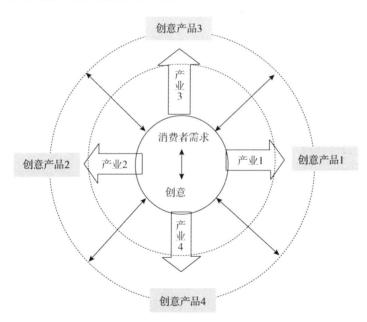

图 6－2　文化创意产业价值链式发展模式

二　文化创意产业跨界融合的理论内涵

文化创意产业因其能够产生具有创新性内涵的文化创意元素而具有了天然的跨界融合基础，可以说，跨界融合是文化创意产业的功能属性。那么，在研究文化创意产业跨界融合的理论内涵时，就需要对文化创意产品的形成过程做出具体的阐释。

文化创意产品的形成过程可用下述公式表达，即：

拥有自主知识产权的文化创意 + 有形产品载体 = 文化创意产业的核心产品

也就是说，文化创意产品的形成需要将无形的创意元素嫁接到有形的产品载体当中从而才能形成实实在在的可供消费的文化产品。从该形成过程可以看出，拥有自主知识产权的创意元素是文化创意产品的灵魂与核心，而某种有形产品则是其价值实现的载体。由于有形产品的具体形态不同，所属部门、组织或产业不同，这就为文化创意产业与传统产业的跨界融合奠定了基础。

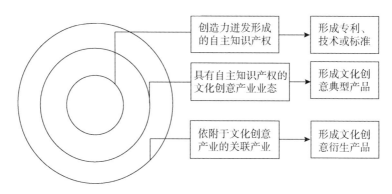

图6-3 文化创意产业形成过程及其跨界融合的典型模式①

如图6-3所示，文化创意产业融合的典型模式包含三个层次范畴，分别为：处于核心地位的以专利、品牌等表现出来的自主知识产权层；处于中间位置的以文化创意产品为主要内容的实体层；处于外围的依赖于核心层而存在的衍生或关联产业层。核心层、实体层与衍生层共同组成的产业业态或产业群组正是文化创意产业跨界融合的基本形态。

从动态演变角度来讲，文化创意产业的跨界融合并非一蹴而就，

---

① 转引自曹如中、仓依林、郭华《文化创意产业跨界融合的理论认知与价值功能研究》，《丝绸》2019年第10期。

常常需要经过一段动态演变过程。具体可以分为初级、中级和高级三个阶段。初级阶段，文化创意产业与关联产业形成地理位置或网络空间上的简单集聚，此种关联形态松散且在政策引导下容易具有形式化特征，很容易"夭折"，而那些能够存留下来的是具有足够的条件基础与雄厚的关联基础的产业，进入下一阶段；中级阶段，在初级阶段存活下来的产业，其集聚效应逐步扩大，文化创意产业与传统产业间形成要素渗透、产业融合与互动创新的局面，扩大了产业边界，提高了产品价值，开拓了市场空间；高级阶段，在整个区域范围内多个产业之间密切联系、融合互动，形成产业族群，对促进区域经济一体化发挥应有的作用。值得注意的是，这里所提到的集聚效应与文化创意产业园区建设中所述的空间集聚效应有所不同，它指的是以价值链为纽带而汇聚在一起形成的网络化的空间集聚效应，不以地理空间汇聚为局限，尤其是在互联网高度发达的今天，文化创意产业跨界融合的集聚效应完全可以在虚拟网络空间中呈现出来，处于价值链某些结点上的关联产业之间可能相隔千里，但仍然可以实现价值的共创共享。

文化创意产业与传统产业的融合互动符合经济社会发展规律，因而其产生过程中交易成本很低。在迈克尔·波特所阐述的产业价值链结构中，产品研发与设计通常处于价值链的高端，[①] 因为这一环节更易带来的价值增值。事实上，很多国家已经把涉及研发、设计等环节的内容纳入文化创意产业范畴。正是由于产品研发与设计是人的知识、智慧与创造力的结晶，通常会成为产品价值增值的关键环节，因而在创意时代，新的产业价值链中产品设计与研发成为一种具有较好价值实现功能的元素，通常以产权、专利、品牌等符号价值表现出来，形成知识经济背景下独特的生产要素。如图 6-4 所示，这种独特的生产要素投入传统产业中，可以形成高附加值的创意产品从而产生对传统产业优化升级的拉动作用，该生产要素与传统产业中的其他生产要素互动、融合、渗透可以催生出新兴产业业态，从而形成互融机

---

① ［美］迈克尔·波特：《竞争战略》，陈小悦译，华夏出版社 2005 年版，第 68—70 页。

制。此外，该生产要素还可以融入传统产业的生产环节以起到延长传统产业生命周期的作用，形成对传统产业的促进机制。文化创意产业的跨界融合就是通过对传统产业的拉动或促进作用，以及与传统产业的互融等动力机制，最终得以不同程度地实现。

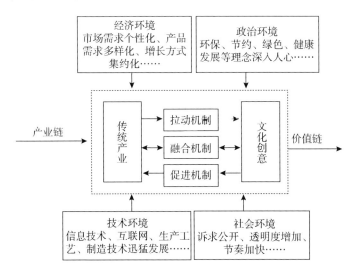

图 6 - 4　文化创意产业与传统产业融合互动的传导过程①

综上，文化创意产业跨界融合的理论内涵可以表述为：通过人的创造力与知识，借助于高新技术手段形成的具有知识产权性质的创意元素作为生产要素融合到传统产业中，形成对传统产业的拉动、推动与带动机制，进而发挥融合效应，助力传统产业整体价值链提升，使产业边界渐趋模糊化的一种产业发展路径。

三　创新性是文化创意产业跨界融合的核心

当今世界，创新已经成为技术进步、企业转型、产业发展、经济增长和社会进步的共同主题。文化创意产业的跨界融合归根结底

---

① 转引自曹如中、仓依林、郭华《文化创意产业跨界融合的理论认知与价值功能研究》，《丝绸》2019 年第 10 期。

指的是通过越界促成跨行业、跨领域、跨要素的创新性重组与合作，生产令人耳目一新的创新性产品或者呈现给消费者具有开创性意义的体验与服务。因而，创新性构成了文化创意产业跨界融合的核心。

首先，文化创意产业通过自主创新实现与传统产业的融合。当今的国际竞争舞台上，物质与文化产品极大丰富，同质化竞争日益激烈，每天都有新产业的进入，也有原产业的退出。产业要获得发展，没有创新性核心要素等于是纸上谈兵。传统产业在发展过程中面临被市场淘汰的巨大风险与压力，面临发展转型的历史使命，而要实现转型发展就必须走创新性发展道路，开拓一片蓝海。文化创意产业中的创意元素为传统产业点亮了创新性发展之路，但这需要建立在创意元素本身作为自主创新的成果的基础上。也就是说，创意元素应该是具有创新性或创造性的，而非照抄照搬其他地区或产业的，简单的模仿或复制无法使创意元素拥有强大生命力因而也就会使文化创意与传统产业的融合缺乏竞争活力，容易失去跨界融合的价值。所以，文化创意产业的跨界融合必须以自主创新为前提。

其次，文化创意产业跨界融合的创新可以是多元化的。文化创意产业与传统产业在地域、行业、要素、经营模式、生态环境等方面均存在渗透融合的可能性，因而决定了二者融合模式的多样化特征。这种多元化融合路径决定了文化创意元素也应该走多元化创新之路。例如，文化创意产业与传统产业依托生产要素而融合，可以通过创造性产品或服务的开发实现创新性发展，走产品创新之路；再如，文化创意产业与传统文化跨地域而融合，可以通过地域文化差异的整合与对比实现创新性发展，走文化创新之路。总之，在文化创意产业融合发展中要因地制宜、因产制宜，紧跟市场需求的脉搏，重视创意元素的应用前景，注重依据不同的融合特点设计多样化的融合道路，走出一条多元化的创新发展之路。

最后，文化创意产业跨界融合要注重创新科技的应用。中国目前已经进入了人工智能与"互联网＋"的时代。消费者已经在技术环境日新月异的熏陶之下成长为具有丰富技术前沿认知的智慧群体。要满足消费需求的演变轨迹，创意元素必须建立在创新科技的基础上。将传统文化融入现代智慧，使创意元素成为"文化＋科技"的结晶，成为"软硬兼施"的具体呈现手段，如此才能收到震慑人心的效果，才能符合消费需求并逐步创造出新的需求，避免同质化竞争与低层次竞争。

第二节　中国文化创意产业的跨界融合

一　中国文化创意产业跨界融合的基础

中国文化创意产业发展还处于初级阶段，存在发展不平衡、资源配置不合理、产业结构不健全、形式与内容脱节、缺乏特色品牌等方面的难题。跨界融合是文化创意产业未来发展的大势所趋，文化、人才、科技、政策等均将发挥基础性作用。

（一）文化基础

中国地大物博、人口众多，在悠悠的历史长河中，人们繁衍生息、世代更替，创造了无数足以令国人引以为傲的文化资源。中华民族文化遗产丰富，书法、武术、中医、京剧、汉服、茶道、瓷器、围棋、剪纸和刺绣被誉为中国十大国粹，是其他国家和民族无法模仿复制的原创艺术与文化瑰宝，至今仍绽放着绚丽光芒。中国是一个多民族国家，每个民族都形成了富有本民族特色的文化与艺术传统，不同区域亦形成了特定的风土人情与地方特色。日积月累，各种带有地方特色与民族特点的民间工艺与民间文化已经成为中国文化中不可缺少的组成部分。文化具有渗透力与辐射力，人们容易受到文化氛围的影响而产生共鸣。文化无边界，中国宝贵的民族文化将是推动文化创意产业跨界融合的文化基础。

（二）科技基础

中国已经进入了"互联网＋"与"人工智能"时代，各种前沿领先科技已经进入中国市场。首先，在"互联网＋"带动下，未来的世界将会进入万物互联状态，每一种物体表面都可能在互联网技术的改造下成为媒体平面，从而被媒体化、平台化，使人与人、人与物之间紧密联系在一起。在这种情况下，除了手机、电视、电脑、影院大屏等终端作为传统文化传播载体而继续存在以外，还有更多的物体表面将成为终端。这也意味着，按照用户的需求，根据不同场景，借助互联网的应用实行"私人定制"成为可能。如针对家庭冰箱的使用场景，商家可以在冰箱表面设置液晶显示屏，通过互联网进行信息传递，推送饮料、鲜肉、奶制品、蔬菜等食物的报价，也可以推送一些食品烹饪方法、厨房使用小妙招或者民生新闻等一些日常资讯，通过互联网与冰箱这类家用设备的整合达到方便人们生活、购物与体验的目的。此外，未来的视频直播将实现无延时，大屏呈现、实时互动、虚拟现实、万物互联，所有的物体都将是文化媒体。VR 电影，4K/8K 超高清视频，传统文化业态的可视化、交互性、沉浸式等都将为未来文化创意产业的发展创造条件。

其次，人工智能将对人类社会产生颠覆性的影响。与"互联网"的媒体传播技术不同，人工智能代表的是一种技术的突破性革新，并且可能或者已经对经济社会的生产力水平产生巨大的影响。这一技术自 20 世纪 70 年代以来被称为世界三大尖端技术（空间技术、能源技术、人工智能）之一，也被认为是 21 世纪三大尖端技术（基因工程、纳米科学、人工智能）之一。在具体应用的过程中，人工智能技术不断改进，目前已经从数据驱动阶段进入了场景驱动阶段。人工智能技术可以结合不同场景去寻找个性化的解决方案。定制化、差异化的行业应用无论是取得了成功还是经历了失败都会反过来为优化人工智能的核心算法提供实践经验。目前，人工智能主要应用在制造、家居、金融、零售、交通、安防、医疗、物流、教育等行业中。

总之，以互联网与人工智能等高新科技作为主要技术支撑，文化创意元素可以更加顺畅地实现向传统产业的融合与渗透，同时，创意设计也将能够融入更多创新性的内容，成为文化创意产业跨界融合的技术基础。

（三）人才基础

21世纪，人才是各行各业发展的核心性要素，缺少人才，技术、变革、创新、创造都将成为一句空谈。文化创意产业的跨界融合自然也需要合适的人才来推进。党的十八大以来，提出了人才强国、文化强国战略，把人才强国战略放在了突出醒目的位置。人才是最活跃的因素，必须将培养德才兼备的高素质人才作为国家发展战略的重点。对于文化创意产业而言，创意人才主要包括创意策划者、创意生产者与创意经营者三类。目前中国在这三类人才培养中处于创意生产者加速培养，创意策划者与经营者实践渗透培养阶段。国家教育与培训体系提倡创新创业思维，通过组织"大创"比赛、搭建创新平台、促进创新交流等方式营造全民创新创造的氛围，为创意生产者的实质转化提供了便利条件。未来，推进文化创意产业深度发展以及与传统产业跨界融合，还将为创意策划者与创意经营者的培养奠定实践基础。总之，中国人才强国的目标是培养集品德、知识、技能、创造力、业绩于一体的复合型人才，而这类人才将成为推动文化创意产业跨界融合的核心要素。

（四）政策基础

中国政府对文化产业发展给予了政策上的大力支持，促进文化创意产业跨界融合的政策倾向非常明显。2014年，《国务院关于推进文化创意和设计服务与相关产业融合发展的若干意见》（国发〔2014〕10号文件）（以下简称《若干意见》）颁布，紧接着，文化部以及各地方人民政府纷纷出台贯彻落实《若干意见》的实施办法。以其为依据，中国各级政府纷纷采用人才支持、企业推进、特色文化产业塑造、数字文化产业发展、投融资体系推动等办法促进文化创意产业的跨界融合。目前，中国已经在六大领域形成了跨界融合的政策支持格局，分别是"文化＋装备制造业"的产品对接式融合、"文化＋人居环境"的建设规划式融合、"文化＋科技"的技术推进式融合、"文化＋旅游"的资源整合式融合、"文化＋农业"的遗产保护式融合、"文化＋体育"的特色塑造式融合。这将成为中国推动文化创意产业跨界融合趋势的重要政策基础。

二 中国文化创意产业跨界融合的现实意义

悠久的历史文化资源和与时俱进的高新科技，使得中国文化创意产业的跨界融合拥有不可多得的物质基础与恰逢其时的技术基础。中国实行文化创意产业的跨界融合极具现实意义。

首先，文化创意产业跨界融合可以满足不断升级的文化消费需求且释放潜在需求。随着人们生活水平的提高与物质消费需求逐渐走向饱和状态，民众的消费需求层次逐步向文化与精神消费需求的高级层次转变。为了适应这一演变趋势，中国需要进行文化创意产业的跨界融合。通过跨界融合，传统产业可以注入鲜活的创意元素，为消费者提供耳目一新的产品，满足其不断提高的精神文化需求。此外，通过文化创意产业与传统产业的融合还可以催生出新兴产业业态、衍生出全新的个性化产品，这又会在一定程度上激发消费者的消费欲望，释放其潜在需求。

其次，文化创意产业跨界融合可以不断缓解市场竞争压力。工业化社会里，传统产品的批量生产与机械复制使得产业部门在国际竞争中越来越处于弱势地位，亟须注入创新性元素以改变这一局面。文化创意产业具有天然的创新创造力，它能够凭借独特的创意产品开辟一片具有竞争优势的新天地。传统产业可以通过与创意元素的融合渗透改变同质化竞争的被动局面，掌握市场竞争的主动权。尤其是对目前的中国来讲，传统制造业在世界价值链体系中尚处于"微笑曲线"①的最底端，要想实现向"微笑曲线"两端的位移，必须输入创新的力量，而文化创意产业的跨界融合将是实现这一位移过程的有效途径。

---

① "微笑曲线"是我国台湾地区的施振荣先生创造并修正的描述产业中长期发展战略的路径曲线。这条曲线具有微笑嘴脸，处于下端的主要是产品加工与组装产业，而处于左上端的是产品研发产业，处于右上端的则是市场营销与销售产业。产业发展的中长期战略应该是促进产业由曲线底端向两端的转移。

再次，文化创意产业跨界融合能够打造新的经济增长点。在2008年美国次贷危机的影响下，我国经济发展进入了中低速发展时期。当前中国社会主要矛盾转变为人民日益增长的美好生活需要同不平衡不充分的发展之间的矛盾，亟须通过供给侧结构性改革来调整不平衡的市场结构。发展文化创意产业，实行文化创意产业的跨界融合可以生产出适应市场需求的全新产品，催生新兴产业业态，实现高质量就业，从而打造新的经济增长点，更好更快地促进经济发展方式转变。

最后，文化创意产业跨界融合还能够促进产业价值实现总体跃升。由于缺乏创新引领，过去很长一段时间里，中国成为"世界制造工厂"，处于全球价值链的底端。文化创意产业跨界融合不仅能够提高产品附加值，增强创新动能，激发人的创造潜能，还能促进传统产业价值的升级，形成文化创意产业本身的价值创造。同时，跨界和融合还会形成新的产业业态，使中国产业价值体系实现总体跃升。这将在更大程度上以更快的速度助力我国改变传统的弱势地位，实现由"制造工厂"向"创造大国"的转变。

第三节　典型案例：中国创意农业的发展

中国是农业大国，农业是国民经济发展的基础性产业，然而，我国农业在发展中却普遍面临农产品附加值低、农民增收困难、农作物布局结构不合理等难题，导致我国成为大豆、玉米、小麦等主要粮食的进口大国。破解农业发展困局是关系到中国粮食安全与国民经济整体发展的大问题，创意农业为此拓展了一条新的出路。

一　创意农业的概念界定

西方发达国家工业化发展进程推进了农业的现代化之路，创意农业作为一种全新的发展理念最先在英国、澳大利亚、美国、德国等国家和地区形成，而后以其显著的经济效应与社会效应在全球范围内扩散开来。目前，随着技术的进步与农业科技力量的崛起，发展中国家的农业功能与农村资源被调动了起来，乘着文化创意产业跨界融合的东风，创意农业迅速在中国发展起来。目前，中国的创意农业融科普、观光、休闲、娱乐、生态于一体，将文化创意元素融入农业生产、农村建设与农民生活中，逐步改变着昔日里单调且乏味的农业发展局面，拓展了农业功能，有效地配置了农业资源，为中国"三农"问题的解决提供了可行路径。

那么，究竟什么是创意农业呢？简单来讲，创意农业就是将具有知识产权性质的创意元素融入农业生产、农村建设与农民生活中的一种新型农业发展模式。它代表着一种全新的农业现代化发展思维，借助创意性文化赋予农业发展以全新的内涵，通过渗透和整合，将贴合农民生活实际、符合农村生态特点与农业发展规律的文化挖掘出来，加以创造性利用，形成一种全新的生产要素，并将这种生产要素与传统农业功能整合，改变农业生产格局，使农业从研发、生产到销售实现全面的内涵化与现代化，用创新的力量更新农业发展面貌，从而达到增加农产品附加值、提高农民收入水平、拓展农业功能、促进农业结构调整、改变农村落后面貌等效果。要深刻把握创意农业的内涵还需要注意以下几方面的特点。

首先，创意农业是伴随文化创意产业的发展而逐步发展起来的一种新型发展思维、理念与模式。文化创意产业具有高融合性的特点，决定了文化创意元素可以作为一种生产要素或者一种理念融合到不同的行业中去。而将这种创意因子与农业生产联系起来就形成了创意农业的最初形式。文化创意产业是文化产业发展到创意引领高级阶段的产物，这种全新的思维方式可以充分调动土地、农作物、农业剩余劳动力、农村资本、农业生态等农业资源的活力，将鲜活的文化元素嫁接到农业发展中，形成全新的农业生产方式、农村建设模式与农民就业形势，实现传统农业的跨越式发展。

其次，创意农业是一种融高科技力量与文化、社会、生态等资源于一体的农业新业态。传统农业在农耕文化带动下形成的是通过辛勤劳作、春种秋收，满足老百姓粮食需求的第一产业。而融入创意元素的创意农业除了具备传统农业的功能外，还能够满足人们休闲、娱乐、观光、体验等不同的精神文化需求，从而具有了服务业的功能。创意农业可以将文化创意元素融合到农业生产过程中从而提升农产品对于市场的吸引力，改变传统农产品缺乏市场竞争力的局面，增加农产品的附加值；创意农业可以通过创新性的销售模式，开拓新兴农产品市场，拓展农产品分销渠道；创意农业可以对农产品进行全新的包装，赋予农产品全新的文化内涵，构建"故事农业"，增加农村吸引力；创意农业还可以通过对农村生态资源、土地资源、文化资源与特产资源的创新性运用，拓展传统农业资源的可利用空间，提高农村资源的利用率与使用价值，促进农村面貌整体更新。

最后，创意农业是一种将农业研发、生产、销售紧密结合的新型产业链。文化创意符号融入传统农业发展后，可以有效丰富农业发展的内涵，形成创意农业知识产权。该知识产权作为独立的生产要素，成为具有强大辐射力和综合渗透性的核心价值，使传统农业实现从价值链低端向价值链高端的整体跃升。创意农业借助自主知识产权的创新元素还可以起到对餐饮业、零售业、建筑业、交通运输业、包装业、制造业等的带动作用，发挥产业链的连锁辐射效应，形成农业与工业、服务业的有机结合，构成产业群组，促进农村区域整体价值的提升，加快新型农村建设步伐。

二 中国发展创意农业的实践价值

中国幅员辽阔，土地资源丰富多样，各地农业发展情况纷繁复杂。尤其是在二元经济体制转型的背景下，农业生产落后、农民增收困难、粮食安全等问题已经成为发展桎梏。农民从事农业生产越来越不赚钱，农村青壮年劳动力大多数都进城务工另谋出路，一些农村沦为只有老人和孩子留守的弱势地带。如何解决这些问题？党中央出台了一系列政策，包括发展集约型农业、实行科技支农惠农政策等，但都收效甚微，主要原因就在于农业发展资金不足、农产品附加值难以提高。将文化创意产业的思路引入农业发展，构建创意农业，是一个成本低、见效快，且能有效提高农产品附加值的新办法。立足中国现阶段国情，推动创意农业发展或许是一条具有深远社会影响的新路子。

首先，创意农业可以有效利用农村闲置资源。我国农村具有丰富的地理地貌、风土人情、自然环境、生态环境、劳动力资源等资源条件，这些条件在传统农业发展模式下容易被闲置，利用率不高，无法有效地转变为资本，而这些得天独厚的农村资源却是文化创意产业可以开发利用的宝贵财富。发展创意农业可以将农村资源整合起来，变废为宝，激活农村发展的价值点。

其次，创意农业可以实现农业的集约化经营。目前，传统农业发展的利润率非常低，很多构建塑料大棚、培育种植养殖基地、实行农业产业化的经营项目都因为农产品附加值低而纷纷失去发展动力，国家惠农政策效果受到极大影响。发展创意农业可以将零散的土地聚集起来，在原来种植养殖基地的基础上，引入创新性文化元素，赋予土地以艺术空间价值，提升农产品在观赏、休闲、文化、艺术等方面对消费者的吸引力，从而达到提高农产品价格、增加农业收入的目的。

再次，创意农业可以更好地促进新农村建设有序进行。发展创意农业能够提升农村经济发展水平，提高农民收入，增加农村集体性收益，从而可以在经济基础上有力地促进新农村建设。此外，由于创意是带有文化和科技气息的元素，将文化与创意引入农业发展中，无形中会感染到农村人居环境，使农民生活与消费方式逐渐向现代化靠拢，这便为新农村建设贡献了社会文化的力量。

最后，创意农业的发展还可以提高农村人力资本，促进教育改善。文化创意产业以创造力为核心，需要的是拥有较高素质、富有创造性、敢于突破陈规、勇于创新的人才，同时文化创意产业与传统农业的融合也需要高素质人才完成对接任务，更好地实现创意农业的发展。在这个过程中，一方面，创意农业会倒逼农民接受教育与培训，提高自己的素质与技能，促进人力资本生成；另一方面，伴随创意农业历程的推进，农村劳动力也可以通过"干中学"提升自身能力与素质，锻炼成为合格的人才。农村居民整体素质的提高，也会促使农村形成良好的教育文化氛围，以前不支持子女读书的思想将会彻底成为历史，更多的人会主张兴办新型学校，提倡高质量办学，重视子女教育问题，从而不断促进农村教育水平实现整体跃升。

三 中国创意农业的发展模式

作为农业大国，中国农业文明发展历史悠久，积攒了优秀的农业文化与丰富的农业生产知识。然而，由于农业用地资源分布不均衡，农产品生产受自然环境影响较大，导致我国一些农产品依赖进口，从而成为农业进口大国。农业生产落后与农产品产量的不稳定成为我国农业文明进一步发展的阻碍性因素，农业发展急需寻找到先进模式，中国的创意农业成为其中一种有益的尝试。从农产品整个生产体系与流通过程上来讲，成熟的创意农业发展模式应该贯穿于农产品研发到销售的始末。然而，中国创意农业的发展目前处于起步阶段，发展模式尚不成熟，已有的创意农业项目主要集中在农产品生产创意、农产品销售（主要是与创意广告相结合）等环节中，发展经验有限，难以形成与其他产业的互动融合，难以形成强大的市场开拓性与渗透力。即便如此，我们仍然可以按照现有的创意农业发展现状总结出三种常见的发展模式。

（一）将资源转化为资本的创意农业发展模式

资源转化为资本模式是创意农业发展的基本模式，也是在实践中广泛存在的形式。一方面，"农业、农村、农民"本身是取之不尽的资源，可以通过创意转化为推动其发展的资本；另一方面，各类社会文化资源也都可以通过创意与农业相融合，成为新的发展推力。这一模式在农村发展中已经比较普遍，通常融入农业节庆、农业旅游、观光农业和休闲农业等各类新业态的发展之中。

下面以辽宁大连首创的最大玉米迷宫与辽宁沈阳沈北新区锡伯族

镇的"稻梦空间"为例，来领略这一创意农业发展模式的魅力。

案例1：坐落在辽宁省大连市金州区登沙河镇的"勇者之旅"玉米迷宫（见图6-5）。

图6-5　大连"勇者之旅"玉米迷宫俯瞰　董方　摄

大连"勇者之旅"玉米迷宫坐落在辽宁省大连市金州区登沙河镇，是迄今为止，国内唯一的也是世界最大的玉米迷宫，总占地面积30公顷，投资500万元。迷宫出入口最短距离约为3800米，用时最快1个小时，同时在入口附近提供一条紧急出口。迷宫的中心图案为小猪"布瑞"，主要植物由玉米构成，迷宫的道路用沙土铺垫，宽度为2.5米至5米。根据玉米生长季节的不同，游客身在其中将会领略和体会不一样的刺激和乐趣。

所谓玉米迷宫，就是在一片生长成熟的玉米地里，人工造出的一个迷宫。最早的大型玉米迷宫创立于美国宾夕法尼亚州，并迅速在欧美、日本等国风靡。同国外这种火热的旅游项目相比，"勇者之旅"玉米迷宫是在此基础上的另一种创新。它不仅是一个玉米迷宫，也不同于一般的休闲娱乐场所，它利用农业的特性，将体验式旅游和身心拓展相结合，让人们在享受自然风光、农业风情的同时又能够进行娱乐、休闲。这里还有农作物采摘、家畜代养、农家住宿、海滨浴场等配套项目。

玉米迷宫的创意农业发展模式是通过设计和生产两个环节的创意体现出来的，将玉米这一普通的农作物资源变成了能够带来价值增值的资本，使玉米秸秆变废为宝，增加了农业生产的附加值。

案例2：坐落在辽宁省沈阳市沈北新区兴隆台锡伯族镇的"稻梦空间"（见图6-6）。

图6-6　沈阳市沈北新区"稻梦空间"俯瞰　张颖摄

"稻梦空间"位于沈阳市沈北新区兴隆台锡伯族镇兴光村，于2013年正式对外开放，占地1550亩，为沈阳稻梦空间旅游文化产业有限公司打造的生态农业观光体验区。"稻梦空间"是以稻田彩绘为特色的田园综合体，打造的是以稻田资源为基础的艺术王国，现为国家AAA级景区，其所在地辽宁省沈阳市沈北新区被誉为"中国稻田画之乡"。2012年"七星龙腾"稻田画获吉尼斯纪录"世界最大稻田画"。截至2022年，稻田画技术输出至七个省市，连续3年登上央视新闻频道及新闻联播节目，并多次被新华社、中央电视台、北京卫视、东方卫视、浙江卫视、英国METRO、韩国KBS等媒体报道。

沈阳"稻梦空间"由稻田画观赏区、休闲体验区组成，走进这里仿佛走进了稻田艺术王国。"稻梦空间"以自然生态为理念，打造原始耕种与鸭蟹立体养殖共作的生态稻田；传承锡伯族文化，展现璀璨悠久的农耕历史；以稻米文化为创新，绘制震撼人心的世界最大稻田

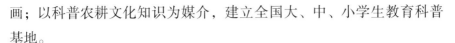

画；以科普农耕文化知识为媒介，建立全国大、中、小学生教育科普基地。

"稻梦空间"是一处传统与创意并进的乐园。这一项目通过稻田画这种创意形式在实现粮食供给的同时，还创造了美轮美奂的田园景观，通过各种各样的稻田画将游客们带入古代与现代交融、保守与浪漫并存、成熟与童真同在、经典与现代合一的意境之中，从而增加了稻米的附加值，带动了旅游业、交通业、餐饮业等相关业态的发展，展现了创意农业的独有魅力。

(二) 构建全景产业价值体系的创意农业发展模式

创意农业具有传统农业所难以比拟的优势，主要原因在于创意农业能够研发或生产出具有较高附加值的产品，从而拓展农产品的功能，提升农产品价值，并最终帮助农户增产创收，带动农村区域的发展与进步。然而，要发挥创意农业对"三农"发展的促进与带动作用，停留在封闭而独立的农业产业内部是绝对行不通的。要想挖掘创意农业的经济增长带动潜力，就必须要以创意农业的核心创造力为依托，形成全景产业链发展思维，构建全景产业价值体系。其典型特征是拥有核心创造力的农业自主知识产权，掌握农业生产技术，并将这种核心技术或工艺传播出去，形成对不同产业、不同领域的影响，带动特定区域内农业、工业、商业、服务业等业态的发展。全景产业价值体系借助于创意农业的极强渗透力，实现广泛的产业融合与产业互动，形成以文化、创新、创造、创意、农耕技术等创意文化因子为核心的产业系统，在整个系统内实现价值共享与繁荣，这将给农村发展带来许多具有品牌影响力的衍生性新产业，也将带来全新的机遇与挑战。

从价值共享与实现体系来讲，全景产业价值体系包括多个层次结构，分别由核心产业、支持产业、配套产业和衍生产业所组成，它们彼此交织，互相辅助，共同构成具有链式结构与网络结构的紧密系统。其中，核心产业建立在农业文化创意的基础之上，指的是以特色农产品研发或生产工艺为主要内容，以创意农业园区为主要区域载体的农业生产与发展活动；支持产业，具有支持核心产业发展的重要作用，主要是一些为核心创意农业提供服务的企业群，包括科研机构、农产品研发与种植实验公司、良种培育基地、现代化农业机械生产与制造工厂，以及那些为创意农业提供资金、人才、技术、广告等支持的企业等；配套产业对创意农业的发展起到间接的支持作用，因而具有配套性的产业发展特征，它们主要是在环境塑造与氛围营造等方面为创意农业的发展提供便利的企业群，遍布在农业旅游、餐饮娱乐、购物、培训服务、咨询服务等行业中；衍生产业从产业性质上来讲具有农业创意的衍生性，它们通常是以农业创意元素或者特色农产品作为价值实现的基础，将上述元素作为生产要素引入生产与销售过程中从而实现营收的企业群，例如，以农业创意品牌为核心价值而衍生出来的玩具制造、衣服饰品、工艺品等行业就属于这类衍生产业。总之，以创意农业为核心，可以形成核心层到外围层的整体价值链体系，构成不同层次产业间的融合互动，改变传统农业功能单一的局面，打破农业与工业、服务业、商业之间的界限，实现传统守旧与时尚创新的结合，更好地带动新型消费，开辟广泛的市场空间。

中国目前尚缺乏完整的全景产业价值链的创意农业体系，主要缺陷在于中国创意农业的品牌效应不够明显，影响深度不够强，辐射能力还相当有限，很多创意农业项目普遍缺乏全景产业价值链中衍生产业层次。以沈阳沈北新区"稻梦空间"为例，核心产业层次上，大米、米制品与其他基地自产农产品，品种丰富；支持产业层次上，该项目主要由园区董事长张爱忠带队搞研发与生产，在营销体系上则获得了沈北新区政府的大力支持；配套产业层次上，该项目设立了餐饮、娱乐、休闲、旅游、体验等产业项目，促进了整个产业园区的运营；衍生产业层次上，目前沈阳稻梦空间旅游文化产业有限公司已经申请了"卫星定位和十字绣法的栽种方法"的专利，但该核心技术并未形成广泛的辐射作用，其衍生作用有限，目前只有山东东营市购买了该项目所研发的大型 3D 稻田画技术方法，产生了首笔 80 万元的"技术输出"费。

（三）城乡互动融合的创意农业发展模式

传统农业往往局限在乡村领域，与城市之间的互动非常有限。而创意农业则能够有效地改变这一现实，更好地促进城乡之间的互动与融合。从发展模式上来讲，城乡融合构成了创意农业发展的主要模式之一。曾经中国快速的经济增长在一定程度上得益于农村对城市的贡献，目前中国的可持续发展则需提倡城市向农村的反哺与支持。然而，城乡的互动融合并非单纯指城市对农村的单向给予，而是提倡城市与乡村发展之间的互为互动性，合理利用城镇与乡村的资源优势，构建城乡之间的资源互通渠道，在人才、资金、技术、数据、信息、物质等各种资源上实现互动融合的机制，由此形成城乡共同进步的生态系统。

城乡互动融合模式的主要特点是将农村生态、农业自然风光、农民生活环境、农业文明、农耕文化脉络与城镇相关领域文化相结合，挖掘出彼此可以融合的元素，将农业文明价值继续传承下去，也将城镇市场文化元素嫁接到农业生产与农村发展中，创造出富有时代感召力与区域吸引力的特色业态，创造城乡融合的新产品、新工艺、新技术与新价值。具体实现的方式有如下两种。

第一，农村环境与城市居民生活体验相结合。以农家乐为例，农家乐是农民向城市现代人提供的一种回归自然从而获得身心放松感、精神愉悦感的休闲旅游方式。一般来说，农家乐的业主对当地的农产品进行加工，满足客人的需要，成本较低，因此消费不高。而且农家乐周围一般都被美丽的自然或田园风光环绕，空气清新，环境优美，可以舒缓现代人的精神压力，因此受到很多城市人群的喜爱。我国农家乐最初发源于四川成都，一开始在都江堰市的青城山、温江等地。后来发展到整个成都平原，四川盆地，乃至全国。真正以"农家乐"命名的乡村旅游始于1987年在"休闲之都"成都郊区龙泉驿书房村举办的桃花节。这次桃花节把农事活动、乡村田园风光、乡土民俗文化、乡村民居和聚落文化与现代旅游度假、休闲娱乐相结合，形成了一种全新的旅游形式。农家乐的发展，对促进农村旅游、调整产业结构、建设区域经济、加快农业市场化进程产生了良好的经济效益。有些地方依托本地农业资源，分片开发出"农家乐"系列品种，像湖南南岳衡山、昆明的团结乡等地的农家乐已逐渐形成了自己的品牌。

农家乐发展起来后，带来的不仅仅是消费收入，还有产品信息、项目信息和市场信息，为当地经济的发展提供了契机。农家乐成为农民了解市场的"窗口"，成为城市与乡村互动的桥梁。各地游客为农村发展带来了新思想、新观念，使农民及时了解到市场信息，使生产经营与市场需求接轨。开办农家乐的农民经常到旅客中间调查市场需求，然后有针对性地开展生产与经营，有的建起了无公害蔬菜基地，有的则做起农产品深加工的生意。

第二，农村文化与城市产业的融合互动。以深圳大芬油画村为例，大芬村是深圳市龙岗区布吉街道下辖的一个村民小组，占地面积0.4平方公里，本村原住居民300多人。1989年，香港画家黄江来到大芬，租用民房招募学生和画工进行油画的临摹、创作、收集和批量转销，由此将油画这种特殊产业带进了大芬村。2004年11月，大芬油画村被文化部命名为"文化产业示范单位"，成了全球油画生产基地。据统计，大芬村每年生产和销售的油画达到了100多万张，年出口创汇3000多万元，被国内外的艺术同行誉为"中国油画第一村"。大芬村画廊刚开始是从模仿起步的，其所销售的油画都是复制市场最流行的名画作品，到了后来很多画师都来这里创作，开始有了很多原创作品。

大芬油画村项目是农村文化与城市产业融合互动的典型代表。大芬村原本是客家人的聚集地，随着油画在此落地生根，淳朴的客家人与西方油画从此产生了千丝万缕的联系。村里的一些客家围屋被加以修缮、改造，从而成为独具特色的艺术品商店，古朴与前卫巧妙地融合在一起。"大阳山"乃其中翘楚，是远近闻名的客家民居。穿过星罗棋布的画廊街道，眼前则会出现两栋低矮而又古老的平房，它们是并肩而立的邬氏宗祠与洪氏宗祠，与周边的画楼相比显得十分别致。邬氏宗祠，大红灯笼高高悬挂，为油画村抹上一笔复古色彩。这些带有客家人文化色彩的复古建筑配上油画产业的现代装饰未落俗套，反而相得益彰。城乡之间的融合互动使如今的大芬村已经远近闻名。

第七章 广播影视产业发展实践

广播影视产业是文化创意产业中受众范围最广泛且最具社会影响力的产业，它和人们的生活密切相关，已经成为人们生活中不可或缺的一部分，甚至构成了生活本身。广播影视产业具有重要的社会功能，一方面，广播影视媒体是舆论宣传的工具；另一方面，广播影视媒体已经成为人们日常生活中常伴左右的"朋友"，是人们获取资讯、放松身心的途径；再者，广播影视产业包括广播、电影、电视、影视网络、广播电视广告等一系列从事一定文化内容生产和传播的行业，是文化产业的重要门类之一，是文化经济的重要组成部分。从广播影视节目制作和播出时间、技术水平及人口覆盖率等方面来衡量，我国已经是广播影视大国。"十三五"期间，全国广播和电视的人口覆盖率进一步提高，截至 2019 年年底，全国广播节目综合人口覆盖率为 99.13%，电视节目综合人口覆盖率为 99.39% ,[①] 基本实现了让全国人民都可听广播、看电视的目标。

第一节 广播产业发展实践

广播产生已经有 100 多年的历史了，它通过无线电波或导线将声

---

① 《广电总局：有线数字电视实际用户为 1.94 亿户，有线电视收入下降 3.35%》，http://www.dvbcn.com/p/111722.html，2020 年 7 月 10 日。

音传送了出去，为人们传递信息，提供教育、娱乐和服务。作为一种传统的媒介，广播发展至今取得了辉煌的成就，为国家的政治、经济、文化做出了重要的贡献。如今，在信息技术、5G技术、大数据技术、"互联网＋"驱动媒介融合的社会背景下，数字和网络传播逐渐取代了电波的传播。广播节目虽然在人口覆盖、节目产量、播出时间等方面均呈不断上涨的趋势，但已经面临巨大的挑战。若想继续拥有市场和受众，广播必须在适应新技术、新形势的同时加快自身的变革转型。

一 在迭代中走向繁荣的广播媒体

1920年11月2日，美国KDKA广播电台开始播音，这是美国第一家注册并取得营业执照的广播电台，也是世界上第一家广播电台。[①]广播诞生后，它以对象广泛、传播迅速、功能多样、伴随性高、感染力强等优势在世界范围内得到了广泛的应用和发展。世界各国争先恐后地开办广播电台，播出广播节目，收音机开始走进人们的生活并逐渐成为生活的必需品。

我国实验性的广播开始于1922年。是年，侨居上海的美国人E. G.奥斯邦与一位商人合作，在上海建立"中国无线电公司"并设立了广播电台。[②] 1925年，北洋政府筹办的广播电台先后在天津和北京两地建成。随后，各省也纷纷创办了广播电台。我国最早期广播电台的功能多是提供娱乐，还谈不上广播产业的经营。

此后，经过了国民政府官办广播及中国共产党领导下的人民广播事业阶段，我国的广播事业不断稳步健康发展。广播电台的数量不断增加，广播节目的覆盖率逐渐提高，广播在我国政治、经济、文化中体现出越来越重要的地位和作用。

[①] 李岩：《广播学导论》，杭州大学出版社1997年版，第11页。
[②] 李岩：《广播学导论》，杭州大学出版社1997年版，第43—44页。

改革开放以来，中国广播事业随着各行各业的发展和经济体制的改革不断发展壮大。1985 年，广播第一次被国家统计分类列入第三产业。1992 年，国务院在《关于加快第三产业发展的决定》中将广播、电视、电影明确为第三产业。[①] "1998 年是我国广播电视产业化、集团化道路的起步期"[②]。是年 10 月，"面向 21 世纪的世界广播电视研讨会"在北京召开，与会专家和业内人士就广播电视的经营管理、体制创新等问题开展研究与讨论，探究世界广播电视的发展趋势，提出我国广播电视 21 世纪发展战略规划。1999 年 9 月，国务院办公厅转发了信息产业部国家广播电影电视总局《关于加强广播电视有线网络建设管理的意见》，明确指出要加快广播电视行业的改革步伐。2001 年 12 月中国广播影视集团的成立，是我国广播影视产业化之路的一次实质性进展。此后，许多省市都组建了自己的广播影视集团，在体制机制改革和产业化发展道路上加速前进。

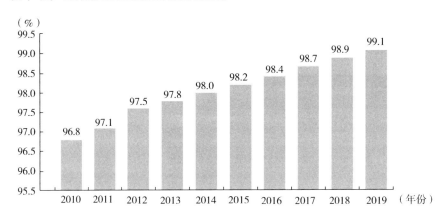

图 7 - 1   2010—2019 年中国广播节目综合人口覆盖率[③][④]

① 欧阳友权：《文化产业概论》，湖南人民出版社 2007 年版，第 239 页。

② 欧阳友权：《文化产业概论》，湖南人民出版社 2007 年版，第 239 页。

③ 数据来源：李季主编：《中国文化创意产业年鉴 2018》，中国建筑工业出版社 2018 年版，第 15 页。

④ 数据来源：智研咨询：《2019 年中国广播节目综合人口覆盖率、电视节目综合人口覆盖率及新媒体环境下传统广播节目的创新之路分析［图］》，http://www. chyxx. com/industry/202007/878893. html。

21世纪以来，我国广播产业取得了长足的发展，广播保持了覆盖范围不断扩大和节目制作及播出时间不断增加的局势。截至2019年年底，我国广播综合人口覆盖率已达99.13%[①]，广播已经基本实现了人口的全覆盖。在互联网用户进一步增多、传统媒体用户逐年减少的情况下，广播的忠实用户群基本保持稳定，下滑幅度较小。可以说，广播基本保持了平稳发展的态势，但面临的挑战是不言而喻的。政策在变、体制在变、技术在变、媒体在变、受众在变……唯有变化，才是应对万变的方法。

二　新时代广播产业的发展趋势

互联网时代为广播产业带来了新的机遇与挑战，传统的单向传播模式已经不能满足时代和受众的需要，媒介融合模式成为发展趋势。大众媒体只有转变思维方式，通过媒介融合获得蜕变，才能保持自身的价值和地位。广播和网络的结合，不仅能让听众收听广播的形式更加自由方便，也能使听众参与其中，通过互动加深对节目的了解，提升对节目的满意度。

传统渐去，未来已至。广播产业开始将互联网提供的海量信息、资源、思维、渠道等"营养"纳入自身的运营中去，对原有的信息获取、加工、传播、反馈等方式进行一系列的改革，以适应不断发展的时代需求，抢占媒体的生存空间和话语权，实现播出平台融合化、接收终端多元化和收听行为主动化等方面的革新。这些变革，代表了新时代、新技术、新思想、新产业的发展趋势。

（一）播出平台融合化

在新的技术背景下，大众主流媒体传统传播端口的影响力式微，传统广播平台已经开始逐渐被溶解、被改变、被替代。广播的播出平

[①]　《广电总局：有线数字电视实际用户为1.94亿户，有线电视收入下降3.35%》，http://www.dvbcn.com/p/111722.html。

台已经不局限于传统意义上的广播电台，广播网站、手机 App、微博、微信公众号、抖音、今日头条等新平台的出现，为广播的发展提供了更宽广的舞台。其中，广播节目的可视化发展成为播出平台改革的一大趋势。近年来，多家广播电台通过多种方式尝试将广播节目以可视化直播的形式呈现给受众。可视化直播在保证音频的基础上突出了视频元素的重要性，加大了受众的参与度，完成了信息的立体式传播。不仅如此，各个播出平台之间还相互联系、相互融合，共同经营和塑造着广播产业，实现了广播产业的新生。

（二）接收终端多元化

随着技术的变革，广播终端也在不断发生着变化。传统广播的接收终端包括矿石收音机、有线喇叭、电子管收音机、晶体管收音机、集成电路收音机、数字调谐收音机等不同阶段的收音机。[①] 移动互联技术逐渐推广后，收音机作为家电的功能日益弱化，收音的功能被收入各种终端中。车载收音机成为有车一族收听广播的重要工具。随着大数据、智能语音、车联网等新技术的不断融入，如今的车载收音机具有路况播报、实时定位等高科技功能，为人们的生活提供了更多便利。

21 世纪以来，网络广播发展迅速。通过网络广播，人们可以自主地选择、收听、收藏甚至下载自己喜爱的广播节目。为了顺应形势，各级广播电台也开始建设并完善自己的广播网站，使听众可以通过网络平台收听广播节目。与此同时，喜马拉雅 FM、蜻蜓 FM、企鹅 FM、荔枝 FM 等专业的网络音频平台不断出现在人们视野中，不仅让听广播变得更加轻松和方便，而且让广播的内容也变得十分丰富。人们可以在这些平台上听书、听课、听音乐、听段子、听小说、听喜欢的主播，平台还会根据用户的收听和点击行为为其推荐可能感兴趣的内容。另外，智能手机出现后，手机成为收听广播的重要终端。移动端的收听比重不断增大，很多专业网络音频平台也同时开发了自己的手机

---

① 童云：《从喇叭到机器人：70 年中国广播终端发展》，《声屏世界》2019 年第 10 期。

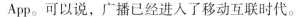

App。可以说，广播已经进入了移动互联时代。

近年来，智能音箱、智能家居、智能机器人等智能设备都嵌入了广播功能，成为广播的新载体、新终端。智能音箱将传统的收音机功能和智能语音服务结合起来，实现人机语音交互，使听广播变得更加简单。用户无须动手操作，只要把想听的内容说出来即可。可以说它将广播媒体伴随性的特点发挥到了极致。智能音箱的出现，让传统广播媒体和广播节目的收听率获得了提升，听广播的人多了起来。亚马逊、谷歌、微软等科技公司已经在智能音箱领域取得了很多成就，而CNN、BBC等世界广播领域的巨头也已开始开拓和布局智能音箱领域。

（三）收听行为主动化

随着社会发展水平的不断提高和文化市场的持续繁荣，广播受众向年轻化、优质化转变，其在精神文化方面的要求也快速提升。如今，广播已经不局限于满足受众线性的、被动的、静态的、单一的、共同的收听需求，而是满足不同受众的非线性的、主动的、动态的、多样的个性化的需求。传统广播"我播你听"的模式已经转变为"你点我播"的模式。受众可以自主选择、订阅、收藏甚至参与设计自己喜爱的广播节目，也可以通过各种平台和多种方式同节目主持人、嘉宾、工作团队等进行实时的互动和交流，反馈意见和建议，参与节目的不同环节以及各种各样的活动。在这种情况下，受众更应该被称为用户，媒体的受众思维也应该向用户思维转变。

（四）大数据技术等先进科技的应用

广播新媒体的发展离不开技术支撑，近年来，大数据、人工智能等技术已经越来越多地在广播产业得到应用，推动了"智慧广电"的建设。如今，全国已有多家广播电台与百度地图、高德地图等智能导航软件展开合作，应用电子地图的大数据技术，快速感知城市交通态势变化，实时通报路况信息，高效总结城市交通规律，为出行提供更科学、合理、及时的指导。另外，大数据也助力电台对受众进行细分进而使对其精准营销成为可能。2017年，我国首个广播人工智能实验室在长沙成立，致力于探索人工智能在广播领域的应用与发展，建设

"AI+广播新技术"研发应用平台，在节目制作、播出、传播等方面探索新方式，用 AI 技术为广播发展赋能。

总的来说，科技和社会的发展，使人们的生活方式也发生了改变，移动互联网的普及和媒介传输方式的多样化使得人们收听广播的方式更加丰富且更具主动性。广播产业将走向前所未有的、机遇与挑战并存的时代。广播在新技术与新媒体的巨大的冲击下，加快了自身变革和发展。只有实现与新媒体的融合、挖掘优势潜能、保持独特价值，才能提高收听率和关注度，成为传统媒体中的一枝独秀。

三 中央人民广播电台的新媒体实践

中央人民广播电台是我国兼具权威性和影响力的广播媒体之一，创立发展至今，一直紧跟时代潮流，积极推动广播的创新发展。20 世纪 90 年代，中央人民广播电台就认识到广播作为传统媒体同新兴媒体融合发展的重要性并进行了多个阶段的探索。

（一）完成数字化改造

1998 年，中央人民广播电台的数字化机房开始投入使用，广播技术由模拟化向数字化的转变。2007 年，中央人民广播电台已经完成了数字化和自动化的升级改造，为实现媒体融合奠定了基础。

（二）建设网络广播

1998 年 8 月，中央人民广播电台开通了自己的网站并在接下来的几年内实现了节目的网上直播和网上点播。2002 年，网站正式更名为"中国广播网"，旨在通过互联网让中国的声音传向世界各地。2009 年，中央人民广播电台开始实施"台网一体、全台办网"的战略，进一步肯定了网络电台的重要地位，为电台的全面转型提供了政策支撑。

中央人民广播电台以广播为依托，在增加传统广播节目的同时，全面推进在线广播和网络电台发展，开办了 4 套数字广播节目及 3 套手机广播节目，拥有全国最大的音频网站——"中国广播网"以及网络电台银河台。其中，中国广播网一般指央广网。

（三）推进媒体融合

"台网一体、全台办网"的战略提出后，中央人民广播电台加快了与新兴媒体结合的步伐，并将多媒体应用于节目制作的各个环节。党的十八大之后，中央人民广播电台进一步加强新媒体建设，在继续打造、提升原有网络广播和新媒体产品的同时，积极建立手机客户端，开拓微博、微信等平台，并启动建设中国广播云平台。[①] 2014 年年底，中央人民广播电台融媒体新闻指挥中心运营办公室成立，推出了颇具特色、影响广泛的融媒体产品。在媒体融合的背景之下，中央人民广播电台众多节目在传统播放形式之外，开发了网络播放、手机应用软件播放等新的播放形式，并将移动互联网作为新时代广播节目的突破口。节目在市场化思路的指引下，立足节目宗旨、寻找最新话题、贴近百姓生活，在吸引大量听众的同时，也吸引了众多的赞助商。

在时代的浪潮下，中央人民广播电台一直激流勇进，成为改革的先行者和全国各大广播电台的榜样。

第二节　电影产业发展实践

电影被称为"铁盒里的大使"，是电子时代最强有力的文化传播媒介，也是一国文化软实力的重要组成部分。电影作为一门艺术，能以视听结合的手段表现人的感情和情趣，为人们提供审美享受；电影作为产业，虽然历史并不算悠久，却有着众多文化产业无法比拟的蓬勃生命力和汹涌的发展态势。在我国，电影产业是文化创意产业的重要组成部分，是推动社会主义文化大发展大繁荣，提高国家文化软实力的核心领域。

中国电影产业取得了巨大的成就，但同已经发展得较为成熟的欧

[①] 王求：《建设广播云平台，构筑融合产品集群——中央人民广播电台媒体融合实践》，《中国广播电视学刊》2015 年第 11 期。

美、日韩的电影产业相比，无论是在技术水平、创意挖掘还是在产业发展方面都存在诸多不足，在世界范围内的影响力还较为有限。因此，我国电影产业的建设离不开全球语境，要不断拓展国际视野，吸收其他国家和地区的有益经验，也要扎根中国文化的土壤、挖掘中国故事、突出鲜明民族气质和民族特色。

一　全球最大电影市场的成长之路

得益于经济体制改革、文化体制改革及加入世贸组织等政策带来的机遇，我国电影在 20 世纪 90 年代之后逐步走上产业化的道路。经过了多年的学习和成长，其文化创意功能及产业功能日益凸显，逐渐发展为我国文化创意产业中的中坚力量之一。

20 世纪 90 年代初期，中国电影在市场压力下受到巨大冲击，弊端日益显现。1993 年，国产电影产量、票房收入、发行收入都出现了大幅度下降。1994 年，"广电部、电影局授权中影公司每年引进 10 部国外的分账大片"[①]。当年 11 月，好莱坞电影《亡命天涯》引进中国并一举获得成功，这是我国引进的第一部好莱坞电影。次年，施瓦辛格主演的《真实的谎言》引起了更大的轰动。在有些地方，人们为了看一场电影，甚至不惜花三倍四倍的价钱从"黄牛"手里买票。1998 年引进的《泰坦尼克号》更是一石激起千层浪，引起一阵观影热潮，一举拿下 3.6 亿元的惊人票房。这些影片的引进，不仅活跃了中国的电影市场，点燃了观众的观影热情，把人们重新拉回了电影院，而且也从客观上带动了国产电影的发行，促使国产电影提高质量，向世界水准看齐。中国电影在引进片的冲击下，一步步走上正轨，电影市场也一步步壮大。

在一系列政策、资金和奖励措施的支持下，20 世纪 90 年代中国

---

① 胡智锋：《中国影视文化创意产业发展创新研究》，中国传媒大学出版社 2014 年版，第 122 页。

电影产业取得了可喜的成绩。《焦裕禄》《离开雷锋的日子》《红河谷》《黄河绝恋》《紧急迫降》《红色恋人》等电影开始利用明星演员、口碑导演等元素吸引观众，提高票房。国产电影在品质上不断提升并开始尝试与进口大片抗衡。另外，一些艺术电影走向国际并在国际电影节上斩获奖项。张艺谋的《秋菊打官司》获得第49届威尼斯电影节金狮奖，他的另一部影片《活着》获得第47届戛纳国际电影节评委会大奖。陈凯歌的《霸王别姬》获得第46届法国戛纳国际电影节金棕榈大奖。田壮壮的《蓝风筝》获得第6届东京电影节最佳影片奖。这些影片虽然在主题或内容上存在一定的争议，但是不可否认的是，它们成为中国电影"走出去"的代表。

进入21世纪后，中国电影已经在电影市场化的认知方面基本达成统一。2001年，中国加入世贸组织。对于中国电影来说，"狼"真的来了！如何应对？与"狼"共舞是中国电影不得不做出的选择。"在观念上，对于电影市场、产业及其产业化的认识却由此前进了一大步。"[1] 分账大片进一步刺激中国电影市场，加速了中国电影的产业化转型。

2003年，中国电影启动全面产业化改革：改革原有电影集团，组建新的电影集团；改革电影发行机制，推动国内院线建立；鼓励民营电影公司，吸收民营资本；引进境外资金，促成合拍影片。一切举措都是为了打破地域界限和行业割裂状态，进行市场的重组和资源的优化配置。利好的政策和有力的扶持有效地激发起国产电影的活力。几年间，《卧虎藏龙》《大腕》《英雄》《手机》《十面埋伏》《天下无贼》等电影都获得了不小的影响，虽然说在质量和口碑上和进口大片比起来还有差距，但是体现出了国产片探索前进的趋势。

从2003年到2006年，中国电影各项收入指标大幅增长。到2007年，电影票房达33.27亿元，2008年达43.67亿元，2009年飙升到62.06亿元。[2] 从2010年到2019年的十年间，电影市场依然火热，票

---

① 沈芸：《中国电影产业史》，中国电影出版社2005年版，第221页。
② 司若、黄莺：《多元体验建构：疫情下2020年中国电影产业发展趋势预判》，《北京电影学院学报》2020年第4期。

房实现了跳跃式增长。国产电影票房在总票房中的比例大多都保持在50%以上，国内影院银幕数量也保持了高速的增长态势（见图7-2）。这些数据，显示出中国电影的巨大增量和后发优势，表明了中国电影市场已经发展壮大并逐步迈入了规范的发展阶段。电影慢慢成为文化市场新的亮点，并拥有超级的魅力和巨大的潜力。另外，国产影片质量、运作水平和商业化程度都在不断提高，逐渐形成了大片拉动票房，中小成本电影形成有力补充的格局。在国际化的电影格局中，中国电影市场越来越亮眼，成为世界电影发展新引擎，已于2018年超过北美市场，成为全球最大的电影市场。①

总之，自2003年电影产业改革以来，中国电影无论在票房上、品质上还是口碑上，都取得了巨大的发展和进步。中国电影已经取得了有目共睹的成绩，电影产业在文化产业中的重要性日益凸显，完成了产业化的初级阶段，呈现出产业的大致框架，带动了相关产业的发展。

然而，不可否认的是，随着产业化的推进，中国电影的问题和短板也逐日凸显。"繁荣景观下的结构性危机、市场化矛盾及产业化短板问题愈发昭彰，制约着中国电影升级换代与格局提升。尚处于初级阶段的中国电影市场，既有电影数量与质量、电影供给与需求、宏观调控与市场规律之间的不匹配问题，以及产业链条在结构性调整中显现出的'软肋'；也有创作层面过度娱乐化、同质化，创新力与想象力不足、原创力缺失，资源耗损严重等瘤疾；还出现市场运作层面的失序，诸如票房造假、倒逼排片、盗播盗录等乱象，以及当下各路资本对电影市场的疯狂进军，票房增速放缓后更多问题浮出水面。"②

---

① 丁亚平：《中国电影：如何走向全球第一大电影市场？》，《艺术评论》2018年第10期。
② 饶曙光、李国聪：《2003年以来的中国电影产业流变与市场走向》，《艺术百家》2017年第2期。

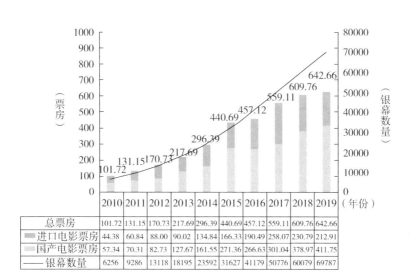

	2010	2011	2012	2013	2014	2015	2016	2017	2018	2019
总票房	101.72	131.15	170.73	217.69	296.39	440.69	457.12	559.11	609.76	642.66
进口电影票房	44.38	60.84	88.00	90.02	134.84	166.33	190.49	258.07	230.79	212.91
国产电影票房	57.34	70.31	82.73	127.67	161.55	271.36	266.63	301.04	378.97	411.75
银幕数量	6256	9286	13118	18195	23592	31627	41179	50776	60079	69787

国产电影票房（亿元） 进口电影票房（亿元） —— 银幕数量（块）

图 7 - 2 2010—2019 年中国影院票房情况及银幕数量[1][2]

二 电影产业趋势与市场走向

（一）增速放缓，回归理性

2016 年以来，中国电影市场在经历了数年的高速发展之后，电影票房的增速出现放缓趋势，其原因是多方面的，包括观众素质提高，口碑效应日显；三、四线影院增多，观影人口结构变化；影片质量参差不齐，缺少优质影片；院线监管加强，票价普遍上涨；市场资源配置不合理，影院结构性过剩；总体经济形势的不确定性增加等。电影产业进入了一个缓和的调整期，电影市场开始挤出水分，淘汰非专业资本，由追求数量向追求质量转变，变得更加正规和理性。事实上，

---

① 数据来源：司若、黄莺：《多元体验建构：疫情下 2020 年中国电影产业发展趋势预判》，《北京电影学院学报》2020 年第 4 期。

② 数据来源：刘汉文、陆佳佳：《2018 年中国电影产业发展概况与趋势预测》，《影博·影响》2019 年第 1 期。

票房以及相关数据的增速放缓，并不代表电影观众的流失和电影市场的缩水。观众观影的需求还十分强烈，急切呼唤优质电影的出现。在这一阶段，无论是作品还是资本都应该经过沉静思考、精雕细琢、优化组合后再进入市场，以质量为引领，用创意和专业性打动观众。

（二）新生力量，快速成长

新生力量的崛起，是中国电影长足发展的关键所在，是照亮未来之路的光芒。国家在顶层设计层面一直对新力量给予重视和关怀。2014年，由广电总局发起，CCTV-6电影频道节目中心主办的"2014中国电影新力量推介盛典"在京举办。韩寒、郭敬明、邓超、俞白眉、陈思诚等11位电影新锐导演和众多年轻的观众一起交流、碰撞，共同成为盛典的主角，体现了活动对新生力量的重视。中国电影的新生力量不仅包括新生代的导演，也包括逐渐成长起来的个性化、专业化的年轻观众以及参与在电影制作、宣传、发行等各个环节中的年轻电影人。

在新生代中，"网生代"受到了特别的关注。"网生的电影产品、电影观众、电影导演都在影响电影文化，网生的电影公司正在整合电影。"① 网生代电影导演是很难定义的一代，因为他们大多具有多重的身份和鲜明的个性，总体创作风格多样化。他们又是坚守传统的一代，因为他们的作品立足本土，关注现实，以电影化的手段书写生活，为电影市场的繁荣贡献了力量。网生代电影观众群体是在互联网的影响下成长起来的、具有互联网思维的年轻一代。观众的欣赏水平塑造了电影的风格和品质。当前娱乐化、游戏化、商业化作品的涌现在一定程度上反映了观众尚不成熟的需求。总的来看，电影新力量的快速成长，描绘出中国电影丰富多元、具有活力的生态景观，并将不断推动中国电影的创新发展。

（三）多种类型，不断成熟

类型电影是电影产业不断完善的产物，"是根据市场的需求，将

---

① 刘佳：《"网生代"与中国电影产业发展——"中国电影产业发展趋势研讨"学术活动综述》，《当代电影》2014年第12期。

不同的题材、人物、情节、技巧进行模式化归类，按照不同的类型要求进行制作，以满足观众'期待视野'的商业电影"①。类型电影符合电影的市场规律，促进了电影的再生产，是电影产业成熟的果实。它不是封闭的、固定的系统，而是在标准化的运作中不断发展、变化的开放性系统。②

21 世纪以来，随着市场经济的发展，中国电影取得了很大发展，类型电影逐渐成熟，已经成为中国电影市场的核心力量，并且形成了独特的本土文化特色。这是我国电影产业不断规范化、模式化、商业化、娱乐化的表现，也是我国"电影作者"和"电影观众"就影片形式和风格达成的认同。中国类型电影曾经因为一味模仿好莱坞、缺乏中国风格、重视流量明星而忽视影片质量等问题饱受质疑和诟病。随着行业整顿的持续推进和观众观影品位的不断提升，国产类型片的品质大大提高，并基本形成了以喜剧片、爱情片、动作片为主，诸多亚类多元发展，不断生成的格局。不断成熟的电影市场呼唤多种类型的优秀电影。电影创作者应该立足本土，遵循电影创作规律，提高艺术水准，积极探索电影表达的新方法，满足广大观众日益增长的观影需求。

（四）全产业链，跨界合作

如今，电影企业之间的竞争，不是单纯的电影作品的竞争，而是整个电影产业链的综合实力的较量。"全产业链的运营是实现跨媒介、跨行业、跨区域的综合性影视集团的必须模式，也是'大电影产业'逻辑和生态布局理念的有效实践。"③全产业链是基于共同追求的电影企业的关系网和生态圈，它从根本上改变了各个企业各自为战、自力更生的模式，有助于电影企业取长补短、发挥各自优势，实现高效协

① 徐兆寿、林恒：《本体·泛化·滥觞：论改革开放 40 年本土类型电影的嬗变》，《现代传播》（中国传媒大学学报）2019 年第 3 期。

② 沈国芳：《构建类型电影的新观念》，《当代电影》2005 年第 5 期。

③ 饶曙光、李国聪：《2003 年以来的中国电影产业流变与市场走向》，《艺术百家》2017 年第 2 期。

作和资源优化配置。在电影的全产业链中，除了传统意义上的电影公司外，其他的文化公司、互联网公司、通信公司甚至是制造业公司也参与其中，不仅共同完成捕捉创意、吸引投资、创作作品、宣传营销等诸多环节，还可以拓展到游戏、广告、手办、主题展览等相关领域，形成全产业链的分工合作和良性循环。以阿里巴巴集团为例，它不仅投资了华谊兄弟、光线传媒，还利用自身在互联网平台的资源和影响力搭建了电影投融资平台，利用猫眼电影、淘宝电影平台进军电影的网络发行、市场营销、数据分析、受众服务等业务，并和制片方、院线方实现合作共赢，形成了全产业链运作模式。

（五）新兴技术，助力升级

电影的诞生是技术发展的结果，电影的每一步发展升级都离不开技术的助力。如今，以大数据、物联网、云服务、移动互联网等为代表的新技术改变着人们的生活方式和思维方式，也对电影产业产生了深入的影响。大数据正在被应用于电影产业生产、营销、消费等多个环节。演员的选用、剧本情节的发展走向、影片风格的总体定位、营销方法的使用、上映时间的选择、舆情的实时分析等诸多环节都可以借助大数据技术。数据是大数据时代一项重要的生产因素，挖掘数据的独有价值成为大数据时代的核心。① 在影视产业，数据也已成为一种重要的资源和制胜的砝码。如今，影视产业对数据的运用由"事后归纳"发展至"事前预测"，通过对文本、图片、声音、视频、用户特点等多维数据的收集、存储、分析和处理，原来看起来作用不大且彼此毫无联系的海量信息产生了新的意义和价值。用户的数据信息不但可以被用来预测电影的票房成绩以及制定更加精细精准的营销策略，而且可以反馈到电影的生产创作过程中，指导创作的进行。

在 2016 年 2 月的春节贺岁档中，周星驰导演的电影《美人鱼》火爆银幕，在票房上表现喜人。该片的成功离不开大数据技术的加持。

---

① ［英］迈尔－舍恩伯格、［英］库克耶：《大数据时代》，盛杨燕、周涛译，浙江人民出版社 2012 年版，第 102 页。

影片在上映前就已在各个社交网站展开宣传，将互联网选为其营销阵地。与此同时，影片在收集互联网用户的搜索、点击、点赞、评价、转发等行为信息的基础上，通过大数据分析，完成对影片核心受众的定位。比如，影片在新浪微博上建立了同名官方账号，在进行电影宣传的同时，收集用户的基本数据（如 ID、昵称、性别、年龄、地区、微博创立时间、发表和转发的微博内容等），在对受众尤其是核心受众的观影偏好、年龄结构、受教育程度等数据进行统计和分析后，为目标受众量身定制线上线下电影的宣传推广方案，设计人人皆可参与其中的话题讨论及发布活动，让受众由被动的接受者变为主动的参与者和宣传者，从而达到了宣传上的炸裂效果和票房上的较高收益。

"大数据对于电影产业的价值主要表现在以下几个方面，即电影剧本优化、项目论证、电影营销策划和评估、观众分析、影片发行以及票房预测等。未来，大数据在艺人经纪、电影投融资等领域也可能会起到重要作用。"① 目前，电影作为人们的一种娱乐方式，它的独特性和重要性正在受到越来越多的挑战。在竞争日趋激烈的背景下，大数据技术将不断助力电影产业发展和振兴，使其能够在同其他娱乐方式的竞争中抢占市场、获得相对优势。

另外，随着数字技术的发展，电影从制作、存储到放映层面，都出现了新技术、新工具和新方式。数字特效、影像合成、VR 等高科技不仅增强了视听效果和银幕表现力，而且促成了产业的不断升级。可以说，技术变革释放的营养在不断滋养着电影，拓展了电影的表现空间，推动了电影的产业化进程。

（六）国际合作，创立风格

我国电影虽然已经取得了巨大的发展成果，但目前在国际上的影响力还是有限的，没有成为传播文化的有效载体，也没有在国外电影

---

① 刘藩、刘婧雅：《当前中国电影营销的关键问题研究》，《上海大学学报》（社会科学版）2014 年第 5 期。

市场上获得可观的票房收入。中国电影对国际化道路的探索，主要通过与其他国家和地区合拍电影实现。合拍电影可以借鉴外方的创作理念、成熟团队、科学流程以及全球发行资源，也可以融合中外文化，讲述中国故事，助力中国电影的全球化战略，提高文化软实力。中国电影"走出去"是全球化战略的必经之路，在国外强大成熟的电影产业面前，这条路肯定会走得十分艰难。因为已经成熟的国际电影企业不会轻易放开手中的蛋糕。但中国市场具有巨大的潜力和最大的受众群体，越来越多的国际电影企业将目光投向中国市场并希望通过合作更顺利地在中国获取票房。中国电影企业在与外方合拍影片、互相切磋、借鉴学习的同时，需要提高自己在合作中的话语权，在作品中增加中国元素，讲好中国故事，促进合拍影片的国际推广。中国内地的电影企业应该借鉴与香港合拍影片的经验，增加新的国际合作伙伴，提高自身的主导地位，创立自己的独特风格。在中国电影市场更趋繁荣的今天，国际合作的热潮势必会继续推进。

三　造梦：好莱坞与超级英雄

提起电影产业，好莱坞创造的电影神话总是人们津津乐道的话题。游泳池、商业谈判、颁奖典礼、演员新秀还有动辄百万、千万美元的交易都向人们展示出美国电影商业帝国的庞大和辉煌。好莱坞的影响力不仅仅局限于美国，而是遍及世界各地。电影产业不同于传统的产业，它是利用声音、画面、人物、情境和故事进行生产和盈利的产业。电影的生产、发行、放映，目的都离不开赚钱。没有一部好莱坞影片是在脱离商业的情况下完成的，无论是《大白鲨》《变形金刚》《星球大战》《阿凡达》等场面恢宏的商业大片，还是纪录片、实验片、先锋电影等其他类型的作品。如同"梦工厂"一词所暗示的，好莱坞生产的不是一般的影视产品，而是"梦"。而消费者需要为之付费的，也是"梦"——一种无形的，短则几十分钟长则几个小时可迅速化为回忆的体验。

好莱坞的电影产业利用集中性的生产、精细的分工、雄厚的生产力、完善的装配线等手段完成了大规模、流水线式的作业。电影作为商品需要依靠制作环节各个成员的通力合作，不仅包括制片人、导演和演员，而且编剧、摄影师、灯光师、服装设计等每一个岗位都不可或缺。好莱坞通过发掘每一个可能的闪光点来建立自己的品牌：影星、制片、导演、编剧的与众不同的个性，类型电影中近似的视听模型和故事基调。种种策略都是为了确保他们尽可能地收回投资、获取利润，在这一条并不稳定的产业之路上走得更远。

纵览北美电影的历史表现我们可以发现，IP 改编电影始终占有举足轻重的地位。以 IP 作为基础的电影占据了票房排行榜的前列位置，受到了观众的狂热追捧。据《华盛顿邮报》调查，在 2018 年之前的 20 年之内，以漫威作品为代表的超级英雄影片在全球范围内收获了超过 250 亿美元的票房。[①] 漫威是创建于 1939 年的漫画公司，1961 年定名为 MARVEL，旧译"惊奇漫画"。2019 年，MARVEL 被华特迪士尼公司收购，之后宣布其中文名为"漫威"。美国电影中的很多超级英雄都诞生于漫威公司。

漫威不仅有塑造了绿巨人、黑寡妇、蜘蛛侠、雷神、钢铁侠、美国队长等单个超级英雄的电影，还有《复仇者联盟》这样的展现群像式、联合式超级英雄的电影。这些电影之间有着千丝万缕的联系，共同打造出一个庞大的超级英雄集团。漫威的电影不只涉及英雄、科幻、动作，还和美国文化紧密相连。如"美国队长"这一角色来源于漫威漫画，初次登场于 1941 年，象征着和纳粹集团作战的美国"最伟大的一代"，是爱国、正义、自信、禁欲、打抱不平、不畏强权、不畏牺牲的具有强烈道德感和责任感的人，代表了美国的清教精神。而另一个尽人皆知的漫威英雄"钢铁侠"则代表了美国的进步精神，是务实、功利、开放、活跃、花心、自我、具有创造力、可以改变未来、创造新世界的人，代表了 20 世纪六七十年代后，厌倦了保守的清教精神、

---

① 彭侃：《2018 年北美电影产业发展报告》，《电影艺术》2019 年第 2 期。

渴望通过自己的能力创造新世界的美国年轻一代。两大 IP 都深深植根于美国文化，不仅是一个形象，而且是一种象征。他们在不同的历史阶段被赋予了不同的意义。《复仇者联盟》的主线就是美国队长和钢铁侠两个超级英雄相识、合作、分裂、斗争以及最后联合起来为全人类牺牲的故事。

好莱坞集中了最具优势的力量强化经典的 IP 形象，通过不断加入新的元素、设计新的剧情来延长经典 IP 的生命周期。此外，还有一些针对经典 IP 的翻拍、衍生的"外传"式作品。在经典 IP 之外，不断塑造新的 IP，共同构成一个相互联系的庞大的文化产业系统，竭尽所能使其产生最大的经济价值。

第三节 电视产业发展实践

1924 年，英国人贝尔德发明了最原始的电视机，标志着电视的问世。1936 年 11 月 2 日，英国广播公司首次对演出进行了转播，标志着世界范围内电视产业的开始。在近百年的时间里，电视产业在全球范围内蓬勃发展，迅速起飞。电视成为三大主流媒体之一，电视机成为人们生活中不可缺少的一个伙伴。

一 电视产业的发展状况

研究中国电视产业的格局，就不得不提到在 1983 年第十一次全国广播电视工作会议中确立的"四级办电视"政策。"四级"指中央、省级、市级和县级。在此之前，我国电视基本只有中央和省两级，其他级的电视台数量极少且影响较小。"四级办电视"政策实施后，全国各地办电视的热情被调动了起来，电视台的数量迅速增加，电视产业的发展力量被释放出来。到 90 年代中期，中国的电视台数量已经是美国的两倍，一跃成为世界上电视台数量最多的国家。随着电视台数量的增加，电视综合覆盖率不断提高，电视产品制作及播出时间也不断增加。新闻资讯类、专题服务类、综艺类、影视剧类、广告类等类型的电视节目内容丰富，特色鲜明。

"四级办电视"对中国电视产业的格局和中国电视文化的特点产生了深远影响。全国范围内众多电视台，呈现出以中央电视台各频道为代表的宣教文化和以地方台为代表的娱乐文化两种文化气质。这两种气质和风格在市场和主管部门的作用和规制下消长平衡，保证了电视"寓教于乐"的文化方向。另外，电视作为一种产业，承担着明确的商业功能和市场功能。因此，中国电视媒介在发展中形成了独特的功能定位：政治功能、服务功能和市场功能。电视需要同时承担这三种功能，也被三种力量支配。三种力量在不同阶段的调整、博弈、切磋，引起了中国电视内部形态的不断变化。达到一个平衡和谐、共荣共赢的理想局面，是电视产业努力追求的目标。

20 世纪 90 年代以来，电视受市场化运作的影响越来越大，电视节目的评判标准也逐渐向市场价值和收视率倾斜。因此，具有可观的市场价值，能快速完成利益循环的娱乐节目风生水起，成为电视产业化的一大标志。此时，电视创意的主要目标是吸引受众眼球、提高收视率、完成广告合作、获取最大的经济效益。曾经在历史中被抑制的电视的娱乐功能被释放了出来，娱乐化的节目大量涌现，娱乐化元素成为电视节目策划所必须包含的元素。

2004 年，湖南卫视推出大型选秀节目《超级女声》，在全国引起极大的反响。它掀起了选秀节目的热潮，创造了草根、选秀、海选、PK 等电视选秀新名词，也创造了收视率的神话。之后，各大卫视争相推出自己的选秀节目，涌现出《我型我秀》《加油好男儿》《梦想中国》《绝对唱响》等 200 多个选秀节目。直至今天，电视的"造星"活动还在继续并不断换代升级。

电视节目娱乐化是电视逐渐开放、拥抱市场、满足受众喜好的必然，但同时带来了电视节目同质化、低俗化的弊端。当电视一味追求娱乐，一味为受众提供娱乐满足的时候，必然会破坏电视文化的多元性和丰富性，导致片面性和极端性。人们从电视中获取知识、智慧、思想的精神需求得不到满足，而宣泄性、游戏性、竞争性、窥视性的需求则被一味培养和放大。

中国幅员辽阔、历史悠久、民族众多，是最大、最活跃的一个市场，足以撑起一个庞大的内容产业。但实际上，中国电视在发掘本土文化资源方面做得还很不够。为了最大限度地规避风险，最快地收回成本、赢得利润，投资者往往会一窝蜂地冲向热门的话题、节目和内容，去模仿、复制、跟风、抄袭、迎合，而不愿意花更多的时间培养人才、打磨特色、挖掘本土文化中的富矿。如何在生产更有创意、更高品质的文化产品，为受众提供更健康、更有营养的文化享受的同时收获经济效益和市场效益，是选秀节目、娱乐节目也是电视产业必须解答的问题。

从 2006 年开始，电视产业的创意生产有了新的突破。《故宫》《再说长江》《大国崛起》等制作精良、底蕴深厚的历史文化纪录片的出现，对改善中国电视的生态环境起到了积极的作用。2012 年，电视纪录片《舌尖上的中国》在央视播出，它将美食、文化、乡愁、回忆、传承等元素融为一体，精心"烹制"，为观众呈现了一场视听盛宴和文化盛宴，得到了热切的响应和广泛的认同。

近年来，文化类节目走红并成为电视荧屏上的一大亮点。《中国诗词大会》《中国汉字听写大会》《经典咏流传》《朗读者》《一本好书》《见字如面》《国家宝藏》等优秀节目，成为文化类节目的标杆，推动了文化类节目的发展，实现了社会影响力和口碑的丰收，是电视节目向传统文化、内在精神和艺术品位回归的表现。虽然此类节目在经济效益方面还不能同娱乐综艺抗衡，但市场和受众品位的培养需要一个过程，只有稳步提升质量，不断寻求创新，才能维持长久的生命力和卓越的竞争力。

二　新媒体时代电视产业何去何从？

互联网被誉为可以和蒸汽机相提并论的人类最伟大的发明，它开辟了人类生活的新时代，让人们远离了曾经关于远近、多少、有无的经验，建构着了解世界和认识自己的新认知。作为新媒体的互联网迅猛发展，使传统的电视媒体受到了巨大的冲击。电视产业生产乏力、技术落后、受众流失等问题日显，传统优势式微，发展空间日渐局促。新媒体时代电视何去何从？电视将死还是会获得新生？这些曾经都是困扰电视人的难解之题。答案是，作为三大传统媒体之一的电视并没有就此凋谢，而是借此机会，进行了一系列改革和突破，完成产业的升级。

（一）转变观念、改革模式

技术的变革会带来经营方式、产品结构、生产要素、投资模式、产业结构等的变革。新媒体时代，电视产业也面临一系列剧烈的、广泛的、持久的调整与整合，其中存在巨大的艰难和风险，优胜劣汰必然出现。在我国，电视媒体受国家行政规制的影响较大，政府的方针政策在一定程度上束缚了产业的自由发展，传统的管办合一的形式已经不适合当前的形势。从总体战略上讲，电视主管部门应该积极迎接新时代的挑战，转变思想观念，制定科学合理的发展规划及切实可行的执行计划。政企分开、管办分开，用完善的管理制度，助力电视媒体发展，使其革新传统弊病、弥补薄弱环节、强化自身优势，承担起引领产业走向、完成产业升级的责任。

（二）内容为本、创意为王

传媒产业是内容产业，内容生产是传媒业最核心、最根本的业务和活动。当前，电视受众对高品质、有创新意义的电视产品的呼声越来越高。然而，中国电视产品生产量的提高和质量的提升并不成正比，高质量的内容依然相对紧缺并且已经成为行业竞争的焦点。尤其是在新媒体时代，电视产业的竞争对手不仅局限在产业内部，而且已经扩展到互联网领域。网络带来了信息的海量化、传播渠道的多样化、效率的最大化以及存储的便利化，促使优质的内容在网络平台上层见叠出。因此，在新形势下，如何利用已有的人力、物力和渠道，合理分工、协同合作，完成更多优质内容的开发和推广，对电视产业来说意义重大。只有在内容上赢得主动，才能在已经到来的竞争中赢得主动。

（三）聚焦特色、拓展市场

在文化产业领域，我国一直属于输入大国，每年从欧美、亚洲邻邦等国家和地区进口大量的文化产品。提高文化软实力，提高本国文化产品的国际竞争力，扭转我国的文化贸易逆差是文化产业的重要任务。电视产业应该主动承担起对外销售文化产品、传播文化理念，树立国家文化品牌的责任，为提高中国文化软实力做出应有贡献。以电视剧出口为例，近年来，我国电视剧"走出去"脚步覆盖的范围进一步扩大，电视剧的市场已经从东南亚拓展到全世界。然而拓展市场、走向世界仅是"走出去"的第一步。从经济效益的角度看，我国电视剧出口的收入还相对较少，很多电视剧在国际上只能卖到"白菜价"，根本无法和国内售价相比也不能同我国进口的电视剧的价格相比。这说明我国电视剧在海外的竞争力还相对较弱，难以形成对受众的吸引力，没有建立起具有自己风格和气质的优质品牌。如今，中国电视剧已经不能靠单纯的拓展市场来提高国际影响，而应该聚焦特色、提高品质、打造品牌、传播理念，在国际市场上形成持久、深入的影响力。

（四）跨界融合、引领跨越

"'互联网＋'是把互联网的创新成果与经济社会各领域深度融合，推动技术进步、效率提升和组织变革，提升实体经济创新力和生产力，形成更广泛的以互联网为基础设施和创新要素的经济社会发展新形态。"[1] 在新媒体时代，电视产业只有继续推进与互联网的融合，才能在新的科技及产业的变革中激发活力，重塑优势，提升业务水平，打造新的增长点，实现跨越式发展。湖南卫视[2]和芒果TV[3]在"台网融合"方面的探索是电视媒体和网络媒体跨界融合的典范。湖南卫视

---

[1] 国务院：《国务院关于积极推进"互联网＋"行动的指导意见》，http：//www.gov.cn/zhengce/content/2015－07/04/content_10002.htm。

[2] 湖南卫视是湖南广播电视台旗下的综合性电视频道，于1997年1月1日开播。

[3] 芒果TV是以视听互动为核心，融网络特色与电视特色于一体，实现"多屏合一"且提供独播、跨屏、自制的新媒体视听综合传播服务平台，也是湖南广电旗下唯一互联网视频平台。

一直属于省级卫视中的佼佼者，是我国最具影响力的电视频道之一。2014 年 5 月，湖南广播电视台宣布"湖南卫视拥有完整知识产权的自制节目只能在自家的互联网视频平台（芒果 TV）独播，在互联网版权上一律不分销"①。湖南卫视的高质量电视文化产品通过芒果 TV 这一网络渠道进行更有效的传播，实现了高质量的"台网融合""台网联动"及"台网共赢"，从而为"台网融合"赋予了有力的实践案例。

三 湖南卫视：偶像养成与粉丝经济的开启者

国内最早的选秀综艺节目是 2004 年湖南卫视推出的《超级女声》。湖南卫视第一次向人们展示了一个选手在电视荧屏上从普通人到明星的蜕变过程。不同于传统的先由经纪公司包装后再出道的造星方式，选秀综艺的参加者大多是未经打磨的一块块"璞玉"，等待在节目进行中被赏识、被雕琢。选秀综艺的出现，伴随着中国电视市场化和商业化的浪潮，它让省级卫视间的竞争白热化，电视产业马太效应逐渐凸显。省级卫视开始有意识地关注自己在全国范围内的市场占有率和节目影响力并积极探索自己的综艺之路。此后，出现了一些被称为"现象级"的综艺节目，它们不仅具有超高的收视率，而且成为社会舆论的焦点，如 2005 年的《超级女声》、2010 年的《非诚勿扰》、2012 年的《中国好声音》及 2013 年的《爸爸去哪儿》等。

随着选秀节目一片火热的大好局势，粉丝经济也开始蓬勃发展。粉丝一词来源于英文单词"Fans"，意为"迷""爱好者"。《超级女声》中的"素人"选手在比赛中迅速收获了大量的粉丝。这些粉丝规模庞大，自成组织，还为组织起了名字。李宇春的粉丝称为"玉米"，张靓颖的粉丝称为"凉粉"，周笔畅的粉丝称为"笔亲"……这些粉丝群形成了相对独立的团体，能采取共同行动。湖南卫视洞察到了粉丝的巨大能量，不仅在节目中设计了投票、评论等粉丝可参与的互动

---

① 张越：《芒果台不再拿节目养"敌人"》，《羊城晚报》2014 年 5 月 10 日第 B2 版。

环节，提高了节目的参与性和吸引力，而且借助粉丝得到了可观的经济效益，进而推动了相关产业的发展。

粉丝是由个体组成的集体，可以发起成规模有影响力的集体行动，他们以精神需求和情感需求为出发点的消费行为可有力地推动粉丝经济的发展。最初在粉丝经济中，粉丝会购买明星CD、购买明星代言的商品、购买明星演唱会门票等；在第二阶段的粉丝经济中，粉丝由原来的仰慕者变为追随者，粉丝和明星进行线上和线下的互动，二者之间的距离缩短了；在第三阶段的粉丝经济中，粉丝变为了消费者，不仅消费偶像的作品、代言的商品，而且消费衍生品、周边产品；如今的粉丝经济已经到了第四阶段，即养成式的偶像和养成式的粉丝阶段，粉丝可以见证和参与明星"成长"的过程，并通过投入时间、金钱等方式享受这个过程带来的存在感和成就感。

可以说，湖南卫视的选秀节目是现在大火的养成类选秀节目的鼻祖。养成类选秀节目的选手同样并非包装完善的明星偶像，而是正在成长的"半成品"或者是初出茅庐的"小鲜肉"。粉丝看偶像，不再以一种仰望的角度，而以一种平视甚至是俯视的角度。粉丝不仅是消费者还是生产者，他们也介入了明星的成长过程中。他们的行为、创意完全可能改变其偶像并成为偶像特点的一部分。这种变化带来了粉丝和偶像之间力量关系的转变，二者产生了一种更加紧密的、互动性更强的、长期的共识性关系。

最初资本看中的，是粉丝的数量，因为它会直接作用于综艺节目或电视剧的收视率、专辑的销量等方面。现在，资本需要的是将粉丝的情感投入和参与度进一步的量化和变现。逐渐成长的平民偶像给人一种养成感、亲近感、期待感、体验感，这样的文化产品更容易同受众建立情感联结并将粉丝的情感和忠诚度变现。因此，基于这种理念的养成式造星方式得到了电视媒体的青睐，也发展出了众多流行的网络综艺。腾讯视频出品的《创造101》、爱奇艺出品的《偶像练习生》以及优酷出品的《美少年学社》等综艺节目，都是成功的例子。

粉丝经济不仅在电视产业，还在其他传统产业和新媒体产业产生了巨大的效益和影响。然而资本总是具有一定的非理性和盲目性，一味地追求粉丝，围绕粉丝做文章，就会使粉丝经济成为一种产业导向，脱离了电视产业以内容生产为本的重心。另外，粉丝经济中的负面现象屡见不鲜。粉丝作为一个庞大的群体，在创造流量、赢得价值的同时，也可能产生一些不理性的行为。电视产业应该树立科学的、正确的文化观念，遵守相关的制度和法律，正确对待粉丝经济，充分挖掘流量背后的社会价值。

第八章　动漫游戏产业发展实践

　　动漫游戏产业为动画产业、漫画产业及游戏产业的总称，又称为 ACG 产业，是 Animation（动画）、Comic（漫画）及 Game（游戏）的缩写。ACG 这一称谓在华语文化圈较为流行。而在日本，动漫游戏产业的通用简称为 MAG，即 Manga（漫画）、Anime（动画）、Game（游戏）的英文简称，其中的 Manga 是指日本漫画或日本风格的漫画。如今，动漫游戏已经成为一种流行全球的文化，在大众文化中占有越来越重要的地位。动漫游戏产业覆盖了诸多行业，是 21 世纪引领知识经济发展的朝阳产业和中坚产业之一，在文化和经济领域具有战略性意义。

第一节　动漫产业发展实践

　　动漫包括动画和漫画两大部分。漫画是通过手绘或电脑绘制虚拟形象，并将其组合成连续或不连续的静止图画，再配合对白、旁白等描述文字实现叙事的图文艺术形式；动画又称为卡通（cartoon），是指许多帧静止的图画以一定的速度连续播放，在视觉暂留原理的作用下，形成活动画面的作品。

　　动漫产业是指围绕动漫内容的开发、生产、运营、发行、演出、销售等环节的产业及其衍生产业，产品包括核心产品、附属产品及衍生产品。动漫产业作为一种新兴产业，主要特点包括产业链条复杂、与新媒体平台结合紧密、用户群体年轻化等。动漫产业是集文化、创意与科技于一身的产业类型，是有着巨大发展潜力的"朝阳产业"。

一 作为"后起之秀"的动漫产业

在世界范围内，动漫产业最早产生于美国。经过多年的探索，其监管机制、产业链条、运营方式等方面已经十分成熟。动画电影是美国动漫产业的金字招牌，美国动漫产业常用以动画电影为核心，协同发展其他产业的形式，出品优质内容，加强产业合作，推动国内外传播，使美国动漫产业在国际上一直处于领先地位，产生了巨大的文化效益和经济效益。

中国最早出现的动漫作品是 1918 年从美国引进的动画片《从墨水瓶里跳出来》。4 年后，中国生产出第一部动画片，名为《舒振东华文打字机》，是一则动画广告。1941 年，动画片《铁扇公主》问世，它是中国也是亚洲第一部动画片，创造性地将中国古典绘画和山水画的元素运用到动画片之中。

20 世纪末，中国动漫市场在国际竞争日趋强烈的压力下开始进行多种探索与改革，不断向"市场经济"靠拢。1999 年，由常光希执导的动画电影《宝莲灯》上映，获得了广泛的社会影响。影片改编自我国同名神话，在原有故事的基础上，使用二维动画和三维动画相结合的方式，使影片兼具东方的意境美和视听冲击力，成为中国动画里程碑式的作品。

从 1993 年到 2003 年，中国动画片的产量一共仅有 4.5 万分钟。[①] 2003 年之后，动画片产量快速提高，中国大步迈向动画大国。随着互联网的普及，动漫产业市场被充分发掘出来，互联网+动漫迎来广阔的发展空间。2014 年以来，从中国动漫产业的主要指标中可以看出，动漫产业已经在我国呈现出较为平稳的发展趋势。（见表 8 - 1）

---

① 张玫：《动漫大国怎么走向动漫强国》，http：//news. sohu. com/20070430/n249798229. shtml。

表 8－1　　　　　　　　2014—2018 年中国动漫产业发展主要指标①

年份 项目	2014 年	2015 年	2016 年	2017 年	2018 年
动漫图书出版数量（种）	2163	2262	3190	2805	2144
电视动画生产备案数量（部）	425	399	425	350	460
电视动画生产备案数量（分钟）	271133	298114	232135	145390	194346
电视动画完成生产数量（分钟）	138579	138273	125053	83599	86257
电视动画播出时长（小时）	304839	309060	328864	362825	374500
动画电影生产备案数量（部）	134	148	194	158	131
动画电影完成生产数量（部）	40	51	49	32	51
动画电影票房收入（亿元）	30.31	44.10	70.56	47.50	40.64

中国动漫产业具有如下的特点：第一，动漫产业得到了政府的鼓励和扶持。我国政府发布了一系列政策和措施，通过规范管理制度、鼓励动漫投资、改善产业环境、提供播映平台等方式，助推我国动漫产业的发展完善（见图 8－1）；第二，动漫市场不断扩大，动漫用户加速增长。近年来，我国动漫产品的数量和质量都得到了巨大的提升。

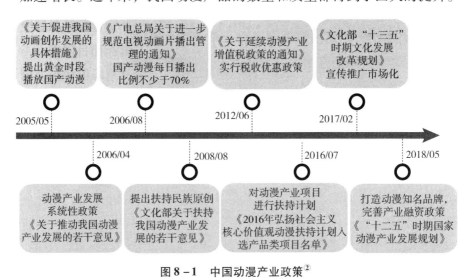

图 8－1　中国动漫产业政策②

① 转引自中国动漫游戏产业年度报告课题组《2018 年中国动漫游戏产业发展报告》，《出版发行研究》2019 年第 9 期。

② 转引自《中国动漫产业研究报告 2020 年》，《中国会议》2020 年 5 月 1 日。

动漫用户由少到多，加速增长，为动漫产业提供了巨大的市场需求；第三，民营企业成为动漫产业主力军。在国家出台了一系列鼓励动漫产业的政策和措施后，越来越多的民间资本进入动漫产业，民营企业逐渐成为我国动漫产业的主力军。

二　二次元文化与文化创意产业

随着动漫产业的勃兴和动漫人群的扩大，动漫文化逐渐沉淀下来。动漫圈中出现了二次元、二点五次元、三次元、御宅、腐女、魔人、洛丽塔、正太、达人、御姐、废柴、BL、GL、CP、控、同人、吐槽、恶搞、黑化、暴走、KUSO、中二病、颜文字、原画、无印、Cosplay等动漫术语，其中的很多术语已经发展为网络流行语甚至是全社会的流行语。

"御宅"一词发源于日本，"广义上指的热衷于亚文化，并对该文化有极度深入了解的人；狭义上是指沉溺、热衷或博精于动画、漫画及电子游戏（ACG）的人"①。"御宅"一词通过互联网传到中国，最早了解和运用该词的人是成长于互联网时代的青少年。他们发现自己身上的很多特质符合"御宅"的设定，于是将自己加上"御宅"标签，加入"御宅"群体。自2007年以后，"御宅"一词越来越多地出现在了大众传媒之中，"宅男""宅女""宅"等与其相关的词语也开始出现在大众的视野中。

然而，"御宅"在传播的过程中，具有了一定的歧视、嘲讽色彩，在某种程度上被黑化、污名化了。2016年以来，国内逐渐使用"二次元"替代了"御宅"。二次元给人的感觉更趋中性，更加新颖可爱、有科技感。它作为一种身份标识，得到了业界和社会的普遍认可和广泛使用。

得益于互联网的普及和动漫市场的扩展，二次元用户快速增多。据统计（见图8-2），2014年我国二次元用户是1亿人，2017年，这

---

① 王申：《御宅现象研究》，硕士学位论文，河南大学，2009年，第11页。

个数字已经翻番，达到了 2.32 亿人。到 2019 年，二次元的规模已经高达 3.32 亿人。近年来，二次元的规模还在继续扩大，2021 年已经达到约 4.6 亿人。

图 8 - 2　2014—2019 年中国二次元用户规模统计①

二次元的用户多为新生代年轻人，其中 24 岁以下的用户占比约为 52.4%。② 该群体对二次元文化、二次元平台及二次元产品具有较高的黏性、归属感和忠诚度。随着其逐渐步入社会，其消费能力将被更多地释放出来。可以说，二次元市场是一个极具潜力的市场，前景十分广阔。

二次元产业包括上游的动漫开发制作公司、二次元游戏公司等内容开发者和下游的二次元衍生品市场，包括动漫周边、动漫外设、动漫展览、杂志海报、主题餐厅以及与二次元文化相关的音乐、游戏、服装、玩具等产品（见图 8 - 3）。二次元及其相关产业市场空间巨大，

①　转自艾媒网《二次元行业数据分析：2020 年中国二次元用户规模达 3.7 亿人》，ht-tps：//www. iimedia. cn/c1061/69643. html。

②　艾媒网：《二次元行业数据分析：2020 年中国二次元用户规模达 3.7 亿人》，https：//www. iimedia. cn/c1061/69643. html。

产值逐年递增，是真正具有"新意"和"创意"的文化产业。

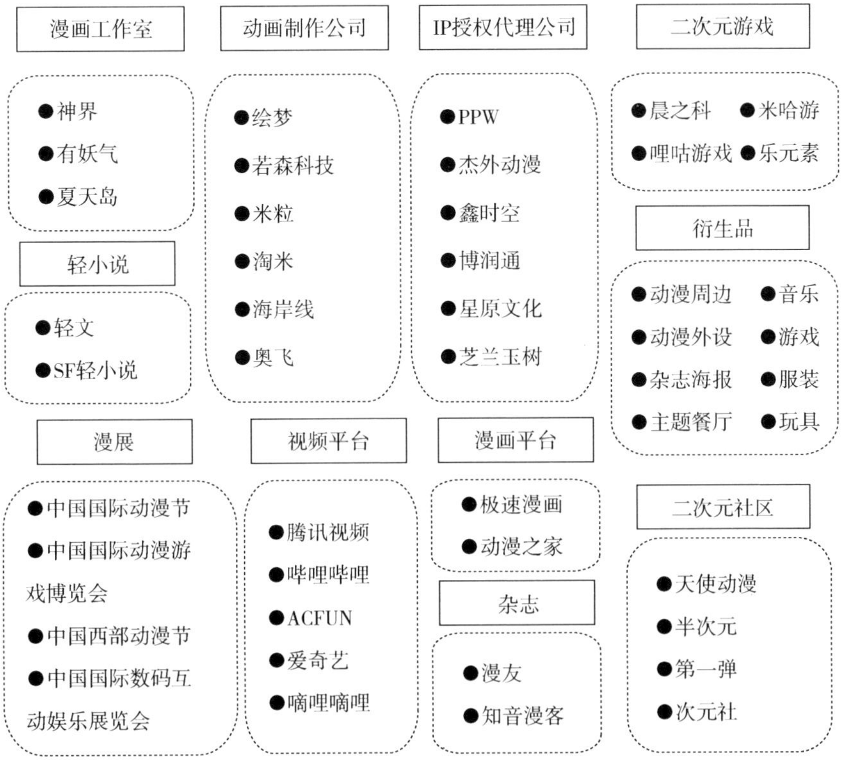

漫画工作室	动画制作公司	IP授权代理公司	二次元游戏
●神界 ●有妖气 ●夏天岛	●绘梦 ●若森科技 ●米粒 ●淘米 ●海岸线 ●奥飞	●PPW ●杰外动漫 ●鑫时空 ●博润通 ●星原文化 ●芝兰玉树	●晨之科　●米哈游 ●哩咕游戏　●乐元素

轻小说
●轻文
●SF轻小说

衍生品
●动漫周边　●音乐
●动漫外设　●游戏
●杂志海报　●服装
●主题餐厅　●玩具

漫展
●中国国际动漫节
●中国国际动漫游戏博览会
●中国西部动漫节
●中国国际数码互动娱乐展览会

视频平台
●腾讯视频
●哔哩哔哩
●ACFUN
●爱奇艺
●嘀哩嘀哩

漫画平台
●极速漫画
●动漫之家

杂志
●漫友
●知音漫客

二次元社区
●天使动漫
●半次元
●第一弹
●次元社

图 8-3　中国二次元产业全景[1]

2017 年以来，国内视频网站哔哩哔哩（bilibili，以下简称为 B 站）成为我国二次元的聚集地。B 站对自己的介绍语为："哔哩哔哩（bilibili. com）是国内知名的视频弹幕网站，这里有及时的动漫新番、活跃的 ACG 氛围、有创意的 Up 主[2]，大家可以在这里找到许多欢乐。"可见该网站已经将二次元作为自己的重要特色，持续挖掘用户需求，成就开放、多元、包容的社区氛围。如今，B 站已经成为我国

---

[1]　前瞻产业研究院：《2019 年中国二次元产业市场现状及发展前景分析　动漫 IP 授权、衍生品开发市场潜力大》，https://bg. qianzhan. com/report/detail/459/190508-30ef9478. html。

[2]　Up 主一般是指在视频网站上上传视频的人，up 是英文 upload 的缩写，有上传、上载的意思。

活跃人数最多的二次元平台。

在 2019 年的最后一天，B 站晚会"二零一九最美的夜"在该站推出，这是该站成立 10 周年以来首次推出的跨年晚会，也是第一台由视频网络举办的跨年晚会。晚会获得了巨大的成功。凭借绝佳的口碑，5 天后，晚会的视频播放量达到了 6000 多万。① 慕名而来观看视频的用户将其补看的行为称为"补课"，另外值得关注的弹幕还有"二刷""三刷""四刷""不知道几刷""每天刷一波""再回味一下""再刷亿遍"等，表明观众反复多次地观看，足见其对这场晚会的狂热和喜爱。

晚会的很多节目都含有二次元元素，包括《魔兽世界》舞蹈秀、动画电影《哪吒之魔童降世》主题曲、动漫《数码宝贝》主题曲、动漫《名侦探柯南》主题曲、2019 英雄联盟全球总决赛主题曲、漫画《镇魂街》主题曲、漫画《那年那兔那些事儿第二季》主题曲、动画电影《千与千寻》主题曲、动画电影《妙先生》片尾曲等能引起二次元群体及广大青年广泛共鸣的节目。更值得一提的是，经典民歌《茉莉花》由虚拟二次元歌手洛天依携手琵琶演奏艺术家方锦龙共同演绎，完成了二次元虚拟偶像和真实艺术家的同台合作。

晚会成功的原因，除了 B 站策划团队利用大数据等新技术有意为青年群体打造的"共情"节目之外，还在于它将传统跨年晚会高高在上的明星歌舞转变为亲切、魔幻、神奇、炫目的二次元狂欢，舞台与观众的距离更近了。而根本原因则在于 B 站一直以来努力培育的自由化、个性化、潮流化、多样化的文化土壤和内容生态。可以说，B 站见证了网络青年流行文化的成长变迁，曾经"宅"在二次元世界里的少年们长大了，曾经小众的、边缘的二次元文化不断地成长壮大以至"出圈"，走向符合更多人表达习惯和审美认知的文化领域。

---

① 燃财经工作室：《B 站跨年晚会究竟做对了什么？》，https：//www.thepaper.cn/newsDe-tail_forward_5440912。

三　动漫圣地：东京秋叶原

秋叶原（Akihabara，あきはばら），俗称为 AKIBA，位于日本东京都千代田区，原为销售电工材料起家的电器街。20 世纪末期，随着电子技术的发展和普及，日本电器市场竞争越来越激烈，电器产品的价格越降越低，秋叶原的传统优势被削弱了。当时，动漫文化、手办市场日渐繁荣，为秋叶原提供了转型的契机。秋叶原一直与最前沿的科技、最新潮的理念、最前卫的追求紧密相连，它的特质吸引了动漫相关店铺的进驻和聚集。因此，从 20 世纪末开始，秋叶原的业务不断拓展，逐渐成长为一个集动漫、游戏、主题咖啡店、特色餐厅、特色住宿、电器及配件等元素为一体，众多相关产业集聚的大规模综合商业区。其不仅是世界公认的电器街，更是最有特色的动漫园区和全世界动漫迷向往的"二次元"圣地，吸引着世界各地的动漫迷前去打卡、朝拜、参观、消费。

秋叶原作为享誉全球的动漫产业集中地，它成功的原因是多方面的。

第一，秋叶原是东京著名的电子一条街，是新科技、新理念、新兴人才和创意产业集中的地方，具有产生新鲜事物和潮流文化的特质；秋叶原固有的人口基数大、密度大，具备商业区形成的基础条件；秋叶原位于繁华的四大街区之间，地理位置优越，交通便利，四通八达，为大量的人口流动提供了交通基础。

第二，在日本社会乃至全世界范围内日渐凸显的"御宅"文化是秋叶原动漫产业兴起的文化基础。"宅"已经成为秋叶原的文化标签之一，而成长于网络时代的一代从小就开始接触"宅"文化，具有"宅"属性，他们很自然地成为秋叶原的粉丝和消费者。

第三，秋叶原的特色文化创意产品具有非标价值。在秋叶原，动漫迷可以找到各种新奇的、创意的、意想不到的二次元文化创意产品及其周边产品。和商品社会批量生产的标准化产品相比，这些产品具有文化和创意上的超前性、稀有性、非标性和独特性，只能被模仿，不能被取代。

第四，除了动漫店铺、主题餐饮保持市场稳定外，许多新的动漫 IP 以及养成型的明星偶像也同秋叶原相关，为秋叶原输入了源源不断的新鲜血液，带来了众多年轻粉丝。另外，动漫和小说、电影、电视节目、线下演出等媒体和渠道的广泛合作，使秋叶原作为动漫圣地的形象深入人心。

第五，日本政府对动漫游戏产业的重视和支持，为秋叶原提供了政策、人才和资金等方面的便利。1996 年，日本政府将动漫产业确定为该国第二重要的产业，[①] 通过构建法律体系和管理体系、成立动漫制片委员会、协调产业资源、培养专门人才、提供资金支持等方式，助力动漫产业打造完整的产业链条，提高国际竞争力。

在日本动漫游戏迷群体中有一个亚群体叫"秋叶原系"（日本多简称为アキバ系），专门指那些不修边幅的御宅、出位夸张的 Cosplay 玩家等特征鲜明的"资深"动漫游戏从业者和爱好者。可见，秋叶原已经成为动漫游戏迷眼中的归属地、流连地、消费地和体验地。在秋叶原，你可以买到与动漫相关的模型、手办、玩具、服饰、出版物、小杂货，你也可以置身于主题展览、主题餐厅、演出活动之中与你喜欢的"IP"近距离接触互动，甚至得到"他/她"的专属服务。而且秋叶原的街区极具特色，置身其中便会有不一样的感受。

在众多线下商业受到极大冲击的今天，以商品零售为主要业务的秋叶原依然欣欣向荣，活力满满。其超前的理念，先进的科技，独特的文化，完善的产业链、经营方法和服务形态，值得全世界的文化创意产业学习。

第二节　游戏产业发展实践

游戏产业中的游戏专指基于数字技术的、虚拟化的电子游戏。电子游戏产生于 20 世纪 50 年代末期，70 年代后出现了产业化的趋势。

① 蔡尚伟、车南林：《文化产业精要读本》，江苏人民出版社、江苏凤凰美术出版社 2015 年版，第 43 页。

游戏产业发展至今已经成为包括电子游戏程序设计、设备开发、运营和销售的经济组合，是文化创意产业中的核心产业之一，并以持续高位增长的用户规模和收入贡献引领文化产业的发展。

电子游戏在发展中形成了众多的类型，分类方法也有多种。依照不同的内容，电子游戏可以分为运动类游戏、角色扮演游戏和棋牌类游戏。[①] 依照不同的硬件，电子游戏可以分为街机游戏、掌机游戏、电视游戏、电脑（PC）游戏和手机游戏。其中，街机游戏指通过放置于公共娱乐场所的经营性的专用游戏机进行的游戏；掌机游戏专指用掌上电脑（PDA）或掌上游戏机进行的游戏；电视游戏也叫主机游戏，是以电视屏幕为显示器来执行的家用主机游戏（主流的电视游戏主机包括微软的 XBox One、索尼的 PS 等）；电脑（PC）游戏是指搭载在个人电脑（PC）上的游戏，分为单机游戏和网络游戏两类；手机游戏是指用手机进行的游戏，同样分为单机游戏和网络游戏两大类。

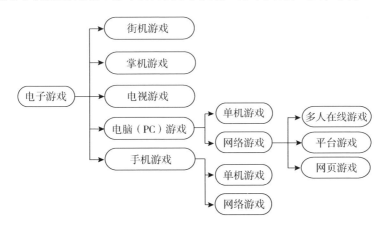

图 8 - 4　基于硬件的电子游戏分类

一　游戏产业的历史和趋势

世界上第一款电子游戏是什么目前仍在争论中，但可以肯定的是，

---

① 李思屈、李涛：《文化产业概论》，浙江大学出版社 2014 年版，第 250 页。

电子游戏产生于美国，时间大约为 20 世纪 50 年代末 60 年代初。当时，美国一些高校的计算机实验室已经着手电子游戏的设计。70 年代，诺兰·布什内尔发明的乒乓球游戏 Pong 创造了早期游戏产业的销售奇迹。80 年代，游戏发行商的出现加速了产业进程，完善了产业链条，使游戏产业逐渐成为行业丰富、工种林立、岗位众多的重要产业。21 世纪后，全球游戏产业继续快速发展，进入了繁荣发展期。

与世界发达国家相比，中国游戏产业起步较晚，一直到 20 世纪 80 年代中期才初现雏形。80 年代初期，中国沿海发达城市开始售卖游戏机，但高昂的价格让它成为一般家庭消费不起的奢侈品。80 年代中期，随着日本游戏企业对中国市场的关注，大量的进口游戏机进入中国市场。此时最流行的游戏机是在娱乐场所、游戏厅等营业性场所的大型街机。随后，中国出现了大批仿制的中小型游戏机，一方面市场变得鱼龙混杂，另一方面也加速了游戏机在中国的普及。

90 年代中期，国家整顿游戏厅，街机的市场开始萎缩。就在此时，一些本土企业开始进行电脑游戏的设计与开发并在世纪末掀起了电脑游戏的热潮。电脑游戏设计、发行、销售体系的确立，标志着我国游戏产业链的初步形成。

21 世纪，伴随着网络和通信技术的发展，我国的游戏产业资金涌入、企业建立、代理盛行、利润增长，进入了全面的生长和发展期。网络游戏市场正式启动，克服了盗版难题，吸引了越来越多的玩家。经历了三十多年的曲折发展，如今，我国游戏产业已形成规模，产生了巨大的经济效益，带动了其他产业的发展。未来，中国的游戏产业还将继续在国内和国际范围内开拓市场，建立完善的产业体系和成熟的品牌。

（一）市场规模持续扩大

随着经济的发展和人们生活水平的提高，娱乐、游戏等追求精神满足的社会行为方式成为人们关注和青睐的内容。作为一种文化产品，一种可以满足精神需求的消费品，游戏的重要性不断提高，游戏市场也进入了前所未有的蓬勃发展时期。游戏产品的种类逐渐丰富，题材

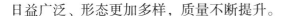

日益广泛、形态更加多样，质量不断提升。

（二）制度建设趋于完善

游戏产业的长远发展，离不开政府的扶持和保护。当前，我国游戏产业正处于改革和转型的重要时期，政府应对其进行积极引导和规范。应当立足我国国情和市场特点，参考国际上成功的产业发展经验，制定一系列行之有效的产业政策，对游戏产业进行一定的支持和保护，助力我国游戏企业的成长，促进我国游戏产业形成完善的、健康的产业链。比如，在电子竞技领域，可以参考世界第一电竞强国韩国的发展经验，打造规范的行业协会，制定完善的行业准则，改善产业的总体环境。另外，还可以通过鼓励投资、涵养人才、加强知识产权保护等方式来助力产业的进步；还可以通过立法、行政监督等方式参与产业的发展，既要避免行政干预和行政越位，又要保证监管效果行之有效。

（三）品牌建设着眼长远

品牌是企业竞争力的集中表现和无形资产最重要的组成部分，对企业的长远发展具有重要意义。由于市场的刺激、用户的需求、政策的支持和可持续发展的要求，中国游戏企业品牌建设的积极性不断提升。根据伽马数据2020年对中国移动游戏用户的调查（见图8-5），50.7%的用户认为中国游戏企业品牌形象一般，29.3%的用户对品牌形象比较满意，5.4%的用户对品牌形象非常满意。综合来看，移动游戏用户对中国游戏企业的品牌形象的满意度较高。用户对品牌创新力、产品质量、透明度与诚信、用户服务方面的满意程度相差不太大，但可以看出不同领域存在的问题。在未来，游戏产业还需要精益求精，推出高品质的、可信任的、高科技含量的、注重社会效应和人文关怀的精品化游戏。游戏企业应该以高质量发展为根本，探求多元的盈利模式、培养优质的内容团队、挖掘传统文化中的优秀资源、推广健康和谐的游戏文化、保证完善的售后服务。例如，企业可以在游戏开发时设计未成年人保护系统，加大媒体宣传和社会推广，促进产业内和全社会形成绿色、健康的游戏生态，提升品牌的社会认可度。

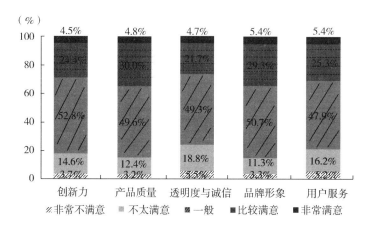

图 8－5　中国移动游戏用户对中国游戏企业品牌的满意程度①

（四）技术和产业互动发展

信息技术、网络技术、数据技术等领域的发展与进步，是促进游戏产业技术革新的重要力量。如 5G 技术的应用将解决由于游戏软件过大影响玩家游戏体验、造成游戏延时等难题进而提高玩家的留存率。云计算的诞生能减轻游戏服务器的压力，保障游戏的稳定性。还有很多相关技术的进步，都将推动游戏品质的提升和游戏产业的持续发展。

反过来看，为了满足玩家越来越"挑剔"的需求，游戏不断地探索新的玩法，促进了技术的向前发展。另外，游戏领域的技术进步，可以带动相关领域的技术进步，提高科技革新速度。例如游戏对个人电脑性能的提高起到了促进作用，也加速了人工智能等领域的发展。

（五）国际战略逐步推进

中国游戏品质的提高和国际竞争力的增强，带动了企业的全球发展。中国游戏想要成长，就必须将自己置身于全球市场中，和全球的

---

① 伽马数据：《中国游戏产业品牌报告：36.2% 用户信任品牌 TOP10 年度品牌企业出炉》，https：//mp. weixin. qq. com/s/URW42X6L1CGu_3rzB9_0Cw。

企业竞争。只靠国内人口红利和信息不对称来吸引国内玩家的策略只能暂时有效，不具有长期发展的可行性，更不能成为提高品质的动力。很多中国游戏企业通过进军国际市场，应对竞争、提高品质、淬炼精品，不仅壮大了自己，也带动了整个产业进步。

近年来，由于监管的需要，中国游戏版号收紧。游戏版号即游戏许可，游戏版号的收紧意味着很多公司投入在游戏上的资金可能无法通过上线变现。这一事实加快了中国游戏出海的节奏，部分公司只能通过先行海外解决困境。昆仑游戏 CEO 陈芳曾表示："出海已经不是游戏厂商所谓的战略目标，而是必备的生存技能。"① 从长远来看，版号收紧只是现阶段的政策，并不代表未来的趋势。

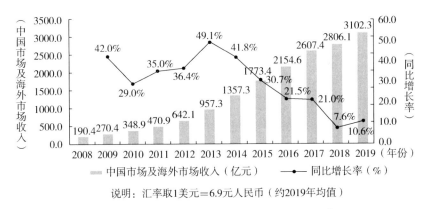

说明：汇率取1美元＝6.9元人民币（约2019年均值）

图 8 - 6　中国游戏市场及海外市场出口收入②

根据伽马数据的中国游戏产业报告，2019 年中国游戏市场及海外市场出口收入（即中国游戏市场总收入）为 3102.3 亿元，同比增长10.6%，而 2019 年中国影院的总票房为 642.66 亿元，游戏市场总收入是影片总票房的 4.8 倍多，足见游戏产业在整个国民经济中的重要地位。从 2010 年到 2015 年，游戏收入增长率基本保持在 30% 以上，

① 昆仑游戏：《版号收紧是"时点"而非趋势》，https://new.qq.com/omn/20180825/20180825AORKHY.html。

② 伽马数据：《2019 中国游戏产业年度报告》，http://www.199it.com/archives/983442.html。

图 8 - 7 中国游戏市场实际销售收入①

高速增长与当时市场相对较小、基数较小有关。另外，游戏禁令的解除和新市场的成功开拓，使高增长率成为必然。随着市场的逐渐饱和，从 2013 年至 2018 年，游戏收入的增长率基本呈递减趋势，2017 年和 2019 年增长率有所上扬，幅度不大。

2019 年中国游戏市场实际销售收入为 2330.2 亿元，同比增长约为 8.7%，国内增长率明显低于中国市场和海外市场总增长率，可见 2019 年海外市场的增长率要高于国内市场的增长率，海外市场发展更加强劲。越来越多的中国游戏企业"走出去"，在蓝海中开辟新的道路，促进了我国游戏产业收入的不断增加。未来，游戏企业还应该着力提高海外市场的市场占有率，提高国产品牌的知名度和美誉度。

二 游戏产业与游戏文化

中国游戏产业发展迅速，已经成为国民经济的重要部分和众多资本争相开拓的领域。近年来，几大互联网企业都全力拓展游戏业务并将其作为最核心的业务领域。2019 年全年，腾讯控股有限公司全年总收入为人民币 3772.89 亿元，其中游戏业务收入高达人民币 1411 亿

---

① 伽马数据：《2019 中国游戏产业年度报告》，http://www.199it.com/archives/983442.html。

元，占比超过 37%。①

产业的发展进一步促进了文化的渗透。电子游戏已经成为一种新型的大众文化形式，是具有美学特质的流行艺术和重要的传播媒介。在 20 世纪八九十年代，国内评论界对电子游戏的注意力还都集中在对游戏危害的探讨和批判。电子游戏被视为一种危险存在，视力减退、游戏上瘾、社交障碍等问题似乎成了电子游戏的原罪。将电子游戏与这些问题不加分析地直接挂钩是缺乏科学依据的做法。与其视之为影响工作和学习的精神鸦片，不如将其作为社会科技化、娱乐化、消费化的必然结果。如今，社会对游戏的看法已经从单纯的批判和抵制变得更加理性和全面。人们既能认识到游戏社会化的客观现实，也能认识到游戏带来的负面效应。

（一）科技世界里的感官震撼

影视作品给人的视听震撼是被动的、单向的。然而在游戏中，玩家选择的角色具有可操作性，使得他们的感官体验更加丰富。玩家可以在游戏中行走、奔跑、跳跃、飞行、格斗，不仅仅是一个观众，还是一个动态的、多变的参与者。在传统媒体中，文本是固定的、有限的、线性的，受众只能感受，不能改变。而在电子游戏中，玩家可以通过角色推动故事情节的发展，构造一种可变的、无限的、非线性的参与体验。

（二）自由世界里的行者无疆

游戏是自由的、不受限制的，玩家可以根据自己的意愿体验游戏的多种可能。如在冒险游戏中，玩家需要在一个复杂的游戏世界里游走、寻找、探索，通过收集一定的道具、回答一定的问题、进行一定的互动等来完成游戏任务。在通常情况下，游戏会为玩家提供多种角色选择，每个角色又提供多个支线故事，这些选择节点被不同的故事走向贯通后，共同构成一张错综复杂大网。从开始到结束，游戏可

---

① 《腾讯发布 2019 年财报：游戏业务营收 1411 亿元》，2020 年 3 月 19 日，https://www.sohu.com/a/381308040_114731，2020 年 6 月 10 日。

以选择的路径众多，玩家可以根据自己的喜好自由尝试，探索不同的故事和结局。游戏的进展具有神秘性、不确定性和未知性，玩家无法预知下一步会出现什么角色什么情节，游戏将把自己带到什么地方。在这种游戏中，玩家就像一个开拓者、一个孤胆英雄，完成了对自我的延伸。

（三）虚拟世界里的身份认同

游戏角色是游戏玩家在游戏里的虚拟身份，是玩家在游戏情境中进行探索和交流的载体，是连接玩家和设计者、玩家和游戏世界以及玩家和玩家之间的媒介。游戏中，玩家的各种可随意选择、更改和定制的身份像面具一般，隔离了现实世界和虚拟世界，也隔离了游戏中的不同个体。从线下的现实世界走入线上的虚拟游戏中时，玩家不受年龄、性别、地域、信仰、种族等的限制，可以按照自己的喜好创建一个或者多个角色，进而为角色设置名字、性别、外貌、衣着、种族、职业、道具、技能等多种个性化的属性。

玩家精心打造的游戏角色常常可以代表某种自我的镜像，同现实世界中的自我或者具有同一性，或者存在一定差距甚至完全相反。通过打造角色，玩家可以达到两种目的，第一，逃避现实世界，摆脱存在束缚的人际圈，无所顾忌地和陌生人交流。第二，打造替代性自我，体验陌生化的"人生"。如现实的玩家是已近中年的"油腻大叔"，在游戏中完全可能变为不谙世事的清纯萝莉，这种情况并不鲜见。

游戏是虚拟的，但能让人产生一种虚假的现实感。游戏为玩家构建了一个虚拟的世界，将玩家带入一种虚拟的人际关系之中，也促进了特定社群的形成。这种社群可大可小，是具有交流游戏经验、完成游戏任务、进行游戏社交等功能的专门组织。这种组织通常是由具有相似爱好和相似追求的人组成，他们在游戏上达成了默契，因此可以在组织中找到归属感和认同感。

然而，虚拟和现实毕竟是不同的，长期处于虚拟"云端"的人，在现实世界里的沟通能力和认识能力可能会受到一定程度的影响。作为互联网原住民的年轻人习惯于有网络相伴，靠游戏获取生活的快感，他们更应该警惕这一点。

（四）消费世界里的快感体验

游戏和物质利益没有直接的关系，游戏玩家通过游戏投入和获得的，通常不是和现实世界联通的实际产品和物质利益。不可否认的是，不少游戏产品将盈利依托于玩家的金钱投入，因此，设计者在游戏中设置了多种"支付"环节。游戏的升级、过关、完成任务都能够用钱来解决，金钱在游戏中的作用被强化了。对于玩家来说，金钱上的投入就如同一条捷径，可以直达目的，减少很多时间上的投入。玩家可以通过投入金钱，达到获得炫酷装备、集齐游戏道具、提高经验等级、快速完成任务、轻松战胜对手等目的，满足自己的虚荣心，享受别的玩家的崇拜。金钱就像是催化剂，加速了玩家游戏体验的进程，为玩家带来更强烈的快感。另外，在虚拟世界里，玩家的心理负担较小，容易产生冲动消费。

从游戏来看，主要靠玩家投入金钱获取收益的办法是不可取的，它会使游戏失去平衡性，导致游戏生态的恶化。从玩家来看，依靠金钱推进游戏的做法虽然能产生更强烈的快感，但这种感觉是暂时的、不稳定的，如果不想被游戏控制和"异化"，应更理性地对待这种行为。

（五）沉浸世界里的成瘾困境

美国心理学家马斯洛在调查后发现，很多人有过一种近乎神秘的体验，即在特定的情境中，人会"沉浸在一片纯净而完善的幸福之中，摆脱了一切怀疑、恐惧、压力、紧张和怯懦"[1]。马斯洛将这种体验称为高峰体验。在高峰体验中，人完全沉浸在所处的世界中，与被感知的环境与对象高度融合，达到忘我的状态。

游戏就可以给人带来这种沉浸式的高峰体验，让玩家在专注中获得快乐，在挑战成功后获得巨大的满足感。电子游戏比传统游戏更注

---

[1]　［美］马斯洛等著，林方主编：《人的潜能与价值》，华夏出版社1987年版，第366页。

重反馈机制，游戏的设计者根据玩家特点，在游戏中加入从易到难的一系列挑战，引导玩家不断完成挑战，获得正面的反馈。从小任务到大任务再到段位升级，不同的任务相互牵引，共同推动玩家的游戏进程。游戏通过这种条理清晰、容易实现的进程和循环，为玩家提供源源不断的精神上的满足与愉悦。游戏虽然是一种主动的、自由的活动，但它往往让人忘乎所以、全身心地沉浸其中。实际上，在游戏进程中，游戏对玩家形成了一种控制，玩家越是沉浸其中，这种控制就越强。玩家在一种循序渐进、势不可当的感官愉悦与精神愉悦中达到欲罢不能的感觉，这也就是人们常说的游戏成瘾。

如何通过游戏放松身心又不被游戏控制，如何保持自身与游戏之间的合理距离，如何正确理解现实和虚拟的关系，不仅是玩家需要面对的难关，也是游戏开发者需要思考的问题。

（六）隐蔽世界里的暴力倾向

在游戏中，情节通常受限于特定的范围，玩家必须遵守游戏设定的规则，才能将游戏不停推进下去。在很多游戏里，升级往往需要通过玩家与机器或其他玩家间的对抗和打斗的方式进行，获胜后才算完成任务。游戏中的对抗、打斗等暴力情节被虚拟化、卡通化、合理化、轻松化了，玩家可以在游戏角色的掩饰下，淡化、逃避关于暴力的思考和批判。尤其是在游戏技术不断进步后的角色体验游戏中，玩家能够获得身临其境的竞技及打斗体验。在游戏中，暴力往往成为升级和完成任务的必需选择，也是获得快感的有效途径。

暴力作为游戏的一种设置或规则本无可厚非，危险的是，玩家如果不能彻底地将游戏和现实区分开来，或者不能自由地在游戏和现实间完成切换，就容易将游戏中的暴力元素带到现实中，影响正常的学习、工作和生活。对于心智还没有成熟，世界观还没有完全建立的青少年来说，游戏带来的影响更大，他们更容易将游戏中的暴力情节和不满情绪带到现实中。除了有可能导致现实中的暴力倾向外，游戏中的暴力还可能助长网络中的戾气。一言不合就 PK，通过谩骂、侮辱、骚扰甚至"人肉"搜索等方式解决争端，已经成为"网络暴

民"的常见手段。

三　《王者荣耀》的游戏文化沉淀

如今的时代是时间碎片化的时代，也是智能手机高度普及的时代。手机方便快捷、可即时上线的性能，让人们能利用碎片化的时间进行学习、工作、社交和娱乐。在这样的背景下，手机游戏的潜力日益显现。2015 年，在我国还没有精品手游的时候，《王者荣耀》的出现填补了市场空白，拉高了手机游戏的整体品质。

"蓝爸爸红爸爸""打野推塔带兵线"，如果你不知道这些话说的是什么，可能你已经与这个时代的流行文化和青年文化疏离了。这两句话正是出自游戏《王者荣耀》。《王者荣耀》是一款由腾讯天美工作室推出的"5V5 英雄对战手游"，是一款多人联机竞技在线游戏（MOBA）。相对较低的操作门槛，吸引了很多人加入。另外，该游戏基于腾讯的微信、QQ 两大社交关系链，不仅拥有了强大的用户基础，也加强了游戏的竞争性和社交性。

《王者荣耀》从 2015 年 11 月正式公测发展至今，通过摸索定位、改进功能、完善体验，已经形成比较完善的游戏模式、商业模式、社交模式和文化模式。它已经是如今中国最火爆的网络游戏之一。据报道，2020 年春节期间，《王者荣耀》日活用户峰值高达 9535 万人，除夕当日流水超过 20 亿元人民币，仅游戏角色赵云的皮肤一日流水就达1.5 亿元。除了令人震撼的财报数据，《王者荣耀》的游戏文化也已深入人心，这都得益于团队的多重举措。

（一）汲取传统文化营养

《王者荣耀》中的众多角色均取材于我国传统历史人物或神话人物。这些角色既带有传统形象要素，唤醒了玩家对传统人物形象的深层想象，又和传统文化中的形象形成强烈反差，带来了巨大的冲击力。传统形象是模糊的、平面的、刻板的黑白肖像，而游戏形象是炫酷的、立体的、能够即时操作和设置的游戏角色。带有传统元素的人物在游戏中改头换面，呈现出娱乐性、科技感和后现代的反传统特征。另外，游戏还会根据角色设计个性化的技能、皮肤、台词和背景故事。比如嬴政的台词"天上天下，唯朕独尊"、花木兰的台词"谁说女子不如男""永不放弃，不会认输"、哪吒的台词"不能击败我的，会让我更强大"等就是对传统的创造性利用，既能加强游戏角色的特色，又有助于传播游戏文化。

（二）打造团队主打歌

2018 年，五月天乐队推出了为《王者荣耀》打造的主打歌 *I will carry you*，成为当时的热门话题。歌曲中"残存的倔强""不断的痴狂""你不需要听谁怎么讲"等歌词传递出青春的叛逆、倔强和热血；"缺少了你赢了又怎样""入死出生要与你同框"等歌词体现了同生死共进退的团队合作精神；"上中下路人生万条路，最近的路叫没有退路""荣耀属于平凡的人物"等歌词则显示着勇往直前、不甘示弱的竞技精神。歌词既和游戏中的专门用语紧密结合，又抓住了年轻人的心理特点和身份特点。爱好游戏的年轻玩家在歌曲中找到了共鸣，觉得很燃、很感动。

（三）创办游戏文化节

2017 年，腾讯官方将 5 月 5 日定为"五五开黑节"，代表《王者荣耀》5V5 的玩法。"开黑"一词由来已久，流行于各种多人互动对战游戏中，指一队的玩家为了取得胜利采取一些占优势的配合方法，如在线语音、面对面交流等。但"开黑"真正成为流行语还有赖于《王者荣耀》的盛行。《王者荣耀》通过造节，将"开黑"和自身玩法联系起来。玩家可以借此机会邀请线上线下的朋友一起组队，体验"开黑"的快乐和团队合作的力量。在"五五开黑节"期间，官方不仅推出了一系列的活动和福利，达成了与多个行业众多著名品牌如麦当劳、搜狗输入法的合作，提高玩家对该节日的熟悉度和信赖度，扩大节日的影响力。另外，腾讯还通过邀请五月天演出、推出"Give me five"口号等方式来进一步重复、加强"五"这个数字的游戏意义，将它和游戏更加紧密地联系在一起，进而巩固其在公众头脑中的印象、

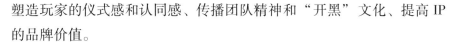

塑造玩家的仪式感和认同感、传播团队精神和"开黑"文化、提高 IP 的品牌价值。

（四）举办职业联赛

王者荣耀职业联赛（KPL）诞生于 2016 年，由腾讯互动娱乐主办，是官方最高规格的专业晋级赛事，每年分春、秋两个赛季，在线上线下同时进行。实力相当的职业战队的正面交锋和专业解说的同步点评，为玩家提供了专业的、激情的娱乐体验，无论是在现场的观众还是在屏幕前看直播的观众都能热血沸腾。2020 年 6 月 13 日，2020 年 KPL 王者荣耀职业联赛春季赛总决赛在上海圆满闭幕，此次联赛首次登陆中国国际电视台 CGTN，并由其进行全程英文直播。① 腾讯还将在电竞文化创意领域与中央广播电视总台开展深度合作，推动电竞文化创意的发展。"作为全球领先的电竞品牌，腾讯电竞一直专注推动电竞运动的体育化、国际化和大众化的发展，在以赛事为载体，助力中国传统文化出海交流为基垫的基础上，助力 KPL 特有的中华文化属性和成熟的赛事体系，彰显出其产业价值和文化价值，成为中国电竞板块中至关重要的一部分，可以引领全球移动电竞行业发展输出。"②

《王者荣耀》的成功，不仅因为腾讯的 QQ、微信两大社交软件为游戏的宣传、推广以及营销提供了用户基础，还因为其及时填补了 MOBA 手游的空缺，顺应了市场变化和用户需求。另外，丰富的内容、简易的操作、完善的社交系统等成熟的游戏设计让游戏具有了较高的可玩性；最重要的是，它成功地构建了自己的品牌文化，让品牌价值不断凸显。作为行业领先的精品手游，《王者荣耀》在市场价值不断增大、承载内容不断丰富、发展空间不断拓展的同时，还应承担起应有的社会责任，打造良好的游戏生态，实现游戏品质和文化价值的同步提升。

---

① 《KPL 春季赛总决赛首次登陆中央广播电视总台 CGTN》，https：//pvp. qq. com/web201605/newsDetail. shtml？G_Biz = web&tid = 464932。

② 《KPL 春季赛总决赛首次登陆中央广播电视总台 CGTN》，https：//pvp. qq. com/web201605/newsDetail. shtml？G_Biz = web&tid = 464932。

第九章　艺术产业发展实践

　　艺术是一个古老的文化命题，是人类文明的精神图腾，千百年来滋养着人类的灵魂。现代工业的迅猛发展为艺术提供了更广阔的发展空间，使其走向了更加多元的、快速的、开放的、普遍的生产和传播渠道，也不可避免地被卷入了产业化的潮流之中。艺术的产业化是社会经济发展中一个正在经历的过程，它能够让艺术作品产生更大的经济效益和社会效益。艺术产业范围广泛，内容丰富，从产业规模和市场化程度来看，艺术产业的主导产业包括演出产业和艺术品经营产业两大部分。

第一节　演出产业发展实践

　　演出产业是指以举办音乐、歌舞、戏剧、戏曲、曲艺、杂技等各类文艺演出活动为核心，通过观众消费实现盈利的各种行业的集合。随着经济文化发展水平的不断提高，我国演出产业进入了快速的发展时期。演出产业的产业链包括演出团体、演出公司、票务平台、剧院及其他相关企业（见图9-1）。其中，演出主体、演出公司及剧院三大部分是演出产业的经营主体。演出产业是艺术产业中市场化程度较高，发展较为完善的部分，也是文化创意产业的重要分支，同人民群众的文化艺术生活关系十分密切。根据是否以互联网为载体，演出可以分为线上演出和线下演出两种形态。在我国，传统的线下演出市场繁荣，受到了受众的喜爱。随着互联网的普及和网络技术的应用，线上演出也逐渐走入受众的视野，尤其是在 2020 年，很多线下演出都转为线上播出，客观上促进了线上演出的发展。

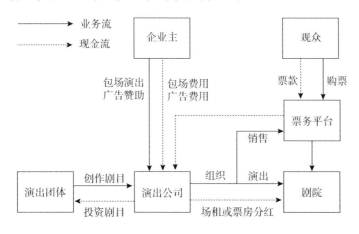

图 9 – 1　演出行业产业链

一　线下演出发展壮大

演出团体和个人作为艺术创作和表演的主体，是演出产业链的上游环节，也是整个链条中最重要的、最基础的部分，而艺术剧目的创作和排演是该产业的核心业务。演出团体创作的剧目能否满足观众的需求，能否赢得市场，影响着整个链条的盈利情况。产业链的中游包括包装、推广、票务等机构，是艺术产品走向市场的必经途径，是演出提高上座率的重要环节，也是沟通演出团体和受众的中介和桥梁。产业链下游单位为剧院、影院等演出场馆，是呈现演出效果的关键环节，对专业性和技术性的要求较高。

我国丰富的文化资源，为演出产业提供了无尽的艺术滋养。多年来，政府对艺术事业大力支持，推出了一系列规范市场、加强管理的政策和法规，为演出产业的持续健康发展提供了保障。我国艺术表演团体通过"深入生活、扎根人民"，不断壮大团体，推陈出新，为人民群众提供了丰富多样、精彩纷呈的艺术演出。

（一）演出团体持续壮大

2009 年，我国艺术表演团体的数量为 6139 个，2015 年，表演团体数量破万，共有 10787 个。到 2019 年，团体数量增长到 17795 个。11 年间，艺术表演团体的数量一直在增长。从增长情况来看，从 2010 年到 2017 年，我国艺术表演团体增长率呈波浪上升趋势。2018 年和 2018 年，增长率有所回落，分别为 8.77% 和 3.92%。综合来看，11 年来，我国演出团体在数量上呈积极上涨状态，从业人员的数量也呈现相同的趋势。

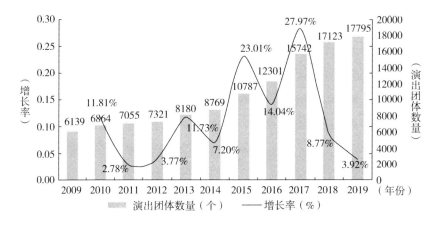

图 9 - 2　2009—2019 年我国艺术表演团体数量[1][2]

（二）演出场次逐年增加

从 2009 年到 2019 年，我国艺术表演团体的演出场次基本保持了不断上涨的态势。一方面，这源于我国政府对文化演出的重视，每年投入大量资金采购演出，将优秀的文艺演出送到需要的地方，让更多的人共享文化发展的果实，欣赏到一场场文化盛宴。另一方面，在市

---

① 数据来源：李季主编：《中国文化创意产业年鉴 2018》，中国建筑工业出版社 2018 年版，第 9 页。

② 数据来源：中华人民共和国文化和旅游部：《中华人民共和国文化和旅游部 2019 年文化和旅游发展统计公报》，https：//www.mct.gov.cn/whzx/ggtz/202006/t20200620_872735.htm。

场规律的作用下，各演出团体积极在各地展开演出、开拓市场，为文化事业的推广和文化产业的发展做出贡献。2009 年，我国艺术表演团体演出场次为 120.2 万场，之后两年持续上涨，2012 年演出场次有所回落，为 135 万场，较上年减少 19.72 万场。2012 年之后一直到 2018 年，演出场次呈稳步增加趋势，2018 年，演出场次为 312.46 万场。2019 年，较上年减少了 15.66 万场，共有 296.8 万场。从增长率来看，十年间增长率曲线波动较大，但总体态势良好。

图 9-3　2009—2019 年我国艺术表演团体演出场次[1][2]

（三）精品演出不断出现

我国政府一直鼓励和支持艺术产业的发展。如今，我国话剧、歌剧、舞剧、戏曲、曲艺、杂技、音乐会等表演艺术门类百花齐放，百家争鸣。在精品意识的引领下，各领域艺术工作者，创作出越来越多的高品质作品。涌现出话剧《黄土谣》、歌剧《太阳雪》、京剧《浮生六记》、舞剧《草原英雄小姐妹》、音乐舞蹈史诗《奋斗吧中华儿女》、

---

①　数据来源：李季主编：《中国文化创意产业年鉴 2018》，中国建筑工业出版社 2018 年版，第 9 页。

②　数据来源：中华人民共和国文化和旅游部：《中华人民共和国文化和旅游部 2019 年文化和旅游发展统计公报》，https：//www.mct.gov.cn/whzx/ggtz/202006/t20200620_872735.htm。

音乐话剧《停一停，等等我们的灵魂》、交响音乐会《钱塘江交响》等众多集艺术性、观赏性和思想性为一体的优秀作品。但是，从总体来看，具有创新性、兼具艺术价值和市场价值的作品还较为匮乏。艺术家和艺术团体应该继续强化精品意识，提高自身艺术素养，用先进理念和先进技术手段，创作更多的精品演出。

（四）现场观众女性化、年轻化

在艺术演出市场，从现场观众来看，女性在观众中所占比例较高。根据前瞻产业研究院关于2018年现场观众性别分布的统计，观看现场演出的观众以女性消费者为主，占总人数的六成以上。细分行业受众，男女比例也均呈现女高男低的趋势。但是，综合历年数据来看，男性的比例在逐步上升，说明男性消费观念的变化和近年来各类演出针对男性受众做出的调整战略正在奏效。

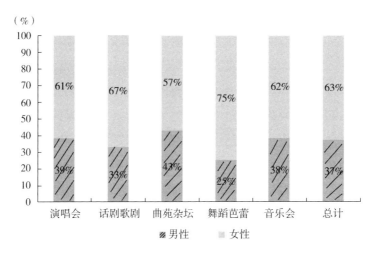

图9-4　2018年现场观众性别分布[①]

人们消费观念的转变、文化观念的转变以及流行文化深入生活也促使更多的人尤其是年轻一代在观看演出上舍得投入更多的时间和金

---

① 数据来源：前瞻产业研究院：《2018年演出行业产业链及发展趋势　观众向年轻化方向发展》，https://www.qianzhan.com/analyst/detail/220/190828 - 53ccf6d9.html。

钱。如今,"90 后""00 后"的年轻消费者逐渐走入社会,参加工作,有了固定的经济来源和可支配的收入,他们逐渐成为现场演出的主要观众。现场演出的消费主力呈年轻化的趋势,这也代表着演出产业未来发展潜力巨大,还有很大的增长空间。

(五)国际化进程进一步推进

我国的文艺演出不仅应为国内民众献上更多更优秀的作品,还应该放眼海外,开拓国际市场。国际化之路并不仅仅是在国外多搞几场演出,而是应该将文艺演出、文艺论坛、文艺讲座、文艺展览等多样化的交流活动结合起来,形成常态化的趋势,让更多的海外观众观看中国的演出,并能了解和演出相关的历史和文化。中国演出"走出去",走上国际舞台,不仅仅需要提升作品质量,还必须在剧目设计、排演组织、市场营销、媒体宣传等方面同国际接轨。我国的艺术表演者应该不断突破自我、转变观念、放开姿态,迎接更大的挑战,迎接世界的注目。也应在不断的交流与碰撞中,完善自己的品牌,建立自己的话语权。传统文化作为中国艺术的根基,在国际舞台上将扮演更重要的角色。2019 年年底,我国顶级艺术团东方歌舞团在美国多地进行交流演出,为观众呈现了精彩绝伦的音舞诗画表演《国色》。《国色》融合了中国的音乐、舞蹈、戏曲、诗词、书画等艺术元素,诠释了艺术之美和大国风范。海外观众通过艺术这种人类共通的语言加深了对中国的了解,领略了中国文化的唯美奥妙与博大精深。

二　线上演出前景可期

随着互联网技术的升级换代及网络基础设施的普及,互联网已经和人们的生产生活密不可分。许多产业变革传统技术和方式,积极拥抱互联网,同互联网融合发展。互联网产业的各类企业也利用自身优势,积极向其他产业领域拓展。在演出产业,互联网可以为其提供新的舞台,也能在数据分析、作品发布、宣传营销等方面助力演出的成功。而演出产业能为互联网企业提供高质量的、专业的内容和 IP,成为吸引观众、获得流量、赢得市场的根本保障。

近年来，网络营业性娱乐表演（直播）快速发展，成为线上演出的源初形式。同线下演出多依托于专业的、大型的演出团体和产业链集团不同，直播的表演主体规模通常较小，常以个人或小团队为主。直播依托网络直播平台，形式灵活自由，内容极具互动性、亲民性和灵活性，已经成为网络用户休闲和娱乐的重要途径。

2020年年初，新冠疫情暴发。为了防控疫情，线下演出不得不延期或者取消。在这种特殊的情况下，线上演出产业获得了进一步发展。线上演出脱胎于线上直播，但又不同于线上直播。线上演出是线下演出和直播的结合，是互联网平台、演出团体及个人、经纪公司、线下场地等多方合作呈现的专业化的、有组织的、成规模的演出，最终通过互联网平台传播给观众。从短期来看，这是演出产业在特殊市场条件下求生存、求利润的一种应对挑战的方式，而从长远来看，这是科技进步和媒体融合时代演出产业更多元、更全面、更持续发展的必然趋势。

2020年2月4日到8日，娱乐公司摩登天空在哔哩哔哩（bilibili）视频平台和正在现场App平台举办了为期5天的线上音乐节"宅草莓不是音乐节"。70余组音乐人，以"Hi，我也在家"为主题，用"音乐人宅家分享＋2019草莓音乐节演出现场"的形式，为观众呈现了数场"云演出"。"宅草莓不是音乐节"演出期间，单日在线人数高达49万人，累计超过100万人观看了直播。演出者和观众在云端相聚、交流、配合、共鸣，其感染力不亚于现场演出。

"宅草莓不是音乐节"一炮而红，紧随其后，众多的音乐人、音乐团体、音乐平台和音乐公司都相继公布了各自的线上演出计划，引起各界的关注。2020年5月，由高晓松主策划，大麦网、网易云音乐等五大平台共同发起的"相信未来"在线义演与观众见面了。在线义演前后共有4场演出，王菲、那英、邓紫棋、汪峰、郎朗、李云迪、易烊千玺、上海彩虹室内合唱团等众多明星和团体倾情加入，为疫情防控期间奋斗在一线的医护人员和各行各业的人们加油，呼吁大家积极面对疫情、共克时艰。据有关机构统计，4场演出在线观看总人数达 4.4 亿人次，全网相关热搜 280 余个，微博"相信未来义演"话题阅读量超过了 46 亿，被称为国内音乐史上最大规模的在线义演。

在演出产业，直播和在线演出的热度越来越高，很多艺人、演出团体和公司都将在线直播或演出视为宣传推广作品、增加曝光度以及获取利润的重要渠道。疫情像一块敲门砖，为众多艺术创作者敲开了线上演出的大门，让其或主动或被动地尝试了新的演出形式，也让他们明白了，与其抱怨大众审美、平台质量和形势残酷，不如改变思维、迎合用户习惯、占领流量入口、拥抱新的世界。唯有如此，才能有机会让更多人接触自己的作品，才能在未来拥有更多胜券。

与"云音乐节"一样火热的还有"云蹦迪""云戏剧""云话剧""云演唱会"等词语，"云"已经成为时下演出产业的关键词。对于艺术家和演出团体来说，线上演出作为一种新的演出形态和表达空间，需要重新定义和不断适应。如何创作适合网络传播的内容、如何更好地与观众互动、如何吸引流量、如何将流量变现、如何设计合理的付费模式和分账模式等问题都亟待解决。对于观众来说，线上演出没有空间限制、方便快捷、投入更低，也在一定程度上解决了某些热门演出抢不到票的问题，但在视听体验和互动体验上还与现场演出存在很大差距。

总之，演出产业的数字化已经成为不可逆转的趋势，线上演出已经成为演出产业的新形势、新选择和新风口。疫情得到有效控制后，演出产业将重新回归线下为主的模式还是线上线下融合发展抑或迎来线上时代现在还不得而知，我们只能在未来寻找答案。

三　五月天演唱会：线上 VS 线下

2020 年，受新冠病毒感染的影响，各类线上演出快速出现。从专业团队的演出情况来看，在线演出已从初期内容简单、规模较小的直播向具有高品质、大规模的专业演出过渡。五月天是著名流行乐团，拥有众多的粉丝和超高的人气。2020 年 5 月 31 日，五月天举办了一场名为"突然好想见到你"的大型线上演唱会。该演唱会的线下演出在台北，线上则通过 QQ 音乐、腾讯微视、酷狗音乐、酷我音乐和全民 K 歌多个互联网平台全球 Live 直播。就五月天的演唱会来说，线下演出和线上演出各有什么特点，二者的差别都体现在哪些方面呢？以下将做一个简单的梳理。

（一）时空限制方面

从观众角度来看，要想参加一个传统的线下演唱会，需要在买到门票的基础之上于指定时间出现在指定的现场。只有在时间和空间上同时要求完全契合，才能看到想看的演出。从这个意义上来说，传统演唱会的时空都是受限制的。观众可能走路 30 分钟就能到达演出现场，也可能需要搭乘飞机跨越很多时区才能实现计划。线上演唱会则不同，观众只需要在某个指定的时间进入互联网的某个平台，就能收看到同步直播的演唱会。而且，即使时间不允许，观众也可以收看演唱会回放视频，同样可以达到享受演出的目的。因此，线上演出没有时空要求（视频回放）或者只有时间要求（观看直播），观众观看演出变得容易很多，完全可以舒服地窝在沙发上就能实现。基于这个原因，人们将线下演唱会和线上演唱会形象地说成"体育场演唱会"和"沙发演唱会"。

（二）科技运用方面

"突然好想见到你"演唱会现场虽然没有观众，但演出的形式、内容、配置、时长和质感都不亚于之前的线下演唱会。在技术上，高品质的线上演唱会之于线下演唱会不是做减法，而是做加法。因为线上演唱会要将线下演出的诸多技术和直播技术结合起来，增加直播所需的摄影师、录音师、导播、导演等技术岗位和调度岗位，以观众的角度、屏幕的形式探索演出的最佳呈现方法；其次，线下演出和线上演出的一些技术存在差别，比如在线下演出中，观众听到的声音来自公共音箱（PA），而线上演出中观众听到的声音则是通过实时混音系统（OB）的收录、混合及转播。另外，通过 AR 技术设计的角色或者形象只能通过屏幕呈现给观众，因此只能在线上演出时实现，而线下的

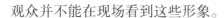

观众并不能在现场看到这些形象。

（三）观众数量方面

五月天线下演唱会的观众人数可达数万人，甚至超过 10 万人，属于大型的演唱会。而 10 万人的规模和五月天这次线上演唱会的观众规模相比，可以说相差悬殊。据统计，五月天"突然好想见到你"线上演唱会共有超过 3500 万的观众实时在线收看，它当之无愧地成为五月天成立以来观众最多的一次演唱会。两种形式的演出为什么在规模上会有数量级上的差别？原因在于线下演唱会因为时空限制、门票数量有限且需要花费成百甚至上千的费用，因此观众的范围一般都集中在粉丝圈。而线上演唱会时空限制小、无须买票、人人都可以进入直播间，这些便利使演唱会的观众朝全民化扩展。

（四）观众体验方面

五月天演唱会通常规模宏大，气氛热烈。演出进行到热门曲目时，总是会出现万人大合唱的盛况，将观众情绪推向高峰。这种沉浸式的体验，这种强烈的仪式感和参与感，正是现场演出的魅力所在。在此次线上演唱会中，当主唱阿信在唱起那首经典合唱曲目《突然好想你》时，回应他的不再是数万现场歌迷的合唱声，而是以实时画面出现的合唱嘉宾和屏幕上出现的无数条弹幕。线上表演缺乏现场反馈，常常出现演出者自说自话、观看者隔屏尴尬的局面。这对于演出者是一种挑战，对于观看者是一种疏离。线下的互动是实时反馈的、易达到共鸣的，而线上的互动是多样化的、新颖活泼的，是符合年轻受众接受习惯的。直播时观众不仅可以发弹幕回应、互动、调侃、玩梗，还可以发表情、刷礼物，甚至观看直播的观众和之后观看回放的观众也可以实现交流和互动，这都是传统线下演出不能实现的。另外，线下演出经常出现氛围掩盖细节的情况，线上演出则可以通过全方位、多角度的镜头为观众呈现更多的演出细节。

（五）成本及收益方面

线下演唱会的成本集中在场地租金、舞台搭建费用、报批费用、安保费用、消防费用等方面。线上演出可以根据需要减免这些费用，但在软件、技术、网络、信号等方面要求更加苛刻，投入也更多。总体来看，二者在投入成本上没有太大差距。

在收益方面，传统线下演唱会通过出售门票获得收益，而线上演唱会的收益方式尚不明确。线上演出若想长久发展，收回成本获取利润是必要的选择。如今线上演出的收益方式还在探索中，付费播出、办理会员、打赏送礼物等诸多形式如何合理选择，使演出既能收回成本并获取一定的收益，又能不引起观众的反感，不影响观众的体验，这是一个有待解决的难题。

通过对比五月天的线下演唱会和线上演唱会我们发现，线上演唱会不是简单地将线下直接搬到线上，而是需要技术上的升级和表演上的创意，需要将互联网思维同专业素养结合起来，使观众收获耳目一新、互动自由的观看体验。演出产业的线上探索，有利于进一步推动产业内数字技术的应用，进而促进数字化转型和升级。

第二节　艺术品经营产业发展实践

艺术品经营产业，泛指通过经营艺术品而获取利润的产业。1994年，文化部首次发布《美术品经营管理办法》。之所以采用"美术品"这一概念，是因为当时我国艺术品市场多以书画作品的交易为主。如今，艺术品交易门类逐渐多样化，文化部在 2016 年发布的《艺术品经营管理办法》中将原来泛指的美术品规范为艺术品，以更好地适应产业发展的需要。新办法指出，艺术品包括"绘画作品、书法篆刻作品、雕塑雕刻作品、艺术摄影作品、装置艺术作品、工艺美术作品等及上述作品的有限复制品。本办法所称艺术品不包括文物"[①]。而艺术品经营活动包括艺术品的收购、销售、租赁、经纪、进出口经营、鉴定、评估、商业性展览等服务及以艺术品为标的物的投资经营活动及

[①] 国务院：《艺术品经营管理办法》，http：//www. gov. cn/gongbao/content/2016/content_5070760. htm。

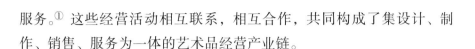

服务。① 这些经营活动相互联系，相互合作，共同构成了集设计、制作、销售、服务为一体的艺术品经营产业链。

一 艺术品经营产业现状

随着经济社会的发展和人们物质生活水平的提高，人们对艺术品的消费需求逐渐上升。艺术品是艺术凝结的成果，属于精神文化产品，对提高人的素养、陶冶人的情操、促进人的全面发展具有重要的作用并且已经成为收藏和投资的对象。

我国历来都十分重视艺术创作、艺术交流和艺术品的经营活动。我国艺术品经营历史悠久，但现代意义上的艺术品市场起步较晚，产业链发展还不完善。艺术品经营产业经过了约十年的快速爬升后，2013 年开始出现回调，艺术品价格迅速下降、产业结构剧烈变化、市场受到较大的影响。至此，艺术品经营产业进入重要的调整期，也是重要的机遇期。经过深度调整后，艺术品经营产业将更加健康，更加富有韧性。据英国艺术市场联合会（BAMF）统计，"2017 年，中国艺术品市场交易额约占全球市场 34.2%，位居全球第一，美国和英国紧随其后"②。另据英国有关机构统计，中国艺术品市场目前的规模仅为几千亿元，而潜在的需求多达 6 万多亿元。我国艺术品经营产业的发展状况主要表现为以下方面。

（一）艺术品市场逐步规范

长期以来，艺术品经营市场乱象频出，对制假售假、虚假鉴定、虚高评估、交易不透明等问题缺乏有效的约束。这是市场不规范、不透明、经营主体诚信缺失的表现。商业行为不规范容易引起行业链条错乱、市场失衡以及艺术品价格泡沫等问题，成为艺术品市场发展的障碍。多年来，各级政府和行业协会均在为消除发展障碍、规范市场秩序

---

① 国务院：《艺术品经营管理办法》，http：//www. gov. cn/gongbao/content/2016/content_5070760. htm。

② 《文化艺术品行业的发展趋势》，https：//www. sohu. com/a/298389550_120091385。

努力。相关法律法规的出台和修订，为艺术品市场的完善和艺术品经营产业的健康发展提供了保障。为了加强对艺术品经营活动的监管，促进艺术品市场健康持久的发展，2016 年，我国颁布了《艺术品经营管理办法》。该办法充分考虑了艺术品产业网络化和经营化的趋势，将近些年交易活跃的网络艺术品、投融资标的物艺术品、鉴定评估活动等纳入监管范围。另外，该办法首次提出建立专家委员会，建立一系列新制度以强化主体责任。比如提出艺术品经营者有尽职调查义务，需对所经营的艺术品的真实性提供合法来源证明。这些举措表明国家在放宽艺术品市场主体准入的同时，加强对市场主体的监管，以强化市场主体的责任、保障消费者的合法权益、促进艺术品市场的健康有序发展。

（二）市场规模庞大

中国艺术品市场经过长期的培育和成长，在市场规模、市场结构和业态构成上不断发展和完善。如今，我国经济增长放缓，艺术品经营市场正处于调整与蓄力发展阶段，虽然短时间内不太可能出现井喷式增长的可能，但发展潜力很大。中国艺术品市场规模依然巨大，还有很大一部分还没有被开发出来。随着艺术品交易体系的不断完善，在艺术品市场，我国已经出现了一批较为成熟的骨干型企业，这些企业发挥了引领作用，在开拓市场、创新模式、带动产业链发展方面做出了重要贡献。另外，艺术品市场也出现了一大批逐渐成熟的收藏家和交易者，他们的队伍不断壮大，实力不断增强，有力地拓展了我国艺术品市场的规模。

（三）艺术品市场金融化

早在 20 世纪中期，西方的金融资本就开始进入艺术品市场。这一趋势，在客观上盘活了艺术品市场，带动了艺术品交易，促进了艺术产业的发展和升级。此后，发达国家的金融机构越来越频繁地参与到艺术品的投资和收藏之中。"金融与收藏和艺术品投资的融合已经成为发达国家艺术品市场的主要推动力。"[1] 近年来，我国金融资本投资

---

[1] 林日葵：《艺术品经营的"三结合"趋势》，《中国拍卖》2006 年第 6 期。

艺术品的现象也非常普遍。在股市、楼市相对低迷的情况下，炒作资金蜂拥而至，这也成为催生天价艺术品的根本原因之一。一些金融机构聘请艺术品专家、搜集艺术品交易信息，甚至设置专门的部门从事艺术品投资研究和实际交易工作。金融资本和艺术品市场的结合，标志着艺术品投资时代的到来，为我国艺术品经营产业注入了新的血液，促进了艺术品文化价值的发掘，推动艺术品产业朝着更有活力、更多元化的方向前进。但是，大量资本进入和金融手段的使用，可能使艺术品市场脱离鉴赏、收藏和投资的轨道，成为资本炒作的领域，产生大量泡沫，这将不利于艺术品市场的有序发展。

（四）艺术品大众化

艺术品不应该只是富人把玩的宝物，而应该是每个人都能消费得起的精神产品。如果说前工业社会时期艺术品因为稀缺性和珍贵性只能供名流贵族欣赏和消费，那么如今艺术品的种类繁多、产量提升、价格多元，就为其推广和普及提供了可能。随着人们的收入水平和艺术素养的提高，普通人对于艺术品的需求越来越多，他们将成为艺术品购买的主力。今后，越来越多的人将走进艺术品领域，走进艺术消费市场。人们购买艺术品可能完全出于爱好或实用，也可能追求一定的回报，将艺术品作为投资的对象。无论如何，普通大众将构成艺术品市场的坚实基础，促进艺术市场金字塔结构的形成，促使多选择、多用途、多价位、多交易方式的艺术品走向市井、走进普通百姓的生活之中。艺术品的大众化不仅丰富了人们的精神世界，带来了经济和社会的效益，也拓展了艺术品的市场空间和发展空间。

现阶段我国艺术品市场尚不成熟，存在各级市场发展不平衡的现象。比如处于二级市场的拍卖企业和经纪企业较为繁荣，而处于一级市场的画廊、美术品商店和处于三级市场的艺术展览企业发展相对滞后。从长远来看，随着艺术品市场的发展完善，这种不平衡现象会逐步减少。

二 艺术品经营产业未来走向

文化消费时代已经在路上，艺术品经营产业还将持续向前。在未来的道路上，形式多样、内容丰富、结构健康的艺术产业发展趋势不会变。艺术品经营产业将完成与科技的进一步融合，交易渠道将更加多样化，艺术品将走向乡村、走向大众、走向国际、走向更大的舞台。

（一）与大数据等先进科技融合发展

近年来，在以大数据为代表的新一代信息技术的推动下，我国艺术品经营产业呈现出新的特征，进入了新的发展阶段。大数据可在艺术品评估、市场走向定位、顾客购买意愿分析、营销方法的使用、艺术品上市时间的选择、舆情分析等环节发挥重要作用。该技术将勾勒出未来艺术品经营产业发展的新轮廓。大数据时代，获得全新技术支持的艺术品经营产业如虎添翼，更加大有可为。现阶段，大数据的研究、推广和应用在国内尚处于起步阶段。艺术品经营产业如何抓住时代机遇，提升经营能力，是其未来发展中的重要议题。企业应该借鉴国内外成功的经验，在艺术品的生产、流通、消费、反馈等环节实现创新式的发展。

（二）交易渠道多样化

我国艺术品交易平台众多。现阶段，拍卖是艺术品交易的主要渠道。我国已经成为全球第二大艺术品拍卖市场，在国际范围内的话语权逐渐确立。随着我国艺术品市场逐步规范，作为艺术品交易中介的艺术经纪机构和个人逐渐增多且不断规范。画廊是艺术品陈列、收藏及销售的专业机构，不仅对艺术品的流通起到了重要作用，也成为助推艺术家成长的重要力量。随着互联网技术的发展和互联网设备的普及，电商时代已经到来。在线交易将成为艺术品交易的重要渠道，未来发展潜力巨大。线上线下结合的交易方式已经越来越常见。传统的画廊开始拓展网络业务，艺术品电商逐渐代替拍卖行完成小额的艺术品交易，互联网和艺术品经营产业的融合势在必行。

（三）艺术活动走向乡村

乡村经济落后、思想保守、信息闭塞、青年流失、老龄化严重等问题不仅困扰着中国，也是世界性的难题。文化艺术产业的发展不能没有农村的参与。如今，艺术在大城市繁荣兴盛，在中小城市逐渐扎根成长，但在农村地区拓展得还很不够。艺术品不应该仅存在于大城市的展览馆和拍卖行，还应该走向乡村，走向田野。在乡村推广艺术，用艺术改变乡村，也许会成为振兴乡村文化，发展乡村经济的破题之路。这一点，我们可以借鉴在国外已经较为成熟的大地艺术节。20世纪60年代产生于欧美的大地艺术节，是将艺术和自然结合、将艺术和乡野结合的一种探索，兼具生态意识和人文关怀。20世纪90年代初，中国艺术家开始关注并着手举办中国自己的大地艺术节。中国多样的田园景观和深厚的文化传统为大地艺术节铺垫了坚实的基础。近年来，越来越多的大地艺术节在中国各地的农村开展。2019年，重庆武隆懒坝大地艺术季、浙江桐庐大地艺术节、重庆酉阳乡村艺术季、安徽铜陵田园艺术季等艺术节遥相开启。大地艺术节期间，不仅会举办一系列和乡村主题、自然主题、生态主题等相关的展览，还会举办设计大赛、创新项目、旅游项目、文艺演出等活动，为促进文化艺术走进乡村、吸引游客来到乡村、鼓励青年投身乡村提供平台和土壤。

（四）中国艺术品国际化

随着我国艺术品市场规模的不断扩大，我国艺术品市场在全球艺术品市场上所占的份额逐年增加，在全球范围内的影响越来越大，中国艺术品的国际化程度不断提高，艺术品市场逐渐实现与国际的接轨。中国艺术品的国际化发展进程表现在两个方面。一方面，中国艺术家、艺术机构、艺术企业"走出去"。中国艺术品和艺术家在海外的知名度越来越高，艺术品的成交价格也较过去有了很大提高，这是中国文化和中国艺术品被认可的表现。另一方面，海外的艺术家、艺术作品、艺术机构、艺术企业和投资机构进入中国艺术品市场。这对我国艺术品市场吸收海外资本、促进交易流通、提升市场活力起到了积极作用。另外，我国的"一带一路"倡议为中外文化交流提供了历史性的机遇，中国企业应该抓住这一机遇，加强与"一带一路"沿线国家和地区的文化交流和联合创作，为中国艺术品经营提供新的思路，开辟更广阔的市场。

三 798 艺术区：世界闻名的艺术聚落

798 艺术区位于北京市朝阳区，占地面积 60 多万平方米，原为国营 798 厂、797 厂等 6 家电子工业的老厂区。21 世纪初，6 家单位整合重组并将闲置厂房进行出租。从 2001 年开始，来自北京乃至全国各地的艺术家开始陆续来到 798 艺术区，在极具工业化气息的锯齿形厂房、大车间、大烟囱、铁轨、火车等建筑和机械的基础上，对厂区进行一系列富有创意的改造和修饰，使其变为一个简约大气、时尚硬朗、极具个性化的艺术空间，形成了"Soho 式艺术聚落"和"Loft 生活方式区"。经过 20 多年的发展完善，798 艺术区已经成为北京的一个标志性建筑群和全球当代先锋艺术的集中地。

798 艺术区可以被视为中国当代艺术和文化的展示区和风景线，其存在和发展，是艺术、经济、文化融合的结果，也是当代艺术产业化的结果。从工业厂房到艺术中心，798 艺术区的转型是文化保存、资源重组、创新改造和可持续发展共同取得的成功。

如今，798 艺术区已经是集画廊、书店、艺术品商店、工作坊、俱乐部、设计公司、出版社等文化机构和酒吧、餐厅、咖啡店、瑜伽中心等服务机构为一体的拥有超高密度艺术业态的艺术中心。值得一提的是，很多入驻 798 艺术区以及与 798 艺术区合作的文化机构都是世界知名的品牌，如美国的佩斯画廊、比利时的尤伦斯当代艺术中心、意大利的长青画廊、德国的空白空间等。它们的入驻，提升了 798 艺术区在世界范围内的影响力和号召力。

798 艺术区的艺术机构和服务机构的生存和经营方式是经济改革和文化进步的产物，它们集聚于一个艺术区，在艺术理想与社会现实之间、在历史风格和未来趋势之间、在精英文化和大众文化之间、在先锋意识和传统理念之间生存和发展，既展现了个性化的自我又展现了共同达成的 798 艺术区共识。

　　798 艺术区已经成为北京文化创意产业的一个品牌，它在成长为一个品牌的同时，也形成了新的艺术品经营模式。近年来，来 798 艺术区参观的不仅有普通的学生、文艺青年和其他群众，也有国际名流和政府首脑，还有大量的艺术家、策展人、经销商、出版商和收藏家。在它之后，上海、杭州、广州、沈阳等许多城市都掀起了旧厂房改造艺术区的热潮。798 艺术区无疑成为这一模式的开辟者、先行者和成功者。

第十章　旅游休闲产业发展实践

　　旅游休闲产业，也叫休闲文化产业、旅游休闲服务产业、文化休闲娱乐服务产业等，虽然名称有很多种，但其包含的内容主要有两个部分，即旅游产业和休闲娱乐产业。另外，不同的名称都在突出强调这一产业的两个特性，一是属于服务业领域，二是和文化紧密相连，不可分割。在全球范围内，旅游产业和休闲服务产业是各国努力挖掘和推动的重要产业。随着现代化进程的推进和经济的发展，旅游休闲产业增长强劲，在各国的经济发展、文化建设和社会服务等方面做出了巨大的贡献。

第一节　旅游产业发展实践

　　旅游是人们离开惯常环境和惯常居住地，前往外地作短暂停留（不超过一年）并不以获取经济收益为目的的活动。旅游产业又叫文化旅游产业，是以旅游资源为基础，以旅游设施为凭借，向游客提供游览、食宿、交通等多种服务的综合性产业。旅游产业是当今时代最主要经济部门之一，在全球提供了约 1/10 的工作，正在改变数百万人的生活，已经被视为经济发展的主要动力和可持续发展的重要支柱。[①]

---

　　① UNWTO：Tourism Has "Life-Changing Potential" -World Tourism Organization General Assembly，https：//www. unwto. org/global/press-release/2019 – 09 – 12/tourism-has-life-changing-potential-world-tourism-organization-general-asse.

另外，旅游产业可以推动社会平等，加强社会的包容性，促进世界的对话与交流。未来，旅游产业将具有更强有力的、变革性的力量，在政治、经济、环境、社会等领域做出重要贡献。

一　增长快、市场大、不平衡：中国旅游产业的现状

1841 年，英国出现了世界上第一家旅行社，在这之后，分散的、个人的、自发的旅游活动开始被纳入产业链条中，现代旅游诞生了。我国旅游产业开始比较晚，20 世纪 70 年代末以后才开始起步。随着改革开放后我国经济的迅速发展，旅游产业也突飞猛进，发展成为国民经济最重要的组成部分。总体来看，我国旅游产业的发展，大致可以分为四个阶段。

第一阶段为 1978 年至 1991 年，旅游产业开始起步。在这一阶段，旅游产业的定位发生了转变，由事业转变为产业。国家建立旅游机构和行业组织，改革管理体制，开放中国公民出境游。

第二阶段为 1992 年至 2002 年，旅游产业形成体系。在这一阶段，旅游产业被列为第三产业中的第一位和国民经济三个新的增长点之一。1998 年，我国举办了第一届国际旅游交易会，促进了旅游的国际合作。1999 年，我国颁布《全国年节及纪念日放假办法》，统一了全国年节及纪念日的假期，为国民出游创造了更多机会。

第三阶段为 2003 年到 2011 年，旅游产业影响扩大。这一阶段，旅游产业在国民经济的重要性凸显，"十二五"规划提出"把旅游产业培育成国民经济的战略性支柱产业和人民群众更加满意的现代服务业"的要求和计划。在此阶段，我国旅游产业总体保持了较快增长，国内旅游市场和入境游市场实现较大幅度的增长，出境游市场也发展较好。总体来说，旅游产业影响扩大，活力提升，对经济社会起到了较大的带动作用。

第四阶段为 2012 年至今，旅游产业能力提升。这一阶段，我国通过了《中华人民共和国旅游法》，落实了带薪休假制度，启动了旅

游扶贫计划，旅游产业发展迅速，逐步建立完善的市场体系和供应链，我国向世界旅游强国迈进。① 这一阶段，从国内旅游和出境旅游两方面看，旅游人次逐年提高。从全球范围来看，2000 年至 2018 年，亚洲的国际游客人数增长最为强劲，其中很大一部分是由中国这一世界最大客源市场推动的。2018 年，中国公民进行了约 1.5 亿次国际旅行"②。这和我国人民生活水平的提高以及生活方式、休闲观念的转变有关。与此同时，入境游市场保持基本平稳、逐步提升的状态。2012 年，我国旅游总收入为 2.59 万亿元，到 2019 年，总收入达到了 6.63 万亿元，是 2012 年的 2.6 倍（见表 10 - 1、图 10 - 1）。

表 10 - 1 　　　　　2011—2019 年中国旅游产业主要发展指标③

年份	国内旅游人次（亿人次）	国内旅游收入（亿元）	入境旅游人次（万人次）	入境旅游收入（亿美元）	出境旅游人次（万人次）	旅游总收入（万亿元）
2011	26.41	19305	13542	484.64	7025	2.25
2012	29.57	22706	13241	500.28	8318	2.59
2013	32.62	26276	12908	516.64	9819	2.95
2014	36.11	30312	12850	1053.80	10728	3.73
2015	39.90	34195	13382	1136.50	11689	4.13
2016	44.35	39390	13844	1200.00	12203	4.69
2017	50.01	45661	13948	1234.17	13051	5.40
2018	55.39	51278	14120	1271.03	14972	5.97
2019	60.06	57251	14531	1313.00	15463	6.63

我国幅员辽阔、历史悠久、人口众多、自然及文化资源丰富，旅游产业具有巨大的市场发展潜力。随着旅游产业服务、协调和管理水

---

① 中国社会科学院旅游研究中心：《中国旅游大事记：1978—2018》，https：//www.sohu.com/a/283715457_126204。

② UNWTO：World Tourism Organization Joins Asia-pacific Sector Leaders To Address Overcrowding In Urban Destinations，https：//www.unwto.org/world-tourism-organization-joins-asia-pacific-sector-leaders-address-overcr.

③ 转引自文化和旅游部《中华人民共和国文化和旅游部 2019 年文化和旅游发展统计公报》，http：//www.gov.cn/shuju/2020 - 06/22/content_5520984.htm。

平的提高，人民旅游意识的增强以及带薪休假等制度的逐步完善，我国旅游的潜力将被进一步激发，旅游产业经营服务水平将进一步提高，我国将从旅游大国迈向旅游强国。

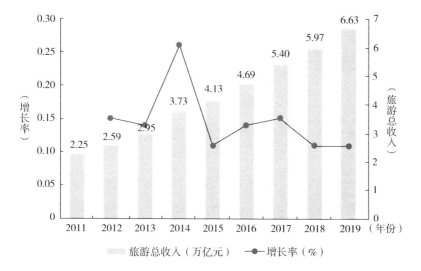

图 10 - 1　2011—2019 年旅游总收入及增长趋势①

旅游产业是我国最具活力的经济部门，在全球经济增长放缓、国际贸易局势紧张、地缘政治不确定性增加的时代背景下，我国旅游产业的发展值得欣喜。同时，也应该注意到，我国旅游产业还存在诸多的问题和矛盾。

（一）供需发展不平衡

众所周知，旅游投入和服务需要常年进行和一直保持，而国内游客的旅游需求却主要集中在几个法定假期。一方面，造成了景区"黄金周"等节假日人满为患，接待能力和协调管理能力受到挑战，资源、环境和文物加速受损等问题；另一方面，旅游质量下降、价格昂贵、不安全因素增加等原因导致游客体验变差。而在淡

① 数据来源：文化和旅游部：《中华人民共和国文化和旅游部 2019 年文化和旅游发展统计公报》，http：//www. gov. cn/shuju/2020 - 06/22/content_5520984. htm。

季，景区游客流量明显下降，旅游资源和人力资源存在一定的浪费现象，企业利润下降甚至出现亏损，这些都不利于经营和消费的可持续发展。

（二）区域旅游发展不平衡

我国旅游产业区域发展不平衡格局一直存在，从东西向来看，东部最强，西部最弱，中部居中；从南北向来看，南部强，北部弱。主要表现在居民的潜在出游力和区域旅游产业综合发展水平两个方面。东部和南部地区旅游产业发展水平较高，景区接待能力强，旅游产品丰富，服务水平高。中西部地区虽然具有丰富的旅游天然资源和坚实的历史文化基础，但交通和经济发展相对落后导致旅游产业发展水平不高，市场化程度较低。这一不平衡也涉及旅游产业城乡发展不平衡问题。未来我国区域间、城乡间旅游产业发展水平差距有缩小的趋势，发展会更加均衡，但现阶段这一问题还较为突出。

（三）城乡旅游发展不平衡

城镇居民是国内旅游的主要贡献者，农民等低收入群体对旅游的贡献相对较少，国民旅游消费中两极化倾向明显。2017 年国内旅游的收入中，城镇居民的旅游消费占到82%。[①] 有专家统计，我国约有三、四亿的中等收入人群经常旅游，约五亿的较低收入人群偶尔出游，而且会选择低价游、零团费游等方式，约三亿低收入和贫困人群基本不旅游。[②] 从全民来看，我国还处于大众旅游时代的初级阶段。

旅游丰富了人们的休闲生活，促进了产业的调整优化，带动了当地社会经济的发展，加强了中国和世界的了解与交流。中国已经成为世界上最大的旅游客源国，2019 年中国出境旅游人数达 1.55 亿人次，已经成为许多旅行目的地国家的主要客源市场，对世界旅游产业做出了重要贡献。和原来游客多依附于旅行团的传统游览方式不同，

---

① 《2018 中国旅游行业发展报告》：http：//www. 360doc. com/content/19/0114/11/8169114_808751278. shtml。

② 王兴斌：《中国的大众旅游时代还在路上》，https：//www. sohu. com/a/190365145_120702。

现在，无论是国内游还是出境游，越来越多独立旅行者出现了，他们亲自策划攻略、组织行程、分享经验、体验整个过程。这种趋势得益于人们旅行观念的转变、信息化技术的普及以及越来越多年轻人的加入。

未来，我国将通过增加旅游产业的基础设施投资、鼓励扶持中小型旅游企业的发展、平衡城乡和区域之间的差距、完善休假制度等方式进一步加强旅游产业发展的基础，巩固现有优势，尽早实现"大众旅游"的构想。

二　可持续、重融合、强能力：中国旅游产业的未来

（一）发展可持续旅游产业

可持续发展观是科学发展观的核心内容，是指既满足当代人的需要，又不损害后代人满足需要的能力的发展。旅游产业是可持续发展议程中重要的组成部分，必须承担应有的责任。"可持续旅游产业被理解为充分考虑当前和未来的经济、社会和环境影响，并满足游客、产业、环境和社会需求的旅游产业。"① 也就是说，在未来的经济发展中，旅游产业不仅应该保持增长，而且应该更好地增长、负责任地增长、可持续地增长。旅游产业不仅要满足当代人的需要，也要让子孙后代也拥有发现、领略、享受自然和文化景观的权利。

可持续性应该成为旅游产业每个部门的新规范，政府、非政府组织、企业、游客、居民都应该认识到可持续发展的必要性，联合起来推动旅游产业可持续发展进程。政府是可持续发展政策的制定者，企业是可持续发展的主体，人民群众是可持续发展的重要参与者。多个主体应明确分工，携手合作，在保持公共卫生、减少塑料废弃物产生、应对气候问题、保护生物多样性、保护野生动物、保护自然资源和文

---

① UNWTO：Unwto Manila Conference Sets Roadmap To Measure Sustainable Tourism；https：//www.unwto.org/archive/global/press-release/2017 – 06 – 29/unwto-manila-conference-sets-roadmap-measure-sustainable-tourism.

化遗产等方面不断推进，在经济发展、产业进步、文化和资源保护等方面找到积极的平衡，在可持续性和便利性、经济效益方面找到积极的平衡，在游客、企业、居民和社会之间找到积极的平衡。

旅游产业通过扩大可持续的生产、经营和消费方式，将旅游产业的贡献延伸至经济、社会和环境可持续发展三大支柱领域，提高旅游收益，同时尽可能降低对全球环境、自然和文化遗产以及社会的负面影响，这是一个长期的、连续的过程，需要对影响进行持续性监控。

（二）推进旅游扶贫

在全国范围内，贫困主要集中在农村地区，如果将旅游产业作为推动经济增长的重要动力，就必须将目光投向广大的农村地区。旅游扶贫在带动乡村地区减轻贫困方面起到了巨大的作用，但是过去很长时间内，旅游扶贫是粗放式的、宏观式的，扶贫的效果多体现在总体的经济收益上而没有体现在贫困家庭和贫困人口中。在"十三五"期间旅游精准扶贫的背景下，各个层面都开始关注旅游扶贫的精准化问题，实现"扶真贫"和"真扶贫"，使更多的农村地区、更广大的贫困群体享受到旅游产业发展带来的益处。

通过"减少甚至是消除贫困人口参与旅游发展的障碍，同时扶助其在旅游产业中就业和发展"[①]，旅游产业在弥合城乡差距上做出了重要的贡献，这种弥合不仅是经济方面的，还是知识、文化等方面的。只有加强对贫困人口的宣传、教育和培训，向农村传播更多的知识技术、创新理念、投资理念，实现"扶贫＋扶智慧"和"扶贫＋扶志"的结合，才能提高贫困人口的综合素质，增强其参与旅游扶贫的能力，才能促进乡村地区旅游经济的可持续发展。

旅游产业减轻农村贫困、引领农村发展，需要政府、社会、企业、学术界等主体的通力合作。各方应致力于增强旅游产业在减轻贫困方面的贡献，致力于通过发展农村旅游创造就业机会，使被边缘化的弱

---

① 周歆红：《关注旅游扶贫的核心问题》，《旅游学刊》2002 年第 1 期。

势群体特别是青年和妇女能享受旅游产业的效益，融入旅游产业的价值链之中，推动经济增长，促进社会平等和可持续发展，让更多人共享旅游的收益，为更多人创造更美好的未来。

（三）促进产业融合

"旅游产业融合是指旅游产业与其他产业或旅游产业内不同行业相互渗透、相互交叉，最终融合为一体，逐渐形成新产业或产业链的动态发展过程。"[①] 旅游产业是一个综合性、关联性和渗透性很强的产业。旅游产业不仅可以与农业、工业以及第三产业内的其他产业融合形成新的产业形态或产业链，旅游产业内部的各个行业也可以相互融合形成一定的产业形态或产业链。旅游产业通过融合完成行业和产业间的功能互补、环节渗透和协作共赢，得到市场的认可，实现综合价值的最大化。近年来，"旅游＋""全域旅游"等新兴旅游概念和越来越盛行的农业旅游、工业旅游、教育旅游、房地产旅游、会展旅游、体育旅游等新型旅游形式就是产业融合的成果。

随着社会的进步、信息技术的发展和公民旅游观念的变化，与众不同的、个性化的、体验式、定制式旅游逐渐赢得市场。为了满足消费者的不同需求，跨产业、跨行业的合作互补变得十分必要。旅游产业和其他产业的边界逐渐模糊，开始相互渗透、相互合作、共生共赢。旅游产业正不断加强同科技密集型产业的融合和合作，将数字技术、大数据技术、物联网技术、云计算技术、VR/AR 技术等先进科技应用于旅游产业管理、运营、服务等环节，发展智慧旅游，推动旅游产业由传统服务业向现代服务业的升级。比如景区的游客衡量、游客管理和流量分散等方面的问题，可借助大数据技术来更好地加以解决。而景区的宣传可以借助微信、微博平台以及近年来很火爆的直播和短视频平台，这些平台将是未来推广旅游、吸引游客的主要阵地。

---

① 严伟：《基于 AHP－模糊综合评价法的旅游产业融合度实证研究》，《生态经济》2014年第 11 期。

另外，旅游产业和文化紧密相连。对历史文化古迹以及当代文化形式的欣赏是旅游产业的核心。加强旅游产业和其他文化产业的合作，积极开拓旅游目的地的文化附加值，着眼可持续发展的文化旅游，扩大地区间、行业间的合作，是旅游产业融合发展的重要举措。

旅游产业与其他产业的融合是旅游产业发展的必然趋势，创新性地开展行业间和产业间的融合，是拓宽旅游产业的市场、增强旅游产业可持续发展能力、满足人民日益增长的高品质旅游需求的必然选择。

（四）加强应变能力

2020 年，随着新冠疫情的出现，全世界面临前所未有的卫生、社会和经济紧急状况，很多产业遭受重创，其中旅游产业是受影响最严重的产业。疫情给全球旅游产业带来了空前的打击，航班取消、酒店停业、景区关门、旅行社倒闭，绝大多数国家和地区都实行旅行限制，众多和旅游相关的工作岗位面临风险。从世界旅游组织（UNWTO）统计的 2020 年 1—4 月份新冠疫情对旅游产业的影响来看，2020 年第一季度全球范围内入境人数同比下降了 44%，可见新冠疫情对旅游产业的打击之大。从全年来看，2020 年是全球旅游产业有记录以来最糟糕的一年，由于需求空前下降和广泛的旅行限制，国际游客减少了74%，全球目的地接待的国际游客比上一年减少了 10 亿人次。[①] 这是自 1950 年以来国际旅游历史上最严峻的情况，全球旅游产业自 2009 年金融危机以来 10 年的持续增长已在 2020 年终结。

我国的旅游产业受疫情的冲击很大，与旅游相关的交通、住宿、餐饮、旅行社、景区等行业损失惨重。2020 年 2 月，中国旅游研究院就当年中国旅游经济总体情况进行了预测（见表 10 - 2），预测根据疫情持续时间，分为乐观、基准、悲观三种情况。实际情况是，疫情到 2020 年年底还没有结束，旅游产业朝着悲观的预测方向发展。根

---

① UNWTO：2020：Worst Year In Tourism History With 1 Billion Fewer International Arrivals，https：//www. unwto. org/news/2020-worst-year-in-tourism-history-with-1-billion-fewer-international-arrivals.

据文化与旅游部发布的《2020 年国内旅游数据情况》可知，受新冠疫情的影响，2020 年度国内旅游人数 28.79 亿人次，比 2019 年同期减少 30.22 亿人次，下降 52.1%。国内旅游收入 2.23 万亿元，下降 61.1%。

新冠疫情给旅游业带来的影响是持续的、前所未有的。我国各级政府采取延长商业贷款、降低租金、退还押金、减免税收、改善基础设施、加强社会保障、推动就业、加强国际合作等措施来缓解旅游产业的压力，减轻旅游产业的损失，为旅游产业的重启和复苏提供帮助。

表 10 - 2　　　　　　　2020 年中国旅游市场主要指标增长预测①

指标	疫情快速结束（乐观）	疫情中速结束（基准）	疫情慢速结束（悲观）
国内旅游人数	- 13.9%	- 15.5%	- 19.5%
国内旅游收入	- 18.6%	- 20.6%	- 27.9%
入境旅游人数	- 18.9%	- 34.7%	- 40.7%
国际旅游收入	- 21.9%	- 40.6%	- 44.5%
出境旅游人数	- 12.0%	- 17.6%	- 21.2%
旅游总收入	- 19.5%	- 22.0%	- 29.5%

经历这次疫情之后，我国旅游产业应该增强应对风险（包括公共卫生事件、社会安全事件、自然灾害、重大事故等方面）的认识和处理能力。在风险发生前，可以借助大数据等现代科技，结合各地情况，估算各类风险的概率，建立科学合理的应急响应、应急指挥和控制架构、预案。在风险发生时，要迅速启动应急预案，采取协调、管理、指挥、救援等行动控制风险、保护游客和群众的生命和财产安全、尽可能地减轻损失。风险结束后，应及时分析受损情况，采取对企业、对群众等的帮扶措施，促进旅游产业的尽快恢复与振兴。

---

① 转引自中国旅游研究院《〈中国旅游经济蓝皮书 No. 12〉核心观点与数据》，https：//mp. weixin. qq. com/s/KSzHz6rBNpHBbe6p_l7_eQ。

三 牡丹江雪乡：打造差异化的冰雪旅游

雪乡全名为黑龙江雪乡国家森林公园，位于黑龙江省牡丹江市，是国家4A级旅游风景区。2013年，一档火热的电视娱乐节目《爸爸去哪儿》让很多人知道了雪乡并被它童话王国般的神秘气质所吸引。节目播出后，全国各地的游客慕名而来，繁荣了雪乡的旅游产业也为当地经济的发展带来新的活力。冰雪旅游是黑龙江旅游的招牌，打造有特色、高品质的冰雪旅游产品是促进经济建设，改革老工业基地传统产业、提高人民生活水平的有效路径。雪乡作为冰雪旅游的代表，应该进一步提高水平、挖掘特色，促进旅游产业升级。

（一）突破季节限制

想要打造多元的、健康的、可持续的旅游产业，就必须突破季节的限制。雪乡以雪闻名，冬季是其旅游旺季，那么其他季节可玩之处有哪些呢？雪并非雪乡唯一的旅游元素。依山傍水、四季分明、森林密布、动植物丰富，这些都属于雪乡的特色。经过当地的不断探索，雪乡的旅游产品已经越来越丰富，冬季可以赏雪玩雪、春季可以登山攀岩、夏季可以避暑漂流、秋季可以赏枫观林。另外，景区还可以结合游客需求，开发冰雪运动、森林探险、狩猎骑马、水上乐园等项目，为冰雪项目提供有力的依托，实现旅游设施的多元化利用，促进产业的进一步完善。

（二）打造差异化优势

冰雪旅游不仅在黑龙江有优势，东北三省的另外两省吉林省和辽宁省也在大力发展冰雪旅游产业，而且均已形成自己的品牌。不仅如此，内蒙古自治区、河北省等北方行政区域，都在开发冰雪资源，南部的四川省和西藏自治区也有特色的冰雪旅游项目。可以说，国内可以体验冰雪的地方很多。那么，黑龙江想要吸引顾客，就必须利用当地独特的自然资源和文化资源，开发差异化、特色化的冰雪旅游产品。

黑龙江纬度高、气温低、雪期长、雪质好、高山多，是天然优质的滑雪场，这些都是黑龙江冰雪旅游的自然优势。当地可以利用这些特色和优势开发冰雪运动项目、承接冰雪运动赛事。雪乡可以和周边的滑雪场展开广泛的合作，互相补充、互相完善，丰富游客的体验；另外，黑龙江的森林资源丰富，野生动植物丰富，可以为游客提供探险式的森林体验活动；再者，黑龙江最北部的漠河有"中国北极村"的称号，每年特定时间可以看到极光，是我国唯一可以观看极光的地方，可以将其作为特色项目加以宣传；另外，雪乡还可以结合俄罗斯风情和俄罗斯美食、赫哲族和鄂温克族风俗、啤酒文化、北大荒精神、石油精神等文化特色，打造差异化的冰雪景观和冰雪文化。

（三）加快资源整合

雪乡旅游不仅要拓展丰富的特色旅游资源，还应该加快资源的整合，将各种独特的风光地貌、特色文化及特色项目结合起来。雪乡根据自身的特点和多年的经营经验，已经创新性地开发了冰雪＋运动、冰雪＋养生、冰雪＋狩猎、冰雪＋冬捕、冰雪＋文化、冰雪＋农村体验等多种融合性的、个性化的旅游内容。这些丰富的内容不是各自为战的，而是可以自由组合，共同为游客提供服务的。经过整合的旅游项目，不仅延长了产业链，提高了业态的丰富度，促进了相关产业的发展和旅游产业的转型升级，而且满足了旅行者对于特色、新颖旅游体验的要求。

（四）提高服务质量

雪乡特色旅游快速发展的同时也暴露出很多问题。物价虚高、虚假宣传、交通不便、设施陈旧、态度不佳等问题广受诟病，2016年的"天价鱼"宰客事件更是引起了全国舆论的关注和批判。这些问题反映出雪乡旅游的管理水平和服务水平尚有欠缺，智能化、标准化、规范化程度也有待提高。针对这些问题，当地监管部门及时督促旅游产业进行了一系列的整顿和规范。

旅游产业属于服务业，顾客体验是最重要的，顾客口碑是最关键的。雪乡旅游若想持续发展，还应该继续加强专业培训和诚信建设，提高整体的服务素养和管理水平，还应该利用现代化营销手段，加强宣传，树立有特色的、有品质的、有创意的旅游品牌。

2020 年年初，中国旅游研究院发布《中国冰雪旅游发展报告（2020）》称，冰雪旅游已经被确定为国家战略。[①] 在我国，冰雪旅游已经成为一种热门的、时尚的旅游项目，冰雪旅游的文化气氛越来越浓郁。冰雪旅游目的地应该深刻领会"冰天雪地也是金山银山"的理论内涵和时代价值，挖掘冰天雪地里的旅游资源，结合各地区特色，打造多元的冰雪旅游产品，促进旅游产业发展完善。

第二节　休闲产业发展实践

日益紧张的现代生活使投入工作和创造效益成为人们生活的重心，人们的"工作世界"在一定程度上吞噬了"生活世界"。而人的"生活世界"至关重要，"它是人类创造的、实现人的自身发展的世界"[②]。只有工作没有生活的人生是缺乏意义和价值的，也是不可持续的。随着人们收入水平和生活水平的提高，人们的生活习惯和消费观念也发生了变化，人们越来越注重生活品质，追求精神上的享受。也就是说，在满足了基本生活所需后，物质追求逐步向精神文化追求转化。休闲是人们精神文化追求和享受的重要实现方式，是指人们在非工作（学习、劳动）时间里通过多种娱乐方式，达到放松身心、找回主体性等目的。休闲已经成为现代人对紧张、忙碌的生活工作的一种代替或者补偿。通过休闲，人们在生理上解除疲劳，恢复身体的健康均衡，在心理上缓解压力与焦躁，达到内心的愉悦放松，在更高的意义上拥抱自由、净化灵魂和实现自我。现代意义的休闲是一个综合性的概念，包含了休养生息、消除劳累、娱乐身心、补充精力、恢复状态、实现

---

① 《冰雪旅游内需拉动能力突出》，https：//www.mct.gov.cn/whzx/zsdw/zglyyjy/202001/t20200108_850172.htm。

② 孙正聿：《寻找"意义"：哲学的生活价值》，《中国社会科学》1996 年第 3 期。

自我等内容。

人们的物质追求向精神追求转化，随之而来的，是物质消费向精神文化消费的转化，休闲经济便应运而生了。休闲经济是为了满足人民的休闲消费、休闲需求和全面发展的目的，将"休闲服务业同文化、知识传播以及现代科学知识普及等结合起来，衍生出的一种具有时代特征的新的经济形态"①。经济的发展和社会的进步让越来越多的人成为"有钱有闲"一族，与此同时，休闲企业、休闲产品、休闲服务、休闲部门、休闲场所、休闲机构经过不断的集中融合、相互渗透、相互关联，形成了一个新兴的产业类型——休闲产业。

一　休闲产业发展现状

（一）发展速度快，但发展不平衡

我国休闲产业起步较晚，但发展迅速。休闲产业高速发展有赖于改革开放后我国经济的持续向好及人民生活水平的不断提高，它为产业奠定了物质基础。另外，节假日制度逐步完善，增加并统一了人们的休闲时间，使休闲消费成为可能。再者，人们的生活、消费观念发生了巨大的变化。"存钱第一""工作至上""玩物丧志""休闲是一种浪费"等观念发生了变化。人们认识到休闲在保持身体健康、改善精神状态等方面的重要作用，开始在闲暇时间里从事一定的休闲娱乐活动。

如今，我国经济发展态势良好，提高人民群众生活满意度和幸福感成为政府、社会、企业等主体关注的焦点。我们说，生活需求得到满足后，才会追求更高层次的精神所需。反之，在生活需求不能满足或难以满足的情况下，休闲就很难实现，即使进行一定的休闲活动，也多数是不充分的、低品质的，不能在根本上提高幸福感和满意度。在我国，富人阶层的休闲活动已经较为丰富和充分，而普通人的休闲

---

① 田松青：《休闲经济》，新华出版社 2005 年版，第 16 页。

活动还相对不足。满足普通人的休闲之需应该成为我国休闲产业的发展目标。另外，我国休闲产业虽然已经取得了很大的进步，但在专业性、个性化、服务质量、服务理念、地区分布等方面还有很大的提升空间。

（二）休假制度逐步确立，但休闲时间相对不足

国家统计局和中央电视台曾经做过一个有关中国人经济生活的调查，结果显示，2017 年，中国人每天在学习、工作和睡眠之外，平均休闲时间约为 2.27 小时，而 2014 年平均每天的休闲时间约为 2.55 小时，也就是说，人们平均的休闲时间不增反降。这种情况在一线城市最为严峻，北上广深居民每日平均休闲时间分别为 2.25 小时、2.14 小时、2.04 小时和 1.94 小时，均低于全国居民平均休闲时间。现代社会竞争激烈，生活节奏越来越快，虽然说法定节假日等休闲时间在不断增加，但为了缓解生活的压力，大多数的人会通过压缩休闲时间、增加劳动的方法来获得更多的收入。所以，从某种角度来看，他们的休闲时间没有加长，反而缩短了。比较来看，发达资本主义国家国民每天的休闲时间约为 5 个小时，比中国人的休闲时间多出一倍。

国际上很多国家的休闲时间都分为 4 个部分：每日休闲时间、周末休闲时间、法定假日休闲时间以及带薪年假休闲时间。这些休闲时间的设置，符合人的身心需求，也符合社会健康发展的需要。我国休闲时间的组成也同国际一致，而且已经形成了基本的框架：每天工作8 小时、每周工作 5 天、法定节假日休息、企事业单位带薪年假。但同发达国家相比，我国的带薪年假制度仍存在一定短板。一方面，年假时间较短，累计工作 20 年以上的职工年假仅为 15 天。另一方面，带薪年假制度落实不够、普及程度不高，只有部分员工能享受到这一待遇。种种原因，导致人们的休闲活动都集中于几个法定假期，尤其是时间较长的节假日，这种休闲安排是不均衡的。

（三）休闲产品丰富，但面向特殊人群的产品不足

随着休闲经济的发展和休闲产业的壮大，我国居民可以享用或者消费的休闲产品越来越丰富。影院、剧院、公园、球场、健身中心、

游乐场、茶楼、城市购物中心等场所，为人们提供多种多样的休闲娱乐服务。然而，这些场所的娱乐设施很多都是为一般人群设计和服务的，面向特殊人群的休闲设施和产品相对短缺。

第一，面向老人的休闲产品和服务不足。我国老龄化问题日渐凸显，2019 年，我国 65 岁以上人口在总人口中的比例已达 12.6%。据测算，2050 年中国老龄化将达到最高峰，65 岁以上的老人将占总人口的近 30%。① 比起其他人群，老年人有更多的休闲时间和更强烈的休闲需求，但面向老年人的产品、服务、设施、场所等却严重不足。广场舞大妈和年轻人争抢球场等类似的事件就是这种矛盾激化的结果。

第二，面向残疾人的休闲产品和服务不足。残疾人也有通过休闲活动提高生活品质、获得身心愉悦的需求。在政策上，政府鼓励社会各界为残疾人参加休闲娱乐活动创造条件。但在现实中，这种条件还远远不够，残疾人参加休闲活动的专用设施缺乏、专业服务不足，即使是专门的厕所、电梯等设施都不能普及，这为残疾人休闲活动带来诸多不便。

第三，面向留守儿童的休闲产品和服务不足。随着中国城市化脚步的不断迈进，大量的农村劳动力涌向城市，留守儿童这一群体随之产生。他们缺乏父母的陪伴、教育和引导，大量的空闲时间不能被有效利用起来。一个某短视频网站的发布者致力于救助社会的弱势群体，他曾经帮助过一名留守儿童，很多人借此看到了留守儿童的生活状态。因为没有父母陪伴，没有任何的休闲活动，这个小孩只能抱着家里养的鸡玩耍，令人心酸。留守儿童的休闲需求没有得到足够的重视和满足，将影响其健康成长和全面发展。

面向特殊人群的休闲产品和服务是一个有待开发的市场，需要投资者敏锐的眼光和专业的产品设计，还需要有人文关怀的精神和服务社会的理念。让更多的人便利地享受到休闲产品和服务，是实现真正

①　《AI 数据：2050 年中国人口老龄化将达最高峰近 30% 超 65 岁》，http://yue.ifeng.com/c/7xhz3YDOPDW。

的全民休闲的题中之意。

二 休闲产业发展趋势

（一）经营与管理模式不断完善

休闲产业在我国的发展时间不长，其经营和管理模式尚在摸索之中，有待进一步的完善。我国休闲产业在供需上还存在不平衡的现象。某些产品生产过剩，同质化竞争严重，但面向特殊人群和低收入人群的休闲产品和服务较为缺乏。如今，以家庭为单位的休闲和娱乐活动成为时尚，休闲产品出现了大众化、家庭化的趋势。这一趋势更加呼唤中档的、小型的、个性化的、订制式的休闲产品和服务。国家职能部门应当鼓励和扶持中小型的休闲企业，在政策、资金等方面给予一定的帮助。它们机动灵活，善于捕捉市场的最新动向并及时做出反应。另外，国家应该重视休闲在人们幸福生活中的重要意义，制定科学的政策和规划，培养专业人才，加大力度治理不文明的、不合法的休闲项目，提倡健康的、绿色的、智慧的休闲方式。通过政府、企业、群众等多个主体的配合，休闲产业不仅会成为我国经济发展的又一个增长点，而且能让人民美好生活的需求得到满足。

（二）业态特征复合化

人们休闲方式逐渐多元化，不仅包括看电视和玩游戏，各类体育活动、兴趣活动、自驾游、户外运动、城市综合体体验都极大地丰富了人们的生活。与此同时，人们在各种休闲活动上投入的金钱也呈现不断增加的态势，休闲产业的业态也随之在不断融合中呈现出复合化的特征。休闲+体育、休闲+游玩、休闲+充电、休闲+购物、休闲+社交、休闲+健康、休闲+文化、休闲+养老等诸多复合型的休闲产品和服务更加能满足现代人对于休闲的个性化需求。

（三）科技成为新引擎

电子信息技术、自动化技术、人工智能、物联网、云计算、大数据技术、VR/AR 等新技术为休闲产业的不断进步和发展带来可能，并将成为休闲产业未来发展的新引擎。例如，虚拟现实技术（VR 技术）能使人产生一种沉浸式的体验，人物理上身处一个固定的环境，却可以神游四海，感受到别处的环境、看到别人的视野。它为人们提供了全新的想象世界和体验世界的方式，产生了个性的、独立的、实时的休闲感受。VR 街区、VR 社区、VR 景点、VR 戏剧、VR 电影、VR 游戏等形式，让人能够"足不出户"就可以漫游世界，可以登临现代化大都市纽约的上空也可以飞跃珠峰的云端，完成在现实中几乎不可能实现的"幻想"。AR 技术即增强现实技术，可以将真实世界的信息和虚拟世界的信息无缝集成，在屏幕上实现虚拟世界和现实世界的互动，为人们提供了第一视角的"半沉浸式"体验。该技术已经迅速应用到了生活之中，人们只需借助手机屏幕，就可以感受虚拟和现实的互动。现在很多景区、展览馆、游乐场、商场都已经开发了 AR 导览小程序，可以为游客提供更生动方便的导览服务。

（四）产业发展国际化

"我国的休闲要素正日趋国际化，国际化元素的引入和中国休闲者走向世界，是两大相应的发展趋势"[①]。随着休闲要素的国际化，我国休闲产业的国际化进程也不断推进。众多休闲相关企业迈入全球发展的阶段，加速海外市场的挖掘和布局，可以说，休闲产业的链条在不断地向海外延伸。而来自全球的休闲娱乐活动也不断地进入了中国民众的视野。其中最显著的例子是人们对国际体育赛事的关注。世界杯、奥运会、NBA 等国际体育赛事在中国拥有大量的观众，中国企业在国际赛事上的投入也逐年增加。休闲产业的国际化是一个互动的过程，有利于中国走向世界，也有利于世界了解中国。现阶段我们的输入要远远大于输出，下一阶段的国际化进程中，中国企业应该努力提高产品品质，塑造优质形象，更多地开发国际市场，输出优质产品和服务，融入世界的休闲产业链。

---

① 《中国休闲业趋势：引入国际化元素　中国休闲者走向世界》，http：// world. people. com. cn/n1/2017/0719/c1002 – 29415421. html。

三 华强方特：中国本土的 IP① 主题公园

提到主题公园，很多人都会想到迪士尼、默林娱乐、环球影城等世界著名的娱乐集团。其中，迪士尼集团分布在全球的六大主题公园占据着顶端优势，每年吸引着最多的游客，成为人们最认可的品牌。在我国，旅游休闲产业的发展和人们旅游休闲消费水平的提高，也拉动了主题公园的出现与发展。国内著名的 IP 主题公园有华强方特、华侨城以及长隆集团。我国这三家主题公园集团不仅在国内发展迅速、成绩亮眼，而且已经跻身全球十大主题公园之列（见图 10 - 2）。

近年来，中国主题公园进入快速发展期，主题公园越来越多地出现在了大、中城市之中。华侨城、华强方特和长隆集团经营的主题公园在中国拥有最大的市场，其中华强方特被誉为中国本土的"迪士尼"。这不仅说明方特在风格上和迪士尼类似，也说明方特在中国本土的受欢迎程度很高。

华强方特是国内唯一一个拥有全产业链的旅游休闲企业，可以实现主题公园的设计、开发、建设、运营、宣传等整个链条环节的运作，现拥有"方特欢乐世界""方特梦幻王国""方特水上乐园""方特东方神画"四大独立品牌，已在全国建成十余座主题公园，成为国内知名的、大型的、综合性的旅游休闲企业。

主题公园大致可以分为 6 类（见图 10 - 3），分别为奇幻/卡通人物类（如迪士尼乐园）、影视/媒体类（如环球影城）、历史文化类（如锦绣中华）、动物类（如海洋世界）、机动游戏类（如长隆欢乐世界）、水上活动类（如水上乐园）。华强方特集团在模式上同迪士尼乐

---

① IP 是英文"Intellectual Property"的缩写，意为知识产权，指人们就其智力劳动成果所依法享有的专有权利，通常是国家赋予创造者对其智力成果在一定时期内享有的专有权或占有权。IP 可以是一首歌、一部小说、一部电影，或是某个人物形象，甚至一个符号、一种价值观、一个共同特征的群体、一些自带流量的内容等，它是倾注了作者心智的短语、符号和设计等被法律赋予独享权利的知识产权。围绕 IP 可开发一系列文化衍生品，打造一个文化产业链。

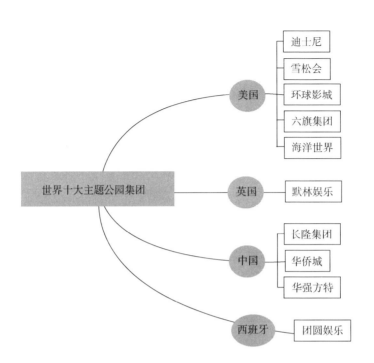

图 10－2　世界十大主题公园集团

园相似，都属于奇幻/卡通人物类。两者都利用自己特有的 IP，打造休闲娱乐的产业链，构成了囊括园林景观、机动游戏、建筑、演艺、餐饮、住宿、服饰、玩具、电子产品等休闲娱乐产品的庞大集合。

IP 是文化的核心，是主题公园的识别符号，是串联场景故事的中介也是激发游客兴趣和情感、带动互动式体验的主要媒介。经过多年的努力，华强方特已经拥有了《熊出没·狂野大陆》《熊熊帮帮团》《熊出没之怪兽计划》《俑之城》《绽放瓢虫少女》《太空鼠一家》六大经典 IP。其中，得益于"熊出没"系列动画片在全国的热播，"熊出没"系列 IP 以及与其相关的景点、场所、电影、玩具、人偶等成为主题公园内最受消费者喜爱的部分，集团总裁刘道强认为 IP 对主题公园至关重要。

经典 IP 的加入是华强方特成功的重要因素但绝不是唯一因素。主题公园的整体环境、服务质量等综合体验和游客口碑才是成功的最根

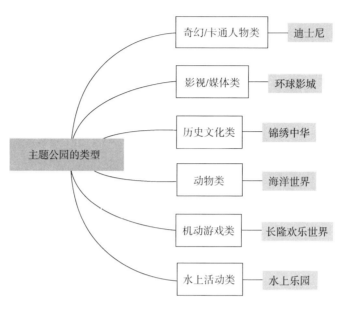

图 10 - 3   主题公园的类型

本之处。对于任何一个品牌来说，IP 在人们心中的形象和地位是动态生成的，如果没有文化的持续加持、没有资金的不断推动，终究会淡出人们的视线。对于华强方特而言，《熊出没》是最受欢迎的 IP，也是唯一能够形成较大市场影响力和竞争力的 IP。但是，这一 IP 面临低龄化及老化的危机。华强方特还远远不能像迪士尼一样，拥有众多已经经过时间考验的、沉淀下来的"超级 IP"，所以，华强方特的 IP 的创造和维护之路还很长远。

主题公园在投入巨资打造或者引入 IP 之前，需要先对其影响力、持久力进行科学客观的评估。综合的、多元的、多业态发展的、具有文化内涵的、具有特定粉丝基础的 IP 拥有更强的生命力，更容易获得持续的收益。这也从侧面说明了，休闲产业应该始终和文化、科技结合起来，根据时代特点、社会状况和受众的需求，设计和经营有内涵、有品质、有个性的文化产品，只有如此，才能在市场中求得生存和发展。

参考文献

一 中文译著

[德] 彼得·科斯洛夫斯基：《后现代文化——技术发展的社会文化后果》，毛怡红译，中央编译出版社 1999 年版。

[美] 丹尼尔·杰·切特罗姆：《传播媒介与美国人的思想——从莫尔斯到麦克卢汉》，曹静生等译，中国广播电视出版社 1991 年版。

[美] 凡勃伦：《有闲阶级论：关于制度的经济研究》，蔡受百译，商务印书馆 1964 年版。

[法] 古斯塔夫·勒庞：《乌合之众：大众心理研究》，冯克利译，中央编译出版社 2000 年版。

[德] 赫伯特·马尔库塞：《单向度的人——发达工业社会意识形态研究》，刘继译，上海译文出版社 2008 年版。

[美] 杰克逊·李尔斯：《丰裕的寓言：美国广告文化史》，任海龙译，上海人民出版社 2005 年版。

[法] 罗兰·巴特：《符号帝国》，孙乃修译，商务印书馆 1994 年版。

[美] 马克·波斯特：《第二媒介时代》，范静哗译，南京大学出版社 2000 年版。

[德] 马克思：《1844 年经济学哲学手稿》，中共中央马克思恩格斯列宁斯大林著作编译局编译，人民出版社 2000 年版。

[德] 马克斯·韦伯：《新教伦理与资本主义精神》，彭强等译，陕西

师范大学出版社 2002 年版。

［加］马歇尔·麦克卢汉：《理解媒介——论人的延伸》，何道宽译，商务印书馆 2000 年版。

［美］尼尔·波兹曼：《娱乐至死》，章艳译，广西师范大学出版社 2004年版。

［法］热拉尔·拉尼奥：《广告社会学》，林文译，商务印书馆 1998 年版。

［美］苏特·杰哈利：《广告的符码》，冯建三译，远流出版公司 1992年版。

［德］维尔纳·桑巴特：《奢侈与资本主义》，王燕平等译，上海人民出版社 2000 年版。

［法］西蒙娜·德·波伏娃：《第二性》，陶铁柱译，中国书籍出版社1998 年版。

二 中文著作

龚益军、黄其力等：《"一带一路"倡议下大数据与文化产业融合互动研究》，四川大学出版社 2019 年版。

胡智锋：《中国影视文化创意产业发展创新研究》，中国传媒大学出版社 2014 年版。

李思屈、李涛编著：《文化产业概论》，浙江大学出版社 2014 年版。

刘乃歌：《消费文化与艺术变迁》，中国社会科学出版社 2019 年版。

莫少群：《20 世纪西方消费社会理论研究》，社会科学文献出版社 2006年版。

汪民安：《后现代性的哲学话语——从福柯到赛义德》，浙江人民出版社 2000 年版。

王岳川主编：《中国后现代主义话语》，中山大学出版社 2004 年版。

夏莹：《消费社会理论及其方法论导论——基于早期鲍德里亚的一种批判理论建构》，中国社会科学出版社 2007 年版。

杨魁、董雅丽：《消费文化理论研究——基于全球化的视野和历史的维度》，人民出版社 2013 年版。

仰海峰：《走向后马克思：从生产之镜到符号之镜》，中央编译出版社 2004 年版。

尹章池等编著：《文化产业概论》，北京大学出版社 2014 年版。

张一兵：《不可能的存在之真——拉康哲学映像》，商务印书馆 2006 年版。

三　英文专著

Adorno, T. W. , *The Culture Industry*, London：Routledge, 1991.

Baudrillard, *In the Shadow of the Silent Majorities*, New York：Semiotexte, 1983.

Baudrillard, J. , *Simulations*, New York：Semiotext, 1983.

Best, Steve, *The postmodern Turn*, London：Guildford Press, 1997.

Bourdien, Pierre, *The Field of Culture Production*, London：Polity press, 1993.

Certeau, Michel De, *The Practice of Everyday Life*, Berkley：California University Press, 1998.

Davis, Deborah, *The Consumer Revolution in Urban China*, Calif：University of California Press Ltd. , 2000.

Featherstone, Mike eds, *Spaces of culture：city, nation, world*, London：Thousand Oaks：Sage Publications, 1999.

Frisby, David and Featherstone, Mike eds, *Simmel on culture：selected Writings*, London：Sage Publications, 1997.

Giddens, Anthony, *Capitalism and Modern Social Theory*, Cambridge：Cambridge University press, 1971.

Haug, W. F. , *Critique of Commodity Aesthetics*, Oxford：Polity Press, 1986.

Hoggart, Richard, *The Uses of Literacy*, New Brunswick：Transaction Publishers, 1998.

Jameson, Fredric, *Postmodernism, or The cultural Logic of Late Capital-*

ism，Durham：Duke University Press，1991.

John，Downham，*Consumer market research*：*handbook*，New York：McGraw-Hill Book Company，1986.

Resamund Davies，Gauti Sigthorsson，*Introducing the Creatine Industries From Theory to Practice*，California：SAGE Publications Ltd.，2013.

四　期刊论文

陈立新：《鲍德里亚消费社会理论存在论上的启示》，《哲学动态》2008年第1期。

成思行：《改革开放30年我国文化发展和体制变迁之路》，《中国发展观察》2008年第10期。

孔明安：《鲍德里亚是一个后现代主义者吗？——兼论现代技术与后现代主义的关系》，《现代哲学》2008年第6期。

李凤亮等：《跨界融合：文化产业的创新发展之路》，《天津社会科学》2015年第3期。

林吕建：《影视艺术传播现代化与大众化趋势》，《现代传播》（中国传媒大学学报）2006年第1期。

刘藩、刘婧雅：《当前中国电影营销的关键问题研究》，《上海大学学报》（社会科学版）2014年第5期。

彭富春：《身体与身体美学》，《哲学研究》2004年第4期。

彭侃：《2018年北美电影产业发展报告》，《电影艺术》2019年第2期。

饶曙光、李国聪：《2003年以来的中国电影产业流变与市场走向》，《艺术百家》2017年第2期。

陶东风：《日常生活的审美化与文艺学的学科反思》，《现代传播》（中国传媒大学学报）2005年第1期。

童庆炳：《"日常生活中审美化"与文艺学的"越界"》，《人文杂志》2004年第5期。